ジョン万次郎の羅針盤

中濱武彦

晩年のジョン万次郎とサイン

はじめに

万次郎（ジョン万次郎）は、文政十年一月一日（一八二七年一月二十七日）、四国は足摺岬に近い、現在の高知県土佐清水市中浜の漁師の二男として生まれた。

当時の土佐藩は、江戸幕藩体制のなかでも「士農工商」の身分制度がことのほか厳しいところだった。それには次のような歴史的な背景が存在していたのである。「天下分け目の関ヶ原戦」後、群雄割拠だった四国統一を果たし、安定した治世を行っていた長宗我部《ちょうそかべ》家に替えて、徳川家康は山内一豊《やまうちかずとよ》を新土佐藩主として着任させたのである。

土佐の歴史は、応仁の乱で四国に逃れてきた一條氏は別格として、「土佐七雄」と称された津野《つの》氏・大平《おおひら》氏・吉良《きら》氏・長宗我部氏・香曽我部《こうそかべ》氏・安芸《あき》氏・本山《もとやま》氏がそれぞれの城を築いて治めていた誇りに溢れた「群雄割拠」の土地柄だった。

その難しい域内の統一を為した長宗我部を、罪なく追い出しての着任だったのである。

一豊は新体制を維持するために諸施策を新たに展開せざるを得ず、その中には理不尽とも思える「身分格差」が随所に見られていたのだった。

武士である役人が村の巡視に来たときなどは、村人は地面に土下座をして彼等を迎え、平伏し、その顔を仰ぎ見ることさえできなかった。

その武士にも上士《じょうし》と郷士《ごうし》があり、郷士は高知城への登城や藩校で学ぶことさえも許されなかったのである。

「漁師の子は漁師」それは万次郎が生まれながらに背負った宿命の如きものだった。

幼時に父を亡くした一家の家計は厳しく、彼は寺子屋へも通うことさえできなかったのである。

したがって、文字の読み書きさえ知らず、天性の知恵で働き、家計を助けていた。

やがて、村の掟の数え十五歳に達した万次郎は、待望の初漁に出るが、突然の暴風雨に遭遇し、十〜十二年に一回程度発生すると言われている黒潮の大蛇行に乗せられ、七日間の漂流の末に、絶海の孤島「鳥島」に漂着する。

この無人島で漁師仲間五人と過酷なサバイバル生活を余儀なくされる。

漂流五ヵ月後の天保十二年五月九日（一八四一年六月二十七日）、米国捕鯨船との運命的な出会いによって一命は奇跡的に救われたのだった。

この捕鯨船の船長に資質を認められた万次郎は、独りアメリカへと渡る。

船長をはじめ多くの米国市民の善意により、ジョン・マンと呼ばれ、教育を受ける。航海術・高等数学・天文学・測量術等を修め、名門校を首席で卒業している。

再び米国の捕鯨船に乗ったジョン・マンは、学んだ知識を実際に活かし、一等航海士、副船長に選出されている。

自由・平等を謳歌し、実力が正当に評価されたアメリカ社会でのジョン・マンの前途は洋々たるものだった。

しかし、二十四歳になったジョン・マンは、鎖国下の日本に命がけの帰国を決意する。

「産業革命により、西欧諸国の文化・文明は飛躍的な発展を遂げている」

「日本は港を開くべきだ。天候不順やケガ・病人の保護は世界の常識である。いきなり追い払うことは野蛮国とみなされ、攻撃の口実を与える恐れがある」

「操船技術の発達による交易によって、世界の大国は相互に発展・繁栄を続けている。今のままでは日本は世界の潮流からとり残される」

「世界は植民地獲得競争のただ中にある、この現状を直視すべきだ」

こうした「グローバルスタンダード」（世界標準）の考えを祖国に伝えたいと帰国を決意したのである。アメリカの人々の善意で育てられ、再び捕鯨船に乗って七つの海を巡る航海で得た知見は、祖国日本への危機意識そのものだったのである。

日本を愛する青年の一途な思いは、やがて使命感になっていった。

捕鯨船「地球号」と呼ばれたように、さまざまな祖国をもつ船員仲間の中で、ジョン・マンのアイデンティティーが醸成され、日本人としての誇りと祖国愛は見事に開花していたのである。

グローバルスタンダードな考え方を知らせたい一心は、鎖国下の祖国への命がけの挑みとなった。

運よく土佐に戻れたとしても、最下級の漁師だぞ……。長崎に送られれば断罪間違いなしだ。多くの忠告も彼を止めることはできなかった。

琉球（沖縄）へ上陸後、鹿児島へ送られた万次郎は、薩摩藩主の島津斉彬《なりあきら》に帰国の目的を直訴し、その「志」を認められる。

長崎牢を経て十一年十ヵ月ぶりに故郷で母親と涙の再会を果たした後に、土佐藩主の山内容堂《ようどう》により下級藩士に登用され、藩校で西欧先進文化学習の教鞭を執ることになった。

折しも、マシュー・C・ペリー提督が四隻の黒船を率いて来航する。

アメリカ合衆国の真意を図りかねた江戸幕府主席老中の阿部正弘は、万次郎を江戸表《えどおもて》へと呼び寄せる。万次郎はアメリカで学び、「七つの海」を航海し、その距離は地球七周分に相当すると言われている。世界の国々を見聞してきた万次郎は稀有な人材だったのである。

彼のもたらしたグローバルスタンダードなインテリジェンス（情報）は、幕府にとって貴重なものとなった。

幕閣はその情報により「無血開国」へと大きく舵をきり、「日本の夜明け」のはじまりとなったのである。

国際間の事柄は、いかに相互理解と相互信頼が大切であるかを幕府首脳は身をもって体験したのだった。

幕府直参に登用された万次郎は、中濱万次郎信志《のぶよし》と名乗り、軍艦操錬所・薩摩藩開成所・土佐藩開成館・中濱塾・開成学校（後の東京大学）において、英語・操船技術・天文学・欧米文化などについての教鞭を執る。

憂国の志士坂本龍馬をはじめ、吉田松陰・後藤象二郎・岩崎弥太郎・板垣退助・西郷隆盛・大山巌・榎本武揚・新島襄・大鳥圭介・洋画家の高橋由一《ゆいち》、そして日本生命やノリタケなど、政治・経済界に欧米文化を紹介し、彼等の知識・思想に多大な影響を与えた。

安政七（一八六〇）年「日米修好通商条約」の批准書交換に随行した「咸臨丸」では通訳として、事実上の艦長として活躍し、勝海舟・福沢諭吉などに先進文明への水先案内人をも務めている。


本書は、明治・大正・昭和・平成と語り継がれてきた史実を、「令和」へと、新資料を加えて改めてクローズアップを試みたものである。

彼の考えや行動指針を「ジョン万次郎の羅針盤」として眺めてみると、そこにはいつの時代にも求められる人間としての誠実さ、目的に向かう努力、行動を決断する勇気が、幾多の「逆境」を「幸運」へと結びつけていたのだった。

「Never give up」（決して諦めない）は彼の信念だったが、強い信念で生き抜き、みずから考え、率先して行動することによって「強運」へと結び付けているのだ。いかなる逆境にも闘志で向き合い、勇敢にチャレンジすることによって自然と道が拓かれてもいくのだった。

それらの行動は、あたかも彼自身の「羅針盤」が存在したかのようにも思えてならないのである。

自分で決めて、みずからが実行する。失敗を決して他人の所為にしない日本男児の潔い姿勢がある。

寺子屋にも行けなかった万次郎の生涯は、幼い日の父の教えをもとに、またその折々に、自分自身が懸命に考え抜いた行動ばかりである。

漁師から武士へと上りつめ、武家社会からの上から目線の嫉妬や嫌がらせを、みずからの理論と実行力で次々と克服していくのである。

いわれなき格差や差別を、自身の実力ではね返していった。

日本人が元来身に付けていた努力や勤勉、感謝の気持ち、目的に向かう勇気などは、普遍的なものばかりではあるが、それらを何時、何処で、どのように発揮していったのだろうか……。

グローバル化が一層進展する現代社会、イノベーション（技術革新）が顕著に求められているが、万次郎の生き方には、「一歩踏み出す勇気」、強く生き抜くためのヒントが数多く含まれているように思える。

「ジョン万スピリッツ」の Never give up、自分で決めてみずから実行し、結果についての責任を他人に転嫁しない、新たなテーマに果敢にチャレンジする精神などを新たな視点で綴ってみた。

皆さんの「羅針盤」となることを祈念してやまない。

目次

はじめに　1

一、運命の船出――13
「何故だ」と考える習慣／チャレンジする勇気／希望の初漁そして漂流／遠くに島影を発見／見事な友情が支えたサバイバル生活／星空との対話／諦めないことだ／運命的な出会い／輝いた捕鯨船での万次郎／ジョン・マンの誕生／捕鯨船に響くボーイ・ソプラノ／さらに南下してハワイ諸島へ

二、アメリカへ――54
アメリカ行きを即断／アメリカ捕鯨／美しき南洋の島々／アメリカ本土へ／夢の大地に上陸

三、自由・平等の社会――72
日本人、初の留学生として／入れ札でプレジデントを選ぶ／好意的だった日本の印象／強き信頼の絆／転居そして転校／バートレット・アカデミーに入学／ホ船長、再び捕鯨航海へ／愛読書『ジョージ・ワシントン一代記』

四、副船長に選ばれる――93
再び捕鯨船員として／美しき島々の変貌

五、帰国の決意――106
グアム島にて／日本への非難の声／日本近海での試み／漂流仲間との再会／船長選挙／副船長として／旺盛なるチャレンジ精神／ラゴダ号事件の波紋／帰国への挑み／フォーティナイナーとして金山へ

六、祖国への挑み――141
ハワイでの帰国準備／日本へ

七、十年ぶりの祖国――154
琉球に上陸／村人たちと親密な交流／歴史的な出会い／錦江湾に映える洋式帆船

八、喜びの再会、そして武士に登用――170
長崎へ／土佐への旅路／高知城に到着／漂巽紀畧、龍馬に響く／只今帰りました／異例の登用／黒船の来航／父島を米国領に／ペリー艦隊、浦賀へ直行

九、開国への序章――199
混乱する江戸へ／幕府直参となる／黒船の再来／開国前夜／日本開国／江

川邸にて／万次郎の結婚／軍艦操練所の教授となる／母親への想い
十、太平洋の浪荒く——225
咸臨丸に乗船／品川沖—横浜—浦賀へ／浦賀にて／大荒れの日、穏やかな日／サンフランシスコに入港／日本近代化のために／ハワイ航路を選択／蒸気船艦能力をフル活用
十一、新時代への序章——265
ホ船長の手紙／小笠原諸島の開拓／日本国の領土に／愛妻の死／幕府、捕鯨事業を推奨／ホーツン事件／刺客の標的となる／ロシア軍艦が対馬を占領／薩摩藩開成所の教授となる／土佐藩教授となる／思い出ぐさ／夕顔と龍馬／嗚呼、龍馬よ！
十二、日本の夜明け——299
幕臣としての苦悩／庶民派、東大教授の誕生
十三、夢の再会——305
懐かしきフェアヘーブン／理解者の早世と長引く動乱
十四、万次郎が伝えたかったこと——316

恩人の死／教え子の活躍と子どもたちの成長
十五、鎌倉を愛した万次郎――324
アジサイが咲く長谷の別荘／慶三郎の報告／日露戦争前の情勢
十六、万次郎の夢――333
三男に託した手紙／アメリカ大陸を横断／明治海軍の戦略的人事
十七、「STORY OF NAKAHAMA」――345
慶三郎の活躍／太平洋に連鎖して／〝悲報〟届く／父への祈り／ジョン万スピリッツ
あとがき 361
主な参考文献 366
万次郎年譜 369

装幀　滝口裕子

一、運命の船出

「何故だ」と考える習慣

南国四国の最南端、足摺岬から西へ大浜・中浜・小浜へと続く起伏に富んだ海岸線は良好な漁場であり、西端にあたる宿毛《すくも》（当時の土佐の国幡多の郷）は土佐への洋上からの玄関口として人・物・情報の一大集積地だった。

そのど真ん中に位置する中ノ浜と呼称される小さな漁村は、海の幸・山の幸・新しい情報にも比較的に恵まれた長閑《のどか》な土地柄だった。

悦助《えつすけ》・汐《しを》夫婦は半農半漁で生計し、五人の子宝に恵まれていた。長女せき、二女しん、長男時蔵、二男万次郎、三女梅である。この地方のごくごく平均的な暮らし向きだった。

しかし、長男の時蔵が生まれながらの病弱で、土佐沖の荒波での漁業に堪えられそうになかった。そこで、一家の期待は必然的に次男坊の万次郎の成長へと注がれていった。

父、悦助の朝はめっぽう早く、万次郎が目覚めるころには、すでに土佐沖で漁をしているのが常だった。家に戻ると軽い食事の後は午睡をとる。

午後の三時ごろになると、父親の悦助は幼い万次郎を浜辺へと連れ出し、相撲や水泳で心身を鍛える日々が続いていた。これを近在の者たちは「親子鷹の調教」と親しみを込めて呼んでいたのである。万次郎は、父の肌と汗に触れる日々に幸福感で一杯だった。親子が浜辺で相撲など、他家では考えられないことだったからだ。

真っ赤な太陽が竜串《たつくし》の岬に沈むころになると、父は中ノ浜の砂浜に座り、万次郎に話して聞かせるのだった。

「土佐の漁師が身体を鍛えるのは自分のためだけではないのだ。いったん沖に出ると仲間同士が力を合わせて漁をする。熱が出た、腹が痛いと言っても直ぐに岸には戻れん。一人の病気は全体の出来高に影響するのだ。人一倍丈夫な身体に鍛えておかんことには、いっぱしの漁師とはなれんぜよ」

そして、次のようなことを話し、聞かせたのである。

- 海で泳ぐときには前方・左右の山や岬に目標物を定めて頭に入れておくこと。そのようにして自分の現在位置を常に確認しておくことだ。
  潮流に流されて行くのを修正するためだが、この習慣が漁場では重要なのだ。
- 凧揚げ遊びでは次のようなことを教えた。
  空の状態・雲の形や色などで風の方向や強弱を判断するのだ。凧ばかり見ていてはだめだぞ、天候を予測しながら漁をする。
- 磯釣りでは潮の干満と月の満ち欠け、満月のときには潮の動きが大きく、魚の動きも活発で大漁が見込める。

このように自然の現象を観察して、何事もよく考えて、創意工夫をするようにと教え育てたのである。秋、夕焼け空が濃紺へと深まっていくころ、万次郎の座る砂浜の温もりが尻から腹へと伝わるように、父の教えの数々が万次郎の腹の中にじんわりと沁み込んでいく日々を過ごしていた。

そうした効果か、万次郎は磯釣りにおいては浮子《うき》下の長さを調整し、日によって餌を変えるなどの工夫を凝らし、〝ボウズ〟で帰ることは滅多になかった。


すくすくと成長していた万次郎だったが、満八歳のときに父親が突然亡くなった。短くとも父親と濃密な時を過ごせたと、自分の気持ちを切り替えていた。

何故ならば、万次郎には悲しみに沈んでいる暇などなかったからだ。家には蓄えなどなく、一家は赤貧洗うが如き生活となってしまっていた。

事情を知る村の衆は野菜や魚を恵んでくれたり、駄賃仕事を回してくれたりと支援の手を差し伸べてくれていた。しかし、甘えた生活は長くは続かない。

子どもたちはそれぞれができる賃仕事を探し、家計を支えあうしかなかった。幼い万次郎も子守りなどで懸命に働いた。

ところが、当の万次郎の評判はとなると、母親の期待外れなものばかりだった。「手抜きをする。ずるがしこい。横着な子だ」といった類いの噂ばかりなのだ。

「子守り」は赤ちゃんを背負っていなければならないのだが、南国土佐の夏は滅法暑い。万次郎の背中は汗まみれ、赤ん坊はむずかって泣きやまない。

そこで、浜辺に置かれた小舟の間に漁網を渡し、「ハンモック」状にして寝かせてみた。風通しが良いうえに、ユラユラと揺れると心地が良いのだろう。たちまち赤ちゃんはスヤスヤと寝息をたて出すのが常だった。その間に万次郎は友だちと浜辺で相撲に興じ、海にザブンとつかり、汗を流したりしていたのである。

「米搗《こめつ》き」（精米）は石臼にて米を脱穀する方法だった。うさぎの餅つきの絵本にあるように、丸太のような棒でお米を搗いて精米していく方法だった。幼い万次郎には力のいる重労働だった。

そこで、浜辺で拾ってきた丸い小石を五、六個、石臼に入れて搗いてみると、もみ殻が容易にはがれたのである。ある程度もみ殻がほぐれてから石を取り出して作業をすると、意外に早く脱穀作業が終了できた。この方法は発見だ、万次郎は村中に広めたい気分だった。

ところが、雇い先の庄屋の主人から、「クズ米ができるから二度とやってはならない」と、きつく言われたのである。

万次郎は納得できなかった。

「石臼に米を入れて搗くのだから、小さな石が五、六個入っても、さほど変わらんきに」と、みずから考案した方法で再度行っていたところを庄屋の主人に見つかり、槍を持って追いかけられたと伝えられている。

子守り・米搗きなど「手抜きをする悪ガキだ」と、少年万次郎の評判は芳しくなかった。狭い村だ、庄屋との揉め事が知れ渡るのにそう時間を要さなかった。

「万次郎は賢《かしこ》いきにあげんことしよるが、〝ズル〟がしたいのとはわけが違うのじゃ」

母親の汐《しを》だけは利発な吾が子の言を信じ、決して疑わなかった。

土佐の漁師には十五歳（満十四歳）になるまでは、船で沖に出てはならないという掟があった。やっと万次郎が十五歳となり、掟が解けて「かしき」という漁師見習いとして海に出ることが許されることになった。

通常ならば、父親が漁師として働いていた「網元さん」に吾が子を託すのが古くからの村の習わしだった。だが、母親の汐の考えは違った。

なんと、中ノ浜から百キロメートル（新幹線の東京—熱海間の距離）も離れた宇佐《うさ》浦（現・高知県土佐市宇佐町）の網元徳之丞《とくのじょう》に息子を託したのである。

将来は一家の大黒柱となる息子を、歩けば山道を三日間は要する、会うのは容易でない遠方の漁師町である。しかも、一家の大黒柱になる大事な倅をである。現代でいえば、外国へ就職させるようなものだった。村での評判が良くない万次郎を、噂の届かぬ「まっさらな土地」から大人社会へ送り出したい

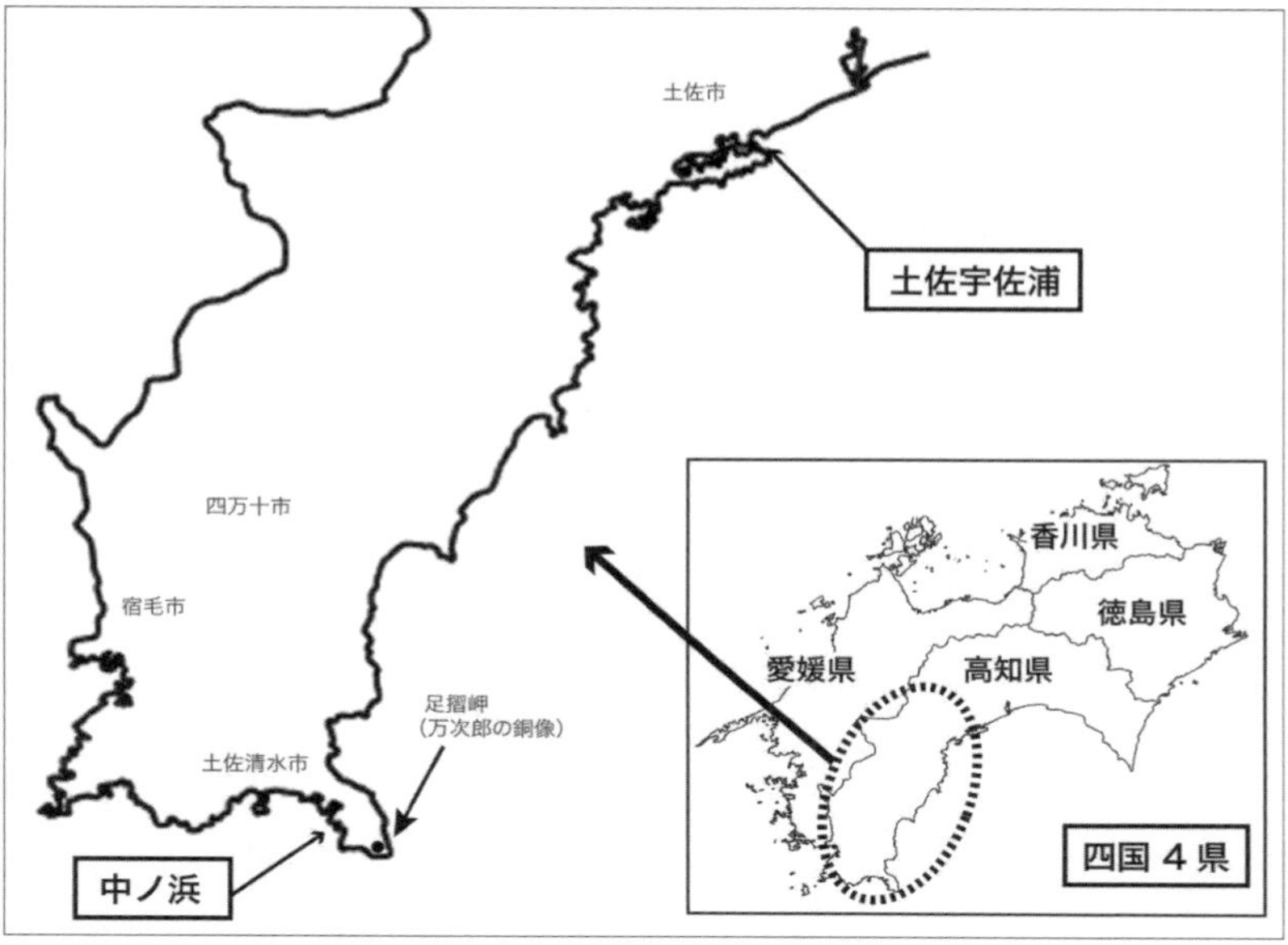

との母心だったに違ない。万次郎、母の汐ともに、旧弊墨守《きゅうへいぼくしゅ》するのではなく、常に新たな舞台にチャレンジしていく進歩・革新的な考えの持ち主だった。

新しいことに挑戦するのは、勇気がいることである。従前どおり、言われた通りに行えば何の摩擦も起きはしない。だから、皆は前例に従うのだ。摩擦が起きずに楽だからだ。

しかし、周囲の目や口を意識してばかりいては、イノベーション（改革）の実現は不可能なのだ。進展が望めないのである。改革はなんらかの「痛みを伴う」が、それを乗り越えていかなければ進歩・発展には結びつかない。

ちなみに、万次郎がいなくなった村では、子守りでの漁網のハンモックもどきのやり方、米搗きの石入れ方式などを村人たちがさっそくマネをしたと伝えられている。これらは小さな変革かもしれないが、当時としては合理的な方法だったからではないだろうか。

「どうすれば効率的に仕事ができるか」「他に方法はないか」。創意工夫を加える習性を、万次郎は幼いころから身に付けていたのだった。

没後の昭和三（一九二八）年十一月、政府から万次郎に正五位が贈られている。その記念碑が郷里中ノ浜の丘陵に建立されているが、そこには往時を偲ぶ小さな石臼が苔むしてひっそりと置かれている。

希望の初漁そして漂流

天保十二年一月五日（一八四一年一月二十七日）は、その年の開港日（漁の開始日）だった。

前年の二十九日からは漁を休み、正月をゆっくりと各々の家で過ごし、七日ぶりの漁にでる漁師たちは元気溌剌としていた。

土佐の浦々から大漁旗を賑やかに飾った漁船が一斉に漁場をめざして漕ぎ出して行く姿は、それは実に勇壮なものだった。

万次郎の胸も大きく高鳴っていた。

乗る船は全長四間一尺（約七・六メートル）、二丁櫓《にちょうろ》の新造船で当時の漁船としては標準的な大きさだった。

手分けして三日分の食糧・水を手早く積み込み、宇佐浦を出港し、漁場である「津の沖」を目指した。

紺碧の海は鏡のように穏やかに広がり、心地よい風が頬をなで、水平線までクッキリと見渡せる。

万次郎には絶好な操業日和に思え、三日間の漁への期待はいやがうえにも膨らんでいた。

船頭は筆之丞《ふでのじょう》（三十七歳）、漁労長の重助《じゅうすけ》（二十四歳）、櫓方《ろかた》の五右衛門《ごえもん》（十五歳）以上の三人は兄弟だった。櫓方の寅右衛門《とらえもん》（二十五歳）そして、「かしき」の万次郎（十四歳）の五人、万次郎以外は土佐の国高岡郡西浜の漁師だった。

「かしき」とは漁師の見習いの呼称で、主な仕事は朝・昼・晩の飯炊きやお茶を出すこと、漁では「はえ縄」にかかった魚を網から外すことなどで、あとは先輩漁師の行動を観察して漁の流れを覚えることだった。

着いた漁場にはすでに三隻の漁船が漁をはじめていた。

船頭の筆之丞が前方・左右を見渡し、船の位置、風の向きを確認後に、漁労長の重助に合図を出した。重助が「はえ縄」の投入を開始した。万次郎にとっては魅力に満ちた初漁のスタートだった。一連の手順をジット観察しながら、一日も早く一人前の漁師になろうと心に誓っていたのである。

ところが魚がまったく掛からない。しかたなく、岬の陰に船を寄せて錨を下ろし、夜明けを待つことになった。

万次郎が炊いたご飯で夕食をとった。

上手く飯が炊けていると言われ、万次郎はやっと自分がこの船で役立った実感を少しだけ味わって初漁の初日は暮れていった。

翌日は足摺岬に漁場を移すことになった。周囲を見渡すとすでに十二、三隻の漁船が操業中だった。しかし、漁は鯖《さば》が少々釣れただけでこの日も暮れてしまったのである。

三日目の朝は透きとおるような青空で、真っ赤な太陽の光が青い海原を滑るように万次郎の顔に届いてきた。絶好の漁日和、今日こそ大漁になると思えた。

「空が冴《さ》え過ぎとるのう」と、ベテラン船頭の筆之丞が不安げにポツリとつぶやくのを万次郎は不思議な思いで聞いていた。「空が冴え過ぎる」とは、馴染みのない言葉なので妙に気になり、記憶にとどめておいた。

さし網を入れると、ハナから大漁だった。鱸《すずき》・鯖《さば》・鰺《あじ》・鯛《たい》までも数匹混じり、次から次へとハエ縄にかかってきたのである。

「こげん多くの種類の魚が掛かるのははじめてじゃ、まるで五目釣りのようじゃ」

皆の声も弾み、船内は活気に満ちていた。十日ぶりに魚を港に届けられるからである。暮れの二十九日から正月と、村人は八日間も活きのよい魚を口にしていないのだ。高値で取引されるだろうと船頭の掛け声にも熱が籠っていた。

しかし、午前十時ごろから雲行きがあやしくなり、「ヤマゼ」（四国山脈の石鎚山《いしづちさん》から南に吹き下ろす突風）が出てきたのである。船頭の筆之丞は漁を中止し、港に引き上げることにした。周辺で操業していた漁船も一斉に、それぞれの母港へ引き上げて行くのが見られた。

しかし、まもなく風がピタリとやんだのである。

「初漁じゃけん、ぎょうさん持ち帰ろうぜよ！」

誰言うともなく、その場で漁を再開したのだった。ここでも大漁だった。

ところが、昼のご飯を食べ終わったころから西の空に真っ黒な雲が現れ、再び風が吹き出し、雨脚が強くなりはじめた。

筆之丞は直ちに漁を中止させて、網を上げはじめたときだった。にわかに突風と霙《みぞれ》混じりの土砂降りの雨が降り出したのである。

西の空は漆黒に変わり、宇和の方向から北西への突風の吹き下ろしは、それはとてつもなく強烈な暴風雨となった。

地元の漁師が「アナゼ」（北西からの強風）と呼んで恐れる氷雨と強風が吹き荒れ、目の前の足摺岬さえも完全に見えなくなった。周りには漁船はおろか何も見えない視界二、三メートルの状況へと豹変したのである。

網をぶった切り、櫓方の寅右衛門と五右衛門が懸命に櫓を漕ぎ寄せるが、船は木の葉のように波浪にもてあそばれ、どちらの方向へ進んでいるのかさえ定かではない。櫓方が力を合わせて懸命に漕ぐが、どうも船は沖へ沖へと引っ張られていくようなのだ。

五右衛門が疲れ果てたので、万次郎に換わり、必死に漕いだが、ついに櫓が折れてしまった。やがて寅右衛門の櫓も折れてしまい、船の舵は大波にぶつかり半壊してしまった。

万次郎は寒さに震え、母親が夜なべ仕事で作ってくれた「どんさ」（綿入りの半纏《はんてん》）を探した。

「万次郎！　もっと姿勢を低くせい。ええか海に呑まれんように何かにつかまって身を守るのじゃ。海に落ちたら助からんきに」

船頭の筆之丞が叫ぶ声がやっと聞き取れた。

ビュービューと猛烈なうなり声をあげた突風が天から頭上に吹き下ろしてくるのである。海は波が逆巻き、船がまるで木っ端のようだった。万次郎は海の恐ろしさを知った。震えながら、帆柱の根っこにしがみついているのが精一杯なのだ。

舵の機能を失った船は西から南東へ南東へと流されて行った。

「いかんぜよ。こいつは黒瀬川（黒潮）に乗ったようじゃ！」

船頭の筆之丞が叫ぶが、その声さえも強風に吹き飛ばされてよく聞きとれない。

夜が明けた二日目も、強風と霙混じりの氷雨は一向におさまる気配を見せず、船は逆巻く波間を南東方向へとズンズン流されて行った。筆之丞は壊れた舵を懸命に操り、室戸の岬に近づけようとしていた。

室戸岬には鯨漁のための「見張り番屋」がある。何とか発見され、助け船でも出して貰えないかとの一縷《いちる》の望みも、陸地は降りしきる豪雨で眼の良い万次郎でもボンヤリと霞んでおり確認できなかった。船からの凝視でやっと確認できるのは、ボンヤリと煙った室戸岬の山並みの存在を示すのみだった。

「こげん悪天候では「見張りの番屋」には誰もおらんじゃろうきに」

誰かの声がしたが、皆が同じ思いだった。

寒さに震え、会話の途絶えた「絶望の漂流」の始まりだった。わずかに残った米に魚を入れた「雑炊」で飢えに堪えていたが、五日目にはそれも完全に絶えてしまった。

船は黒瀬川（黒潮）の大蛇行（五、六年に一度の蛇行があり、十から十二年に一度の大蛇行が起こると言われているが、発生原因はいまだにわかっていない）に乗せられ、流されても、流されても、茫々とした大海原が広がり、陸地どころか一羽の鳥さえ見かけなかった。

万次郎は大自然の力、海の恐ろしさを痛いほど思い知らされたのである。ただただ、生きる術を考える日々の時間が、刻々と過ぎ去っていくのみだった。やるべきことが何もないのだ。もどかしい。

唯一の救いは、氷雨がやんで、日を追うごとに温かな風が頬を撫でるようになってきたことだった。

遠くに島影を発見

漂流して六日目、眼の良い万次郎が空中高く舞う鳥を発見した。

やがて、その数はだんだんと増えていった。

「あの島は〝藤九郎〟（以下アホウドリと表記）のようじゃ。近こうにきっと島があるに違いないぜよ。ええか、皆《みんな》してよぉーく見張れゃ！」

船頭の筆之丞が興奮して叫んだ。

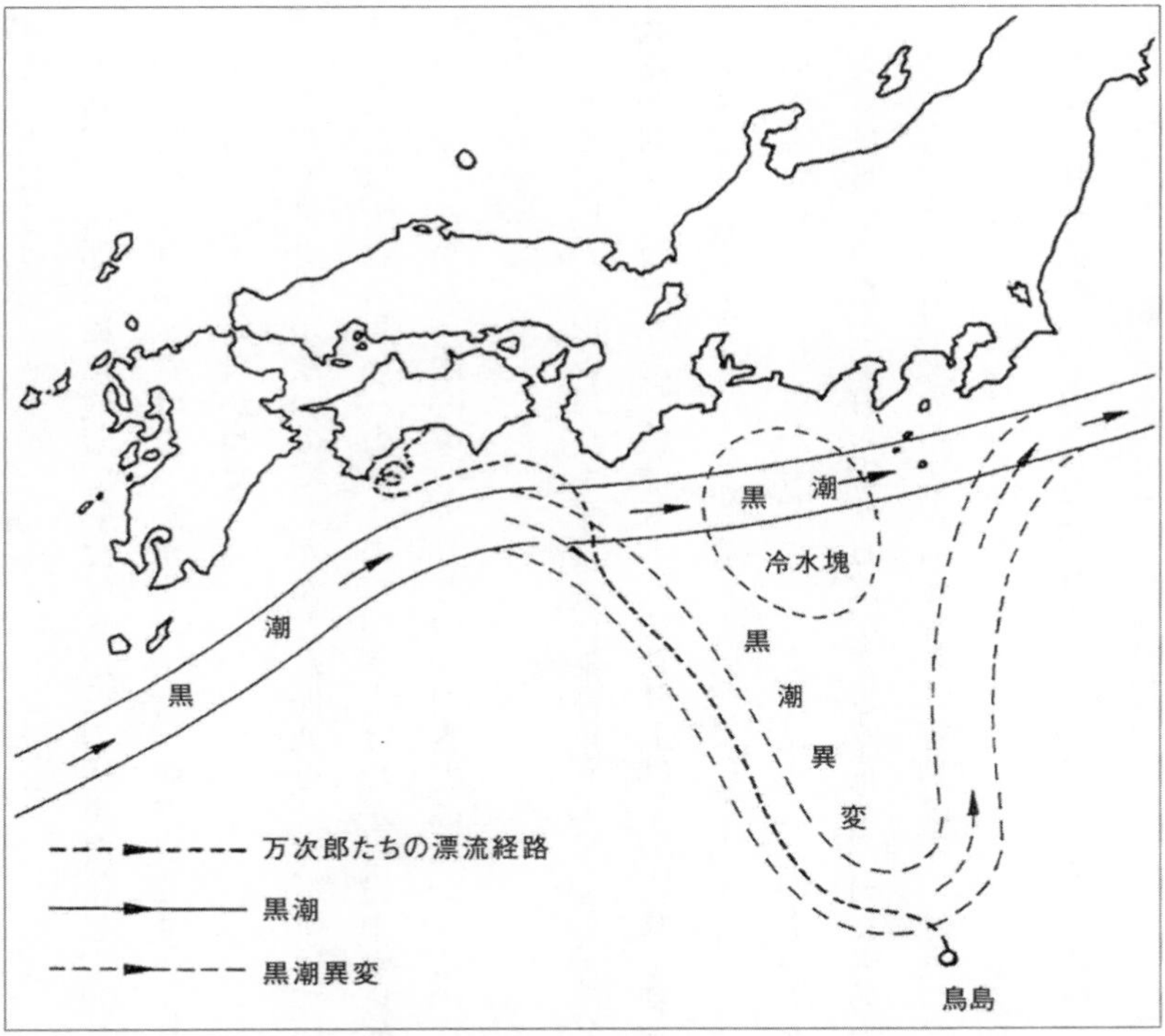

漂流の経路（『日米友好のかけ橋　ジョン万次郎』より）

一同が目を皿のようにして見渡していると、南東方向の洋上に島影らしきものが現れ、その周辺を夥しい数の鳥が空高く乱舞するのが見えた。

絶望の日々に見つけた一縷の望みに、一同は折れた櫓や船底板で懸命に漕ぎ寄せて行った。たしかに島を発見はした。

しかし、船を近づけたが切り立った崖が連なり、しかも、まるでこの島を警護するかのように大小の溶岩がグルリと周囲を取り囲み、上陸地点が見つからないのだ。

島を一周し、唯一上陸できそうな地点を南東部に一箇所見つけたが、夕闇が迫ってきたので、その場にイカリを下ろし、夜が明けてから上陸することになった。

翌朝、万次郎は船に残っていた腐りかけの鯵を餌にして釣りをしてみた。食べるものがなくなってから口にしたのは雨水だけだったからだ。皆は腹ペコでグッタリして万次郎を見ているだけで、もう言葉を発する者は誰もいなかった。

まったくアタリがないので、どんどん海底近くまで下げていくと、いきなりググッと強い引きがあった。これは大物と思い、力を込めて引き上げたが、途中から何やら重い布を引き上げているような感じになってしまった。内心ガッカリしつつ引き上げたが、この島の周辺の海底がいきなり深くなっていることがわかった。

やがて、口から白い浮袋を半ば表に飛び出した大きな赤い魚が釣れた。「アカバ」（アカハタ）という磯魚が釣れたのだった。続けて三匹を釣り上げて、これを刺身にした。

「万次郎、おまんさぁーなかなかやりおるのぉー。こりゃええ味ゃ。精もつくぜよ」

いくらか皆の顔に生気がもどったように見えた。いよいよ上陸の決行である。

天気は良かったが、打ち寄せる波が大きく荒く、引く潮の力はさらに強かった。板などで必死に漕ぎ寄せても、その倍以上の距離が引き戻され容易に岸には近づけないのである。何度か挑戦したが、結果は同じことのくり返しだった。

グッタリと横たわる姿を見て、筆之丞が船頭としての決断を下した。

「大波を掴んで船さを乗せるきに、皆は自分自身でどけんことがあろうと、あの島さに必死で取りつけ。ようけ踏ん張るのじゃ。そぉーれ、行くぜよーっ!!」

大波に乗った船は猛スピードで海上を滑って行ったが、途中にある大きな岩礁に激突し、船は木端微塵《こっぱみじん》に飛び散った。五人はもんどりうって荒海に投げ出されたのである。

万次郎は懸命に泳ぎ、どうにか島へと辿り着いた。

立ち上がって辺りを見渡したところ、一人立ち、二人目が立ち、三人の姿が確認できた。一人足りない。

ところが、一人だけ波打ち際に突っ伏したままでいる者がいた。

万次郎が近づくと、漁労長の重助が上陸の際に岩に足をぶつけたらしく、右足が赤く腫れあがり、立ち上がることができないで横たわっていたのだった。


上陸したのは鳥島だった。

江戸時代に「鳥も通わぬ八丈島」といわれ、主に政治犯の流刑地として知られた「八丈島」が江戸から約二百八十キロメートル、「鳥島」はその二倍以上も離れた約五百八十キロメートルも遠方にある絶海の孤島である。

中央に硫黄山（標高三百九十四メートル）が噴煙を上げる周囲八・五キロメートル、太平洋上に火山がポツンと造った島だった。

右足を骨折した重助を残し、四人で島を探検した結果、この島にはアホウドリ以外の生き物は存在せず無人島であること、ゴツゴツした丘に茅・茱萸《ぐみ》の低木が自生し、わずかな砂浜近くにハマゴウ・額アジサイなどが小さく自生するのみで、いたるところが岩だらけの島だとわかった。食物となりそうな植物や果実が一切存在していなかった。幸運だったことは、わずかながらも湧水が染み出し、岩穴に溜まっているのを発見したこと、そして海岸から三十メートルほど登ったところに手ごろな洞窟があり、雨露を避ける住処《すみか》と定められたことぐらいだった。

見事な友情が支えたサバイバル生活

最も精悍だった重助の精神的な落ち込みは、それは酷いものだった。

「皆に迷惑を掛けるきに……」と、自死を口にするほどなのだ。

土佐の「いごっそう」には他人に迷惑をかけることを最も恥とするが文化があるが、重助の心理状態はそこにあったに違いない。幼い日に父親から教えられた「船上での生活では健康であることの大切さ」を万次郎は改めて思い知るのだった。

船頭の筆之丞が的確な指示を出し、皆はこれを忠実に実行していくことになった。

船頭で長兄にあたる筆之丞が、弟の重助の介護役として常時張り付くこと、残る三人は一人が丘の上から救助の船を見張る役、二人は五人分の食糧の調達、これを一日毎に交替して行うことになったのである。

「わしらは船を失った。助け船を待つしか方法がないきに、長期戦を覚悟して、それぞれが役目と掟を忠実に守らにゃならんきに。みんなして踏ん張ろうぜよ」

筆之丞が厳しい顔で宣言した。

飲み水の量が少ないことから、各自が食後に貝殻一杯の水でガマンしていくことも決めたられた。

五人の漂流者にとって不幸中の幸いは水とアホウドリの存在だった。鳥島は国の天然記念物であるアホウドリの一大生息地だった。島中の至る所がアホウドリで埋め尽くされていたのである。アホウドリは毎年十一月から十二月にかけてアラスカ方面からこの島に飛来し、産卵・子育てを終え、四月から五月にかけて北へ帰る渡り鳥である。

万次郎たちは上陸時に船を失い、何もかも流され、漁師なのに釣り道具もなければ、火をおこす「火打石」さえ持っていなかった。そんな状況のなかで、アホウドリが盛んに産卵の時期を迎えていたのである。

卵を失敬して、生のまま飲んだ。栄養たっぷり、喉の渇きも取れ、生気がみなぎってくるのがわかった。卵の殻は雨水を貯める器に用いることもできた。

やがて、卵が孵《かえ》り、親鳥は子育てに入る。アホウドリは子育てのために魚を運ぶ。万次郎は浜で遊んだ「飛び石」の要領で石を投げては驚かし、運んできたものを横取りする。親鳥を「ナンマイダ・ナンマイダ」と念仏を唱えながら捕まえて生肉を食べ、残りは天日に干して保存食とした。アホウドリは羽を広げると二・五メートルもあり、体重は五、六キログラムと大きな鳥で、一羽を捕まえれば五人には十分な食糧となった。

ある日、アホウドリから鯨肉の塊を手に入れたことがあった。これは干し肉にした。皆がええ味やと喜んでくれたが、どのようにアホウドリが鯨肉を手に入れたのか不思議でならなかった。

ところが、四月に入ると、アホウドリが次々と北の方向へと飛び立ちはじめ、捕まえるのが難しくなった。アホウドリも万次郎たちの姿を見かけると上空を旋回し、容易には地上に舞い降りて来なくなってしまったのである。

四月下旬に大きな地震が早朝から深夜まで五、六回、島を大きく揺らした。万次郎は頭を抱え地面に身を伏して耐えたが、洞窟の入り口は一人がやっと通れる小さな穴になってしまった。

「鳥は飛び去って行くぜよ、オイラたちはなんしてこうも不幸なんじゃ」

寅右衛門が嘆き悲しむ声を、ただむなしく聞くだけの絶望的な雰囲気が洞窟内に充満していた。

五月の中旬には、ほぼ全てのアホウドリが飛び去ってしまった。海岸で貝や海藻を探し、小さな蟹を捕まえて食べたが、空腹感を満たす量にはほど遠いうえに、日毎に食糧となる物が手に入らなくなっていった。

四月に起きた地震の影響か、地下水は涸れはじめたうえに、六月からは雨がまったく降らない。

食べるものは塩辛いものばかり、食後の水は「貝殻一杯」も厳しい状態となり、一日二回を一日一回にして、懸命に生き延びるだけの状態となった。

皆が痩《や》せた。

万次郎も自分の足の骨が己の筋肉を喰っていくように思えた。あばら骨がハッキリと見え、肩甲骨が飛び出して、羽を抜かれた鳥のような姿になっていった。両腕を広げるとカチカチと骨がぶつかる音がするのだった。

「水が飲みてぇぜよ、腹いっぱい水を飲んで、海さに飛び込んで死にてぇのじゃ」

誰かが嘆くが、当てのないサバイバル生活に誰もが疲れ果てていたのだった。

暗い絶望的な雰囲気に覆われたが、その都度、「諦めてはいけないぜよ」「命を粗末にしてはならぬぜよ」「お互いが踏ん張るのじゃ」と励ましあい、頑張るのだった。

ある日、筆之丞が万次郎を連れて飲み水を探しに行くことになった。島中をくまなく探し、西側の丘に古い井戸を発見した。二人は顔を見合わせ、喜びあった。

万次郎が石を投げて耳を澄まして点検するが、コーンと乾いた音しか聞こえてこない。さらに大きな石で試すと、ドスンと響き、すでに長い間「空井戸」だったと判断せざるを得なかった。

その井戸の傍らには、誰のものとも判別できなくなった「墓標」がひとつ、寂しげに立っており、小さなお皿が供えられてあった。お皿の絵柄から日本人に間違いなかろう。二人は黙って手を合わせた。

死者を弔う品は何もなく、明日の我が身に思いを馳せての祈りを捧げて帰路についたのだった。

この報告を聞いた後、しばらくは口をきく者は誰もおらず、永い静寂に包まれていたが、やがて泣き出すものが現れ、そのうち全員で泣いた。

このような極限状態下のサバイバル生活でも五人は結束していた。

わずかな食糧も常に均等に五等分して食し、飲み水も決められた量以上を飲む者は誰一人としていなかった。

後年、このサバイバル生活を万次郎は“A very Handsome Tales”と記している。「たいへんに見事な物語」とでも訳せましょうか。

苦境の中で五人が励ましあい、わずかな食糧と水を規律正しく分けあい、助けあい、必死で生き抜いていたのである。

なんとか頑張れていたのは、船頭である筆之丞の統率力もあったであろうが、こうした極限状態でこそ人間の本質的な品格が現れるのかもしれない。

「土佐の漁師」五人の友情は見事なものだったのである。

星空との対話

サバイバル物語が続く。

この七日間は、一滴の雨も降らず、照り付ける太陽の日差しが鋭く肌を刺すように強く感じるようになってきていた。

アホウドリは全て飛び去り、狭い砂浜の蟹や、食べられそうな海藻も手に入らず、食事は保存してあったアホウドリの干し肉を昼に一回となっていた。見張り役の日に目にする海には、悠然と泳ぐ鯨の群れ以外に動くものは何も見えなかった。万次郎が知恵の限りを尽くした食糧調達も、手ぶらで帰る日々が続くようになってきていた。

貯蔵してあったアホウドリの干し肉を一人ひとかけら、水は一日に貝殻一杯の持久戦となっていた。その干し肉が残りわずかになっていることを知らぬ者はいなかった。

なにしろ船がないから、泳ぐ以外にこの島から出ることができないのだ。しかし、どの方向へ泳いで行くかさえ、定かではないのである。

岩礁と岩礁の陰に「額アジサイ」が小さく青い花を咲かせていた。それは万次郎の「宝物」だった。その花を見つめたときに、万次郎は生きる勇気をもらったのだ。

洞窟の中は蒸し暑く、寝苦しい夜が続いていた。万次郎は洞窟を抜け出して夜空を眺めて寝た。

夥《おびただ》しい数のアホウドリが産卵・子育てをしていたころは、鳥たちの喧噪《けんそう》に溢れていたのが嘘のように静かな夜が続いていた。波が岩を洗う音しか聞こえない。あの鳥たちは、いつごろこの島に戻ってくるのか、戻ってくれば卵や子育ての魚の横取りなど、いろいろと生きる術があるのだが……。

見上げる空には満天の輝く星たちが手の届きそうな位置にあった。万次郎は星空に向かって呼びかけるのだった。

常に太陽の沈む方向、それは竜串の岬に沈んで行くに違いなく、その手前には故郷の中ノ浜がある。その方向の星たちに語りかけるのだった。

「おっ父《とう》、おっ母《かあ》、兄やん、姉やん、お梅よーっ」

すると、必ず流れ星が飛んでいくのである。

「万次郎、明日もガンバレよ」と、たくさんの流星が応援してくれている。万次郎は頑張って生き抜くことを星空に誓うのだった。

それはオリオン座流星群だったのだろうか、万次郎の脳裏にしっかりと刻み込まれた南海の孤島での夜のできごとだった。

諦めないことだ

その日、万次郎は食糧調達係だった。

早朝から波打ち際を歩き、波に打ち上げられた魚が落ちてはいないか、岩を転がしては蟹が潜んでいないか探していた。

「ヨッコラショ」と掛け声を掛けて立ち上がったときだった。

南東の方向に「白い点」が見えた。その点がみるみるうちに大きくなり、白い帆となった。ハッキリと船の形のように見えてきたのである。

万次郎は目を皿のようにして見ていると、この島をめがけてまっすぐに近づいて来るではないか。

万次郎は三十メートル先の洞窟へと駆け出していた。その途中で見張り役の五右衛門と出会った。五右衛門も船を見たと、二人して洞窟に飛び込んで叫んだのである。

「船が見えたぜよ！」

「船がやってきよるきに！」

五右衛門・寅右衛門・万次郎の三人は、棒切れに着物を取り付けて旗竿にして、海から見えやすい丘に向かって駆け出していった。そして三人は旗を振り、声を限りに叫び続けた。

萬次郎少年像（土佐清水市、海の駅あしずり内　著者撮影）

「助けてくれー！」

「助けてくれー！」

大きな船は何事もないように滑るように目の前を横切って行く。三人は横に走りながら叫び続けた。

「お願いだ。助けてつかわさい」

「お願いだ。神さまお願いだ。助けてつかわさい」

しかし、船は三人の目の前を悠然と去っていった。船影が見えなくなり、三人は重い足取りで洞窟へと戻った。

一縷の望みから絶望への乖離は大きく、皆が大声をあげて泣き出している。しかし、万次郎だけは泣かなかった。考えていたからだった。この島に漂着して以来、自分は見張り番以外のときにも、食物を探しながらも、常に大海原を凝視し続けてきた。でも、動くものといえば鯨の群れぐらいしか見えなかったのだ。唯一の例外はこの島に漂着した直後に一度だけあった。

遠く水平線近くに白い帆のようなものが見えたのは……。

それも直に水平線を滑るように横切り、やがて見えなくなってしまった。しかし、今度の船の動きはまったく違っていた。まっすぐにこの島を目がけてやって来たのだ。あの船はこの島に何かの用事があってやって来たに違いない。だとすれば、まだ近くにいるかもしれない。

万次郎の胸騒ぎは、早鐘のように響き続けてとまらないのである。万次郎は大きな声で告げた。

「オイラはあの船を、もう一度探しにいくぜよ」

「ああ、ええようにせい」

筆之丞が小さく答えただけで、他の者は力が抜け、放心状態のままだった。

万次郎は見晴らしの良い島の西側の丘によじ登って見た。すると大きな船が真っ白な帆を広げて停泊しており、まさに二槽の伝馬船がこちらに向かって漕ぎ出すところだった。ここまで確認してから、万次郎は洞窟へ向かって転げるように走り出した。

「船が来よるぞ。伝馬船が二槽この島に向かって来よるぞ。助けてくれるかもしれんきに」

万次郎は叫び、再び棒を片手にして飛び出して行った。

万次郎は着物を脱ぎ、棒に結び付け、左右に振りながら助けを求めた。小舟には五、六人の大男が乗っており、こちらに気づいてくれたようだ。

一人が立ち上がり、両手を上げて動かしているが、万次郎には「来てはいけない」との合図に見えた。頭を下げて、手を合わせ、祈るような仕草をくり返したのである。

すると、なにやら泳いで来いとの合図に変わったのだった。十メートルの崖を滑り降り、着物を頭に乗せて泳いで行った。

万次郎ほか救出の絵（ミリセント図書館）

ヒョイと救い上げたのが、痩せ細った東洋人の少年だったことに驚いた様子だったが、万次郎も肌の色が黒い人や白い大男たちに驚いた。だが、命が救われた思いが全てに勝った。

万次郎が振り向くと、五右衛門と寅右衛門がもう一方の小舟に泳ぎ着くところだった。

「よしっ、あの二人は大丈夫だ」

二人が別の船に救われたことを確認したのだった。

大船に引き上げられた万次郎は、その船の雄大さに驚いた。そして、大きな真っ白な帆を見上げ、これこそは神様が使わせた「神の船」との思いから平伏してお礼を述べた。

見守っていた船員たちにも、痩せ細った少年の行うけなげな姿は、海の男として理解できるものだった。大自然との闘いには、時には神の加護を祈るしか策がない場面が多々あるからだろうか。

万次郎にはまだ仕事が残っていた。あと二人、島に残っていることを伝えなければならないことだ。五本の指を使い、身振り手振りで仲間が五人いること、島を指差して二人が残されていることを異人の船員に懸命に訴えた。

どうやら意図は伝わったようで、救助してくれた伝馬船が再び島へ向かって漕ぎ出して行くのを確認した万次郎は、その場にヘタリ込んでしまった。

運命的な出会い

こうして五人は救助された。

天保十二年五月九日（一八四一年六月二十七日）、漂流から百五十日、無人島でのサバイバル生活から百四十三日目、水と食糧を失い、おそらく一週間後には全滅したであろうと言われるほど、きわどい救出劇だったのである。

アメリカの捕鯨船「ジョン・ハウランド号」（The John Howrand）の航海日誌には次のように記されている。

「一八四一年六月二十七日　日曜日
南東の微風あり、午後一時、島を目にする。ウミガメでもいないかとボート二槽を調べに出す。漂流者五名を発見し、直ちに本船に収容する。五名、飢えを訴えるも他はいっさい理解不能。島の位置、北緯三十度三十一分」

ここで、この島の歴史について簡単に触れておきたい。

島の正式名称は「伊豆鳥島」である。現在は東京都に属し、都の直轄の八丈支所が管理している。

島に人が住み着いた時期があったが、明治三十五年（一九〇二年八月七日）から三日間の大噴火があり、アホウドリの羽毛産業を目的にした島民百二十五人が全滅した。その後は、現在も無人島となっている。

江戸時代に、この島への漂着は十五例ほど記録されているが、いずれも船を有しており、破損個所を修繕後に自力で脱出している。火山性の地震にも遭遇し、しかも船を失っての生還は万次郎たちのみだった。


さて話を戻し、では何故にアメリカの捕鯨船はウミガメを探しにボートを島に向かわせたのだろうか。

捕鯨船「ジョン・ハウランド号」は、アメリカ東海岸のマサチューセッツ州ニューベッドフォード港を出帆して二年が経過していた。

三本マスト、船の長さ三十四メートル、横幅八・三メートル、三百七十七トン。片側に四槽、合計八槽のキャッチャー・ボートを搭載し、大砲を二門備えた大型の堂々たる捕鯨船だった。

乗組員三十四名を統率する船長はウイリアム・H・ホイットフィールド（Captain William H. Whitfield）三十七歳。経験豊かなベテランの船長だった。

捕鯨船は出漁時に母港で薪水・食糧・野菜・果物・家畜（牛・豚・羊・兎・鴨・鶏）・塩蔵肉などを積み込み、予定量の鯨油を確保するまで四、五年間は捕鯨漁を続けていく。その間にハワイ諸島やグアム島の基地に寄港しては薪水・食糧の補給を受けて、捕鯨漁を続けているところだった。

新鮮な肉や野菜の摂取が不足するとビタミン不足から「壊血病」を発症する。北極・南極大陸の探検隊で大きな犠牲者を出したのはこの病気が原因だと言われている。「壊血病」になると細菌に対する抵抗力が著しく低下し、風邪は肺炎へと進行する。チョットしたケガでも治りにくくなるやっかいな病気だった。そこで寄港した捕鯨基地での薪水・新鮮な野菜・生きた家畜の補給は、捕鯨漁の重要なテーマだったのである。

「ジョン・ハウランド号」では、この時期は塩蔵肉の料理が続いていたので、ホイットフィールド船長は乗組員に亀の肉か卵でも食べさせようと考えて、前方に見えた島に船を近づけて来たのだった。

島は多くの岩礁に囲まれていたので、座礁を避けるために沖合二・五マイル（約四キロメートル）に停泊させて、キャッチャー・ボート二槽を送り出したところだった。四キロメートルも離れた本船からでは、肉眼で万次郎たちを発見することはとても難しかったに違いない。

丁度、キャッチャー・ボートが島に漕ぎ寄せているところと万次郎が西側の丘に登ったドンピシャリの絶妙なタイミング、それこそ「奇跡の遭遇」と言えるものだったのだ。

万次郎の「何故だ」と考える習慣と「直感力」が命の扉を開いてくれたのである。この「運命の出会い」を体験した万次郎は、みずからの強運と、「考えて実行することの大切さ」「決して諦めてはいけない」ことを全身全霊で感じ取っていたのだった。

輝いた捕鯨船での万次郎

船内に収容された五人は、喉の渇きと空腹をさまざまなジェスチャーで必死に訴えた。すると、人の良さそうな調理係の船員が、ふかした芋を大皿に山盛りにして運んできてくれたのである。

五人は喜び、われ先に食らいつこうとしたときだった。見事な髭《ひげ》をたくわえた大男が現れ、その船員を何やら叱りつけ、厳しく指示を出したのである。すると、調理係は慌てたようすで芋の皿を持ち去ってしまったのである。五人にはその意図がわからず、ただ唖然としていた。

ところが、しばらくすると先ほどの船員が少量のパンと野菜スープを運んできてくれたのである。皆、アッと言う間に飲み込んでしまうほど、それは少ない量だった。

五人は「もっと食べたい」とジェスチャーで訴えるのだが、その日はそれ以外の食べ物が提供されることは一切なかった。

その髭もじゃの大男こそ、万次郎の「運命の人」「恩人」となるホイットフィールド船長、その人だったのである。背が高く、広い肩幅のガッチリした体形、髭に覆われた顔には、とびっきり優しそうな青い瞳が宿っていた。

このベテランの船長は、長らく飢餓生活をした者にいきなりたくさんの食物を与えると、消化器、特に胃腸の具合を悪くし、最悪の場合は死に至ることを熟知していた。人間の代謝機能を順調に回復させるために、徐々に食事の量を増していく配慮をしてくれていたのだった。

五人は一緒の部屋が与えられ、その夜は温かな寝床の上で全員が熟睡することができた。

「助かったのだ。死ぬことはない。もう大丈夫なのだ」

万次郎は自分自身に言い聞かせながら深い眠りに落ちていった。


翌朝のことだった。

ボートが下ろされ、万次郎に乗れとのジェスチャーである。なぜ自分一人だけが、あの島に戻されるのか、万次郎にはまったく理解できない。

なんとかこの船に残して欲しいとの思いで、顔は引きつり、膝をガクガク震えさせながら懸命に懇願をくり返したが、自分の気持ちが伝わらないのである。甲板に平伏し、頭を何度も下げて願い続けていた。

そこへ船長が黒板とチョークを持って現れ、万次郎によく見るようにと話しかけているようなのだ。黒板に船と島が描かれており、行きの線、帰りの線のように見える。着物のような絵も描かれていた。

そして、万次郎の手を取って立たせると、島を指差し、大きく手を回して船を示し、「さぁー、心配しないで、直に終わる仕事だよ」と言っているようなのだ。万次郎はコックリと頷いた。ボートを出す目的は明確には理解できなかったが、とびっきり優しそうな眼で語るあの船長の用事であり、しかも帰ってくることは理解できたのでボートに乗り、島に向かう決心をしたのだった。

住んでいた洞窟に案内し、煙管・小銭・着物などを持ち帰ってきた。どれも粗末な品物ばかりだったが、これらの品は後日、五人が日本人であることを証明する重要な品々となるのだった。

万次郎が気に入ったのは黒板とチョークだ。その後は、船員をつかまえては英語を学ぶために書いて、教えてもらったのである。

ホイットフィールド船長

英文字が二十六字からなり、その組み合わせで意味をもつこと、発音は耳をとぎ澄ませて聴いた。「MOUTH」マウスは口、「WATER」ワタは水、「HEAVEN」ヘブンは天、「MOON」ムウンは月、「STAR」シアタンは星、と次々に覚えていった。

日本では寺子屋にも行ったことのない十四歳の少年は、とびっきり旺盛な好奇心と進取の精神の持ち主だった。学ぶことの楽しさ、喜びを感じていたのである。

万次郎が教育では無地の白布状態だったことが、素直に学べるうえでよかった。砂が水を吸うが如く、知識は彼の体内に沁み込んでいった。彼の好奇心は尽きることがなかった。

教わるのは捕鯨船の仕事が少ない夜間が多かった。

天空を見上げながら天・月・星の英単語を教わりつつ、天体への興味が尽きることがなかった。

そんな万次郎の行動を船頭の筆之丞が秘かに心配していた。四人に告げたのである。

「わしらは運よくメリケの船に救われたきに。その後は親切な扱いも受けておることは感謝に耐えんし恩義も感じておることはしっちょる。しかしじゃ、江戸幕府の掟では理由の如何を問わず外国人との接触は、たとえ帰国できても死罪となるのじゃ。ええか、これからは必要以上の付き合いは無用にするようにせいよ。わかったな」

それ以降は呼び出されたときだけは贈られた半長靴を履いたが、ふだんは「はだし」で過ごした。しかし、万次郎はこの靴が大いに気に入り、履き続けていた。

いまだ土佐に帰れるかどうかもわからんのに、早々と生きて帰ったときの心配が万次郎には滑稽にさえ思えたのだった。数日前までは生死の境をさまよっていたではないか。しかも、その後、この船は南に向かって進んでおり太陽の沈む方向ではない。土佐へは向かっていないのだ。それにしても「幕府の掟」は理不尽だと思うのだった。

万次郎はあやういところを助けられたのに、何もせずに日がな一日船室で過ごすのは「人の道」に反していると思った。そこで万次郎は、自分のできることから、この船に役立つ人間になろうと決心したのだった。

万次郎は変わった。元気になった。行動に勢いがついたのである。

ジョン・マンの誕生

万次郎は炊事場での皿洗い、食堂での水配り、便所の掃除、洗濯の手伝いからはじめた。甲板をデッキ・ブラシで磨くこと、鯨油の樽を転がしていくことなどは、すぐに覚えた。その都度、船員たちから「サンキュー、ジョン・マン」と声を掛けられた。一丁前に扱われたようで嬉しかった。感謝の言葉が嬉しかった。

万次郎は人に言われてから行うことを嫌った。自主的・主体的に動くことを好んだ。そのポリシーとアメリカ社会の「感謝の文化」が見事な調和を見せはじめたのだった。

船名の「ジョン・ハウランド号」のジョンとマンジロウを結び付けた愛称で、十四歳の少年は「ジョン・マン」(John Mang) として、この船のマスコット・ボーイのように可愛がられる存在になっていったのである。

船内を隈なく見て回り、その場にいる船員に疑問点を聞いて回った。船長室では地球儀を見せてもらい、自分たちのいる位置を教わった。何より驚いたのは、自分が丸い地球という星の上に乗っていることを知ったことだった。

万次郎の好奇心は止まることを知らなかった。

捕鯨船に響くボーイ・ソプラノ

ある日、メインマストの上のクローズ・ネスト（鳥籠）と呼ばれている「見張り台」に登ってみた。海面からだと三十メートルを超す高い位置に取り付けられており、風と浪で常に前後・左右に揺れていた。万次郎は足がすくんだが、慣れてくるとむしろ潮風が心地よく、船長室で見た「地球儀」のように、水平線が丸みを帯びて見えるのだった。

真っ白な帆の下はどこまでも青い海が続き、甲板での人の動きが手に取るように観察できる。カモメが翼を休めに来たりする。万次郎はこの場所が大いに気に入った。そして、見張りの仕事の要領を全てマスターしていったのである。

ある日の昼休みのことだった。

万次郎が「見張り台」に登って見ていると、遠方に鯨が数頭泳いでいるのを発見したのである。

「She blows! There she blows!!」（あそこに鯨が潮を吹いているぞ）

と大声で知らせた。

聞きなれないボーイ・ソプラノの合図に皆が一斉に見上げると、ジョン・マンが叫んでいるのだった。

このころの捕鯨漁は、一隻の捕鯨船が捕獲する鯨は年間で二十五〜三十頭程度だった。捕鯨船と鯨との出会いの機会は、年々少なくなっていたのである。

万次郎の指さす方向を見るが、甲板にいる船員には何も見えなかった。皆が笑いながら見上げているが、万次郎にはハッキリと見えるので興奮して叫び続けていた。船長が一眼望遠鏡で覗いて見ると、たしかに数頭の鯨が潮を噴き上げていたのである。

直ちに指示が出され船内は活気に満ちた。チームワークの取れた捕鯨漁が開始されたのである。船長はデービス一等航海士に操船を命じ、帆に一杯の風を孕ませて鯨の近くへ接近させて行く。

頃合いを見計り、キャッチャー・ボート八槽の内の四槽が海面に下ろされた。一艇に六人が飛び乗った。先頭に銛《もり》打ちが座り、四人が漕ぎ手、最後尾に舵取りが取り付き、鯨に向かって一斉に漕ぎ出して行った。

鯨は大きな身体に小さな目が二つで視界が狭いが、耳は良いのである。後方から近づくと大きな尾鰭《おびれ》で叩きのめされる。そうなれば命の保証はないのだ。前方からソット近づき、銛打ちが渾身の力を込めて銛を打ち込む。驚いた鯨は海中深くに潜水をはじめる。銛に繋がれたロープがうなりをあげて伸びていくのを、キャッチャー・ボートの杭に回して踏ん張るが、そのスピードと重量で杭が摩擦熱で煙を上げる。海水で杭を冷やしながらロープを送り出す。

ボートは猛烈な勢いで疾走を続けるが、やがて鯨は息継ぎのために浮上してくる。そこへ二の矢、三の矢の銛が撃ち込まれるのだ。弱った鯨に止めの銛が撃ち込まれて、捕獲が終了する。

メインマストに取り付けられたクローズ・ネストからは、勇壮な捕鯨漁がジックリと観察できるのだった。

獲物は本船に横付けされ固定される。大きな長刀で皮を剥がされ、ウインチという滑車で船上へと引き上げられる。

肉は惜しげもなく海中に投棄された。血の匂いを嗅ぎつけたサメや鳥の群れが、それを片っ端から平らげていく。鳥島にアホウドリが運んできた鯨肉の謎が解けた。

引き上げられた皮はさらに細かく切断され、大釜で煮て鯨油を採り、樽に詰められていく。流れるような連携作業だった。見事であり美しくもあった。


翌朝のことだった。

全員の前で船長から、

「Good Job John Mang !」

と褒められたうえに「ジョン・ハウランド号」の船員帽が万次郎の頭にチョコンと載せられたのである。

鯨発見の功により、この船の船員として認められたのだ。一斉に拍手と口笛が吹かれた。祝福してくれたのである。

万次郎は誇らしかった。腹の底から嬉しさが込み上げてくるのだった。万次郎の小さな頭のサイズに昨夜中に調整してくれたと後で知ったが、そうした心遣いがとても嬉しかった。

そして、何よりも助けられた船の役に立ったことを、はじめて実感するとともに、この船のためにもっと働きたいと思うのだった。そこで、捕鯨漁について聞いて回ったのである。

まずは、なぜ貴重な鯨肉を海に捨ててしまうかだ。土佐では考えられないことだったからだ。土佐では一頭の鯨が捕れると「七浦が栄える」と言われており、捨てる部位などは一片もなかった。

答えは習慣・伝統的な食文化の違いに起因するようなのだ。

「鯨肉には得体の知れない菌が潜んでおり、病気になると古くから言われている。食する文化がなく、商品価値のない部位だから」とのことだった。

鯨に打ち込む銛を見せてもらった。万次郎の背丈の二倍近くある丈夫な木の先に鉄製の鋭い銛が付いており、とても持ち上げられない重いものだった。

キャッチャー・ボートを下ろしたり、鯨の皮を引き上げるウインチは、歯車が噛み合わされて、力を入れなくとも軽く物を動かせる仕組みだった。

帆船の操船も少しだけだが、舵を持たせてくれた。軽く動かすだけで、大きな船が方向を変える仕組みに驚くのだった。

毎日、正午になると太陽を観測して、自分たちの船の位置を測定していることも知った。また、この船に乗っている人々が、青い目の人もいれば黄色い目の人もいること、肌の色も白い人も黒い人もおり、同じ言葉で仲良く語りあっていることも知ったのである。

まさに捕鯨船「地球号」と呼ぶにふさわしい状態だったのである。

人一倍好奇心が強く、活動的な万次郎は船員全てと仲良しになっていった。そんな万次郎をジット観察していた人物がいた。ホイットフィールド船長である。

①誰かに言われてやるのではなく、自ら進んで取り組む、自発的な行動力がある。
②高いマストに登るなど勇気とチャレンジ精神の持ち主である。
③明るく明朗な性格で、好奇心に富んでおり向学心が強い。
④船員の誰とでも親しくなれる新文明・新文化への順応力がある。

この少年をアメリカで教育すると、どのような青年に育つだろうか、大いに興味をもったのである。それぞれの何げない日々の行動を、誰かが何処かで見ており、その集大成が、その後の人生に大きくかかわっていくことになるのである。

さらに南下してハワイ諸島へ

船は南へ南へと進み、進路を変えなかった。

筆之丞が四人を従えて、ホイットフィールド船長のところへ聞きにいくことになった。

まずは助けられ、毎日美味しい食事をいただき、先日はお米のご飯までの配慮に一同が感謝していることを伝えてから、この船が南に進んでいるが、いつごろに日本の方向に向かうのか確認をしたのでる。

ホイットフィールド船長は、この船は君たちの国には向かわないという。それは漂流民を送り届けても、有無を言わせず我々の船を大砲で撃ってくるので、君たちの国には危険で近寄れない。この船はこのまま捕鯨を続け、次の補給基地で諸君を下ろす。そこで中国行きの船を見つけて、送還をお願いする予定だという答えだった。

船では七日毎の朝に鐘が鳴らされ「ションレイ」(Sunday)の儀式があった。神に祈りを捧げるのだ。その回数で暦が読めた。救助されてからまもなく五ヵ月近くになるはずだ。船は依然として南下を続けている。夜には南十字星という星を目印としての航行である。

日本の「幕府の政策」が、五人の漂流漁民を日毎に祖国日本から遠ざけていくのだった。そんなある日、デービス一等航海士が筆之丞のもとを訪れ、告げたのである。

「本船は後三日ほどで、サンドウィッチ諸島のオアフ島、ホノルル港に入港の予定である。諸君はそこで下船し、日本へ向かう船を待つことになる。それぞれの荷物を各自まとめておくように」

万次郎には、まとめておく荷物などありはしなかった。大事に持っていたのは、母が徹夜で縫いあげてくれた土佐で「どんさ」と呼ぶ半纏のみだった。

その後の数日は、この船での体験を振り返り、彼等の親切心に感謝する気持ちと、もっと知りたい、学びたいことが多かったと、ひたすら物思いに耽る日々を過ごしていた。

予定通り捕鯨船「ジョン・ハウランド号」はオアフ島のホノルル港に入港した。一八四一年十一月二十日と記録されている。

万次郎等を救出してから約五ヵ月が過ぎていた。

ホイットフィールド船長は、五人と握手を交わし、それぞれに洋服一着と銀貨を渡し、餞別品だと告げた。船員たちは、お金を出しあって外套を一着ずつ贈ってくれた。

万次郎は「ジョン・ハウランド号」船員の象徴である帽子を返却したが、なんともやるせない気持ちだった。

五人の日本人漂流民は一列に整列し、何度も頭を下げてお礼の言葉を述べるのだった。

筆之丞が、重助が、寅右衛門が、五右衛門が、そして万次郎が泣いた。言葉に表せないほどの親切な扱いを受けたのだ。

いよいよ別れのときには、全員が甲板にキチンと正座してお礼を述べた。日本流の正しいお礼の仕方以外に、彼等がお返しする何物も持ち合わせてはいなかったからだ。

その後、ホイットフィールド船長は五人を連れてカメハメハ王朝のジャッド医師のところへと出向いた。

筆之丞が差し出した煙管・着物、小銭、そして筆之丞が展示してあった硬貨の中から「一朱銀」を識別したことで、日本人であることが確認された。

万次郎が救われた翌日に、鳥島の洞窟から回収してきた品々が国籍証明に役に立つとは思ってもいなかった。

ついで船長は、島の役人のところに五人の保護を頼みに行き、今後の処遇についてお願いしてくれたのである。

「中国に向かう船があれば、彼等を乗せて日本へ送り届けて欲しい」

ホイットフィールド船長は順番に握手をし、万次郎には肩を抱き寄せて言った。

「ジョン・マンよ。Ｇｏｏｄ　Ｂｙ！　Ｇｏｏｄ　Ｌｕｃｋ！」

万次郎はあふれ出る涙で、くしゃくしゃになりながらお礼を述べた。

「Ｔｈａｎｋ　Ｙｏｕ　Ｖｅｒｙ　Ｍｕｃｈ！」

五ヵ月間の「彼の結晶」の言葉だった。

二、アメリカへ

アメリカ行きを即断

ホイットフィールド船長とジャッド医師が手配し、五人のために茅葺き屋根の家を用意してくれた。豪華な羊毛の絨毯が敷き詰められた部屋に入り、歓迎のモンキーバナナを食べた。「味、はなはだ甘美なり」と、後に万次郎は記している。

陽光に溢れたオアフ島での生活は快適なもので、「アロハ」と呼びかけてくる島の人々は温厚で微笑みを絶やさない。

捕鯨船では肌の色が白い人と黒い人しか見かけなかったが、この島の人々はどこか日本人に似ていると、皆が親近感をもった。

海もヤシの茂る森も咲く花も美しかった。

万次郎以外は南国ハワイが大いに気に入った様子だった。しかし、万次郎には物足りなかった。

万次郎にとっては、捕鯨船での生活がやっと見習い期間が過ぎて、これからという時期だったように思えてならない。もっと知りたいことがたくさんあったのだ。

「ここはたしかに楽園のようだが、あの捕鯨船のように学ぶべきものが少ない。捕鯨船の操船や測量、そして捕鯨漁について、もっと知りたい」

万次郎は、活気に溢れた船上生活で見聞した先進文化との遭遇が懐かしく、毎日、親切な船員たちとの交流を思い返していた。

オアフ島での生活が十日経った。

一八四一年十二月一日、ホイットフィールド船長が、最後の別れだと訪ねて来てくれた。

「何か不自由はないか」

真っ先に五人への気遣いが嬉しかった。

捕鯨船の修理、薪水・食糧などの補給が全て終わったので、今日の午後にホノルル港を出帆するのだという。

全員が整列して頭を下げた。筆之丞が、

「何のご心配も無用でございます。むしろ温かい配慮に感謝しております」

すると、ホイットフィールド船長は筆之丞だけを物陰に誘った。

「この十日間、私なりによく考えた。どうだろうか、ジョン・マンを私の母国であるアメリカへ連れて行き、教育を受けさせたいのだが。君はどう思うかね」

筆之丞は返答に窮した。

「万次郎は私の雇い主が母親からお預かりし子ども、私の船で漁師見習い中でした。仰せの件は万次郎に直接に聞いていただければ……」

そこで万次郎が呼ばれた。

「ジョン・マン、私と一緒にアメリカへ行ってみないかい」

「船長、オイラをメリケに連れて行ってください」

一瞬の躊躇もない即答だった。

成り行きを見守っていた四人が驚くほど、迷いがない返事だった。

船長と共に港に戻ると、「ジョン・ハウランド号」は出港の準備が完了し、全ての乗組員が甲板に出て船長の帰りを今や遅しと、待機しているところだった。

「オィ！　あれはジョン・マンじゃないのか？」

「オーイ、ジョン・マンが戻ってきたぞ！」

と叫んでいるのが聞こえた。

「ジョン・マンよ、よく戻ってきたな。また、大きな鯨を見つけておくれよ」

口々に歓迎の言葉が浴びせられた。

「おまえさんはお荷物の漂流少年じゃないぞ、この船の重要な仲間なんだぞ！」

その言葉のひとつひとつが万次郎の心を打ち、胸に響いた。一筋の涙が万次郎の頬を伝って流れ落ちていくのだった。

宇佐浦から苦難を共にしてきた四人が見送りにきた。

「万次郎よ、永遠《とわ》の別れになるやも知れんきに。身体に気いつけて踏ん張るのじゃぞ」

船頭の筆之丞が言う。

「お世話になりました。宇佐浦へ戻られたら、おっかさんによしなに……」

「そうだ、身体が一番だいじじゃ、無理はするなよ。おまんさぁは気張り過ぎるきに、やわい気でのんびり構えてえな」

皆が口々気遣ってくれた。

こうして、一月五日の宇佐浦から苦楽を共にしてきた仲間と別れ、万次郎はみずからの意志で、運命の扉を開き、新たな道へと踏み出していったのである。

万次郎の頭には再び「ジョン・ハウランド号」の帽子が載せられ、いっぱしの船員待遇になった。船員たちと同じ部屋にマイ・ベッドが用意され、起床から就寝までが、皆と同じリズムの生活がはじまったのである。

船はニューギニア島・フィジー諸島周辺で捕鯨を続け、一日に三頭の鯨を捕獲する日もあれば一週間に一頭も捕獲できないときもあった。

万次郎は眼が良かったのでメインマストに登り、鯨を発見するジョブに就いた。自分が発見できなければ、捕鯨船はただの帆船にすぎなくなるので、責任は重大だった。

しかし、雨で視界が悪い日、波が大きく荒い日、強風の吹き荒れる日と、絶好の捕鯨日和が少ないこともわかってきた。

鯨にもいろいろな種類がおり、潮の噴き上げかたも一様ではなかった。

そして、何より楽しかったのは、捕鯨漁の終わった後や休みの時間だった。あらゆる疑問点を聞いて回ることや、船長やデービス一等航海士から英語や数学を学べたからだ。

万次郎の向学心はいやがうえにも燃え上がっていくのだった。

アメリカ捕鯨

鯨にもいろいろな種類があり、その漁の仕方や利用方法に差があることがわかった。

大きなシロナガスクジラは名の通り全身が白っぽく、発見しやすかった。二十四メートル近くの大きな身体に小さな眼が二つ。気づかれずにキャッチャー・ボートを近づけやすかったが、捕鯨船に曳いてくるのが一苦労だった。合計八槽乗せてある内の五槽のキャッチャー・ボートが海面に下ろされる。これがフル稼働だった。

ザトウクジラは十四メートルほどの大きさだが、ジャンプ力、尾鰭を使ってのキック力が強く、銛打ちには細心の注意力が求められた。

マッコウクジラは頭が全身の三分の一を占める三頭身のずんぐりした体形である。十五メートル級が普通のサイズだが、頭にある脳油を移動させて、海中深くに潜る特殊な能力をもっていた。銛を打ち込むと、潜水を開始し、下手をするとキャッチャー・ボートごと海に飲み込まれてしまうのである。それは乗組員の生死にかかわることだった。捕鯨漁の現場の海は、血の匂いを嗅ぎつけたサメがウヨウヨしている。その多さは日本近海の比ではなかった。

しかし、マッコウクジラは一番上等な獲物だったので、クルー全体に気迫が漲るのだった。マッコウクジラは本船に引き寄せて、皮をある程度剥いで、軽くしてから全身をウインチで甲板に引き上げられた。そして、頭部にある脳油を採るのだ。この油は軽くサラサラしており、時計や精密機械の潤滑油、高級化粧品として、高値で取引された。

珍しい歯は直径が十五～二十センチメートル、高さが二十センチメートルほどあり、円錐形をしている。食べごろのタケノコのような形状だ。これに、船員たちが暇なときにナイフやノミで彫刻を施した。捕鯨船や捕鯨漁の様子、南国の島々や灯台の見える風景等などさまざまな絵柄だった。磨くと象牙のような気品のある光沢があり、「スクリームショウ」という美術工芸品として珍重された。

マッコウクジラはイカやタコを主食にしているとのことで、中には腸内に塊（結石）を持っているものがいた（胃潰瘍との説もあるが…）。イカやタコの口（カラストンビ）が、その原因ではないかと言われているが、塊があるマッコウクジラは稀だった。

この塊は「アンバーグリス」（龍涎香《りゅうぜんこう》）と呼ばれ、エタノールで希釈するとウットリするほどの芳香を放ち、香水として淑女の人気商品になるのである。ろうそく・石鹸・ポマードなどの香り付けにも使われたのである。

ジョン・マンは採りたての「アンバーグリス」を嗅がせてもらったが、異様な匂いで鼻が曲がりそうな悪臭だった。しかし、銛打ちのジョージが小指の先で綿布にチョンと付けて、ジョン・マンの鼻先にヒラヒラさせると、何とも言えぬ良い香りが漂ってきたのである。

マッコウクジラの骨は紳士のタバコ用のパイプやステッキの柄、洋服のボタンなどに加工された。髭は淑女のコルセットやパラソルに、馬車の馭者のムチとなった。

甲板に引き上げられたマッコウクジラは、余すところなく商品化されていくのだった。

他の鯨からは主に鯨油を採った。鯨油はランプ油・ろうそく・石鹸・クリーム・薬品・ポマード・機械油の原料として高値で取引されていた。

鯨の種類は意外と多く、鰯が大好きな「イワシクジラ」「コククジラ」など小型鯨を含めると十一種もいるのである。

鯨を発見したとの合図により、母船を近づけ、船長の指示でキャッチャー・ボートが下ろされる。銛打ちを先頭に漕ぎ手が四人、最後尾にコックスが飛び乗る。ナガスクジラ以外は四、五槽のキャッチャー・ボートが漁にあたり、本船へと曳行してくる。

それを波や風を読んで左舷・右舷かに取り付け、長刀で皮を剥ぎ、ウインチで甲板に引き上げる。

引き上げられた皮には皮下脂肪が白く留まっている。それを細かく刻み、大釜で煮たて、浮いた油を掬い取るのだ。燃料は木材・石炭・油で、その他に乾燥させた鯨皮が使われていた。煮たてるには真水が重要で、海水でやると鯨油の商品価値が極端に低くなり、売り物にならないのだ。

作業が終了すると全員で甲板を入念に清掃して作業は終了する。

二頭捕れた日や荒天など特別な日には、船長からの労いの言葉とご褒美に「チェリー酒」がショットグラスに一杯ずつ配られた。このときは食堂のコックも樽職人も加わるのだった。

乗組員は酒飲みが多かったが航海中の飲酒は厳禁だった。夜間も交代で見張り役を担当するのと、緊急時への対応のためだった。座礁、他船との接触、海賊船対応等、多種多様であり、大砲二門が備えられており、小銃は二十丁ほどが常時使用可能の状態にされていた。

苦労して貯蔵した鯨油を根こそぎ横取りする海賊船が、数多く横行しているのが漁場なのだ。アメリカ国旗を掲げた船でも油断は禁物だった。平和な大海原での現実は、それは厳しいものだった。

夜間の見張り勤務以外の船員は食後に集まり、陽気な歌を唄うグループ、個々人で恋人や家族に手紙を書く者、スクリームショウを刻む者、静かに読書に親しむ者、熱心に絵筆を走らせる者など、自由で気ままな時間を過ごしていた。

銛打ちで名高いジョージは、アメリカ・インディアンが先祖と聞いたが、狩猟で射止めた熊の爪を三本、ネックレスに加工し、身に付けて自慢している勇敢な男だった。ある夜、そのジョージに、万次郎は銛打ちのボートに乗せて欲しいと頼んでみた。

「ジョン・マンよ、これを見ろや」

と言って、頭に巻いたバンダナを脱いだ。

「オレがこの船に乗る前は、髪の毛が多すぎて船員帽がかぶれないほどだった。ところがどうだ。今ではこの通り、床屋が髭そり以外は手持無沙汰とぬかしやがる。というのもマッコウクジラがエライ勢いでボートを引っぱるからだ。そのたんびに、オイラの髪の毛が四、五本はすっ飛んでいく。一年半でこのざまだ。

おまえさんも、マストの上からご覧だろうが、キャッチャー・ボートが五回、六回は宙に飛び上がる勢いだぞ。

下手に海に落ちればサメさんが〝ごちそうさま〟の準備をしておる。ジョン・マンよ、お前さんの体力が付いたとオレが見抜いたら、必ず声を掛けてやるぜ」

これを聞いていた皆がドッと笑った。

この船の誰もがジョークを好み、お互いの会話に気の利いたジョークをはさむことが粋で、それを理解できない者は「ダサイ野郎」となるのだった。

この船に乗っている人々の眼の色や肌の色が異なることはわかっていたが、今では全員がアメリカ人だという誇りをもっていた。しかし、彼らの出自国に対する愛情は強烈なものがあった。

ジョークはそうした彼らの潤滑油でもあったのである。

各人の「母国」、それは、イギリス、ノルウェー、ポルトガル、ポーランド、イタリア、ケニアなどの国々だった。まさに捕鯨船「地球号」だったのである。

それぞれが自身の出自について、強い自負心と愛着をもっており、アイデンティティーへの誇りを胸に秘めていた。そして、故郷の歌を万次郎に聞かせるのだった。人種も趣味も多種多様だが、自由にして平等だった。

お互いに「Thank you」と感謝しあっている。そして、偉い人ほど忙しく、よく働いているように見える。日本のように威張らなかったし、位が上の人ほど親切なのだ。

いったいアメリカとはどんな国なのだろう。万次郎の好奇心はさらに高まっていくのだった。

万次郎はホイットフィールド船長とデービス一等航海士から英語、数学などを学ぶ日以外は歌を唄うグループに加わり、船乗りの歌を教わった。

一番の若輩だったが、皆が対等に扱ってくれたし、万次郎も対等な扱いを求めていたのだが、捕鯨でのキャッチャー・ボートだけはいまだに乗せてもらえなかった。サメがウヨウヨと泳いでいるので、ホイットフィールド船長が許してくれなかった。

鯨油を詰める「樽」は船の床面積を有効に使用するために、板の状態で積み込み、桶職人が船内で必要量の樽に加工した。鯨油が詰まった樽は何層にも積み上げられて保存されていく。

船では水が貴重品だ。鯨油を煮出すために「真水」が欠かせないからだ。シャワーや洗濯は海水で行い、最後だけ真水を使った。

スコールのときは、貯水と身体洗いに恵の雨だった。石鹸を持って飛び出していく船員の輪に万次郎も加わりながら、水の大切さを改めて感ずるのだった。

美しき南洋の島々

捕鯨が好調だったこともあり、薪水と野菜・果物を手に入れるために太平洋の島々にキャッチャー・ボートがたびたび派遣された。

万次郎も乗せてもらった。

ヤシの木の下には、赤やピンクのハイビスカスや甘い香りの白い花が咲き誇り、バナナ、マンゴー、パイナップルなどの果物がたわわに実っていた。豚や鶏が飼われており楽園のようだ。

男はフンドシ姿であり、女も半裸で腰にミノを付けていた。色は黒いが中にはブルーの眼をした混血の娘もおり、驚くほどチャーミングだった。その多くは病気やケガで島に残された船員の末裔だそうだ。どの島でもダンスと歌で歓迎してくれた。

色彩豊かな花の髪飾りやレイを付け、貝殻で作った装飾品を手足に付けた娘たちの、揺れる乳房は十五歳になった万次郎の胸をときめかせるのに十分過ぎた。

薪には材木とヤシの実の殻を求め、飲水は持参の樽に詰めた。

これらは島の酋長から仕入れる仕組みだが、彼等は現金を欲しがらなかった。物々交換なのだ。現金で買うものはなかったからだ。彼らは強い酒かタバコを求めた。フンドシ姿ながら、立ち振る舞いは男らしく、この島の長は俺だといった威厳があった。

果物や野菜類は島の女から自由に交換することができた。女たちは甘いクッキーや綿布・石鹸を欲しがった。

捕鯨船には、こうしたときのために使う商品があらかじめ多数積み込まれていたことを万次郎ははじめて知ったのだった。

ニューギニアに近い島では、手や足を失った人を度々見かけた。

サメ漁が盛んだそうだが、小さな船での漁は危険と隣り合わせだった。サメ漁で手足を失う危険があるが、それでも彼等はこの漁を止めようとはしない。鰭《ひれ》が干されていたが、中国に向かう交易船が仕入れにきて、生活用品や趣向品と交換していくからだ。

サメの肉は彼等の好物だそうだが、南洋の海は危険と隣り合わせだということを改めて知ったのである。

アメリカ本土へ

ニューギニア島・フィジー諸島・台湾周辺からグアム島の捕鯨基地まで捕鯨漁は順調に推移したので「ジョン・ハウランド号」は航路を南に向けて、南米のホーン岬経由で母港を目指すことになった。

チリのサンティアゴ港に寄港した後に、荒れる海として名高いドレーク海峡に入り、ホーン岬を回った。寒い日が続いたが、捕鯨漁も行いながらのアメリカへの帰港航海だった。

海水の温度が低いためか鯨の動きは鈍く、捕獲しやすかったが、船員もオーバーコートを着込んでの作業となり、その動きは鈍かった。日毎に流氷が多くなり、危険なので捕鯨は中止された。

南氷洋に入ると流氷はさらに多く、大きくなった。「ジョン・ハウランド号」の船首近くの船底に「ノコギリ」を取り付けて、流氷群を切り分けての航海となった。この地域の寒さは万次郎がいまだ経験したことのない厳しいものだった。

プーンと鼻をつく異様な匂いは、氷上に大群をなすアザラシやペンギンのものだった。元気に泳ぐ動物たちの適応力に驚くのだった。

二月から三月、この時期の南氷洋は夏だというのである。この寒さでも夏なのか、たしかに五、六百メートルはあろうかと思える聳え立つ氷山が、轟音《ごうおん》をあげて崩れ落ち「ジョン・ハウランド号」を大きく揺らす迫力に、万次郎は肝を冷やすのだった。

白夜が続き、白と群青の世界は凍るほど美しかった。氷山が崩落し、海と接する側面は、透き通るようなブルーなのだ。

ある夕闇の日のことだった。

甲板から「カメッ、カメッ」と叫ぶ声があがりたいへんな騒ぎである。万次郎が飛び出して行くと、夜空には月の光よりも明るい「コメット」(comet 彗星)が長く青い尾を引いて流れていた。八十年か百年に一度の遭遇だという。皆が甲板に上がり神秘的、幻想的な天体ショーを飽くことなく眺め続けていた。白銀の世界で遭遇した彗星は美しく清らかだった。

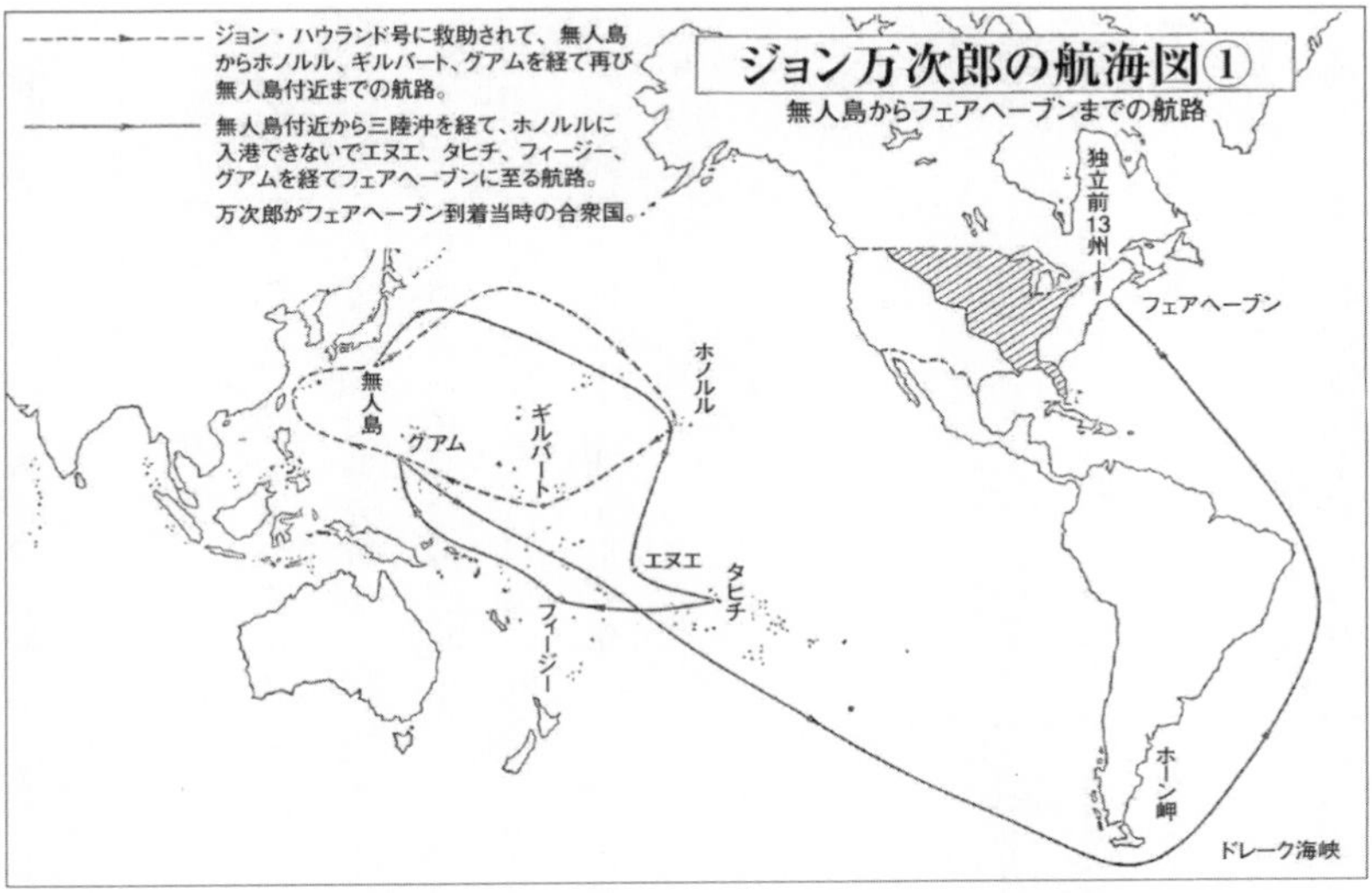

高知では一八三五年に彗星が現れたという文献がある。万次郎が八歳のときだ。その年に父の悦助を亡くしている。

父の魂が長く尾を引いて見守ってくれているように思えていたかもしれない。美しく長く尾を引く、青く清らかな輝きだった。地球の広大さ、神秘さは無限大のようだ。

この先には何が起こるのだろうか、万次郎の好奇心は高まるばかりだった。

流氷が多いことから、夜間の見張り役が増やされたこともあり、万次郎も加わった。太陽が沈まず昼夜の区別が容易につかぬ、氷に取り囲まれた白銀の世界は神秘的な美しさだった。稀に起こる黒潮の大蛇行に乗せられ、夜空に尾を引く彗星を仰ぎ、そして白銀の世界を目の当たりにした。

地球という星の雄大な自然と遭遇し、少年万次郎は生かされている自分をつくづくと感じていたのだった。

捕鯨漁を行わないために、ホイットフィールド船長は熱心に万次郎の教育にあたってくれた。英語・数学・地理だった。

一ヵ月が過ぎた。

明るい海が拓け、心地よい風がメインマストを一杯に開くころ、前方に灯台の灯りを確認した。その灯台のところで、船は取り舵を一杯に切った。

そして、母港であるアメリカ東海岸、マサチューセッツ州ニューベッドフォード港にゆっくりと入港したのだった。船長たちにとっては久しぶりの帰郷だった。

万次郎は土佐の宇佐浦から二年半、約二年間の捕鯨船での生活を経て、十六歳の好奇心に溢れた若者へと成長していた。

夢の大地に上陸

「ジョン・ハウランド号」は一八三九年十月三十日にニューベッドフォード港を出帆し、一八四三年五月六日に着岸した。三年六ヵ月を超える大航海だった。

ニューベッドフォードの街は、春の陽光に溢れていた（ニューベッドフォードは日本の北海道・函館と西経がほぼ同緯度にある）。

港には多くの捕鯨船が係留されており、すでに鯨油の樽がうず高く積み上げられていた。

ニューベッドフォード港。鯨油樽が整然と置かれていた
（ニューベッドフォード捕鯨博物館資料より）

どうして知ったのだろうか、岸壁には「ジョン・ハウランド号」の乗組員の家族や親族、捕鯨会社の役員などが多数、着飾って出迎えていた。船員たちと家族や恋人だろうか、抱擁とキスシーンがくり広げられていく。万次郎はそのオープンな姿に驚くのだった。

「ジョン・ハウランド号」からは、次々と鯨油の樽が荷揚げされていった。

ホイットフィールド船長は鯨油の荷揚げに立ち会っていたが、その総量は二千七百六十一樽（バーレル）だった。鯨一頭からは平均すると四十五樽の鯨油が採油されているので、三年半で約六十頭の鯨を捕獲したことになる。

船長はその後、乗組員への賃金の支払い、税関の手続き、捕鯨会社への報告へと出かけていった。

大きな船に独り残され万次郎は、ニューベッドフォード港を改めて見回していた。驚いたことに、この港には二百隻ほどの捕鯨船が係留されており、入港・出帆する船の動きが止むことがなかった。

係留された各捕鯨船の前には、鯨油樽が整然と寝かされていた。港には石の階段があり、そこを登って町へと入っていくようだ。

町には幅広い石畳の道路が一直線に延びており、その両側には二階建てのレンガ造りの家並みが続いていた。人の行きかう賑やかな様子に、万次郎の好奇心は抑えようがなかった。

タラップをおりて見学に出かけた。

道路は馬車が行き交い、桶屋、帆布店、ロープ店、塩蔵肉店、野菜・果物屋、雑貨屋、生きた牛・豚・鶏を売る店などが並び、どこもかしこも人、人で溢れかえっていた。

万次郎が見上げる空は、抜けるような青さだった。なのに、婦人たちは傘をさして歩いているのが解せなかった。ここは、ホノルルやグアムの捕鯨基地の数倍の賑わいで、どの店も活況を呈しているのだった。

帰船したホイットフィールド船長が教えてくれた。

要約すると次のようなことだった。
① このニューベッドフォード港は全米第一の捕鯨基地である。人口は二万人を超える大きな町だ。アメリカは交易に力を入れているが、輸出の主力商品が鯨油と綿布であること。
② 特に鯨油は機械油・ランプ油・ろうそく・石鹸・化粧品・薬品などの原料となり、ヨーロッパ諸国で人気があること。マッコウクジラから採れる「アンバーグリス」は、香水だけではなく、石

鯨《くじら》やろうそくにも香料として使われていること。

③　ここニューベッドフォード港は、アメリカの基幹産業の基地でもある。しがって捕鯨船員はこの町の誰からも慕われ尊敬されていること。

そして告げたのだった。

「ジョン・マンよ、学ぶことはたくさんあるぞ。海の男の全てがここにはあるのだ。航海術・測量・天文・捕鯨・関税、ちょっと数えても、この五本の指では足らんようだ。夢を大きく、希望を胸に大いに学ぶことだ。そして君の傍には、常に私がいることを忘れないように」

万次郎は力強く頷いていた。

亡父や母親からは立派な漁師になれと育てられた。オイラはここで捕鯨の全てを学び、船長のような「海の男」になるのだ。そして、大海原へと出かけるのだ。そうすれば、日本へだって自から帰れるに違いないと……。

志を常に高く掲げて、この国で学ぶことを誓うのだった。

捕鯨はイギリスやノルウェーでも行われていたが、最盛期の捕鯨船が世界で九百隻と捕鯨年表に記録されている。そのうちの七百二十二隻がアメリカ船籍である。実に八十パーセント以上なのだ。

万次郎が見た二百隻は、決してオーバーな数字ではなかったのである。夏季の間にホーン岬を通過するためで、この季節に母港に帰る捕鯨船が実に多かったからだった。

三、自由・平等の社会

日本人、初の留学生として

高い塔から正午を告げる鐘の音が町中に鳴り響いた。

日本の鐘の音は荘厳だったが、今の万次郎にはこの町の音が明るく軽快に心に響き、彼の好奇心、期待感は高まるばかりだ。

昼食後、馬車に乗って船長の家に向かった。

船長と並んで馭台《ぎょだい》に座り、石畳が敷かれた道を走ると、ホイットフィールド船長を見かけた町の人々が手を振り、帽子をとって「船長さん、お帰りなさい」と声を掛けるのだった。

船長もその都度、帽子に手をやり、軽く会釈をかえしている。ホイットフィールド船長が、この町の人々から尊敬される存在だということが、何げない仕草でわかるのだった。

やがて、馬車がアクシュネット川にさし掛かったときだった。

万次郎は驚いた。道がなくなるからだ。

鉄製の橋がスルスルト前方の岸へと動き出して、鉄橋がなくなり、川だけになってしまったのだ。

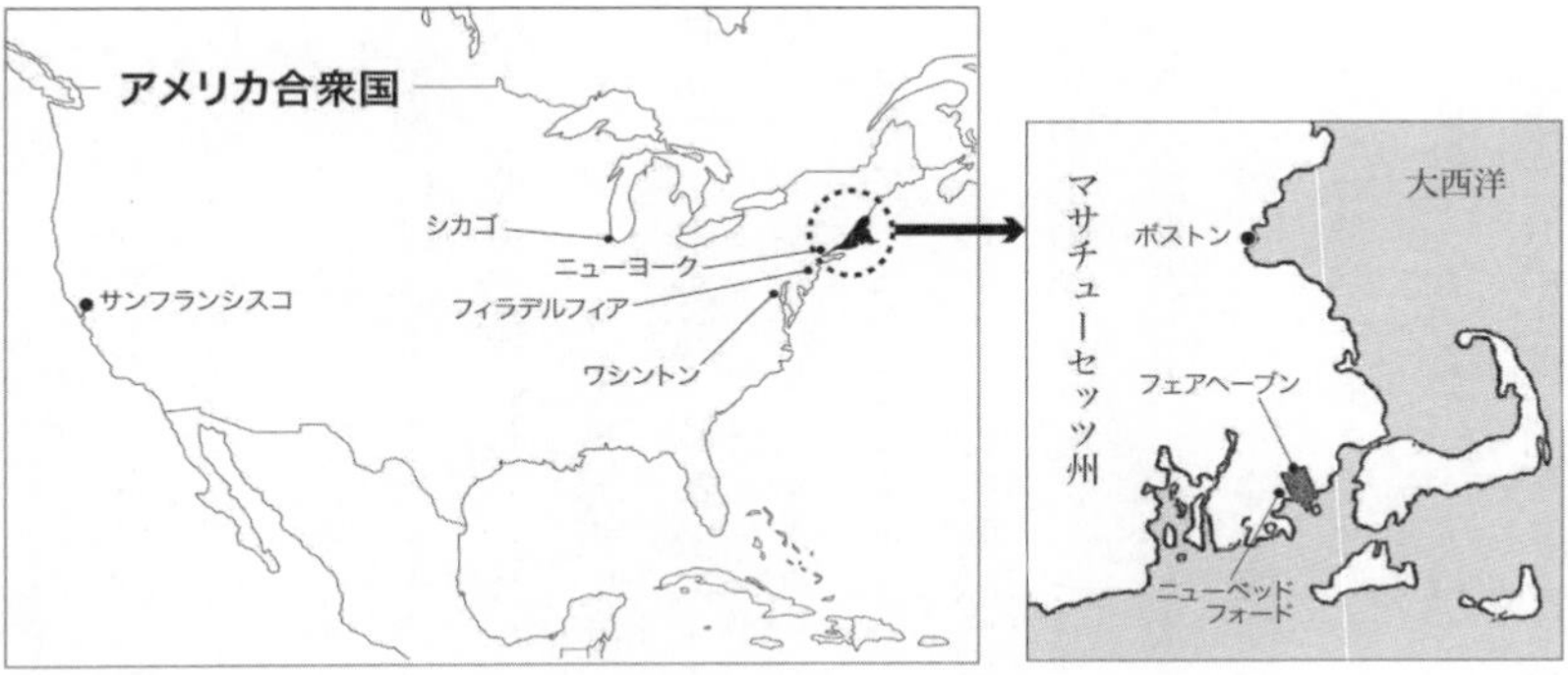

やがて目の前を、帆をたたんだ三本マストの捕鯨船が三槽の引き船によって河口の港方向へと曳かれて行った。架道橋だったのである。橋が戻り、馬車はアクシュネット川を渡り、フェアヘーブンの町に入っていった。

ミモザやハナミズキの花々が咲き誇る美しい街並みだった。北国の五月は最も美しい季節と言われていた。

ニューベッドフォードは人口が二万数千人、船長が住んでいるフェアヘーブンは人口六千人ほどで、捕鯨関係者のベッドタウンとなっていた。

到着した船長の家は、二階にキャビン風の丸い窓がついている特徴のある建物だった。そして、この丸窓の付いた部屋が万次郎に与えられたのである。

その丸窓からは、フェアヘーブンの港が一望できた。万次郎はこの部屋が大いに気に入った。

アメリカ本土上陸後、最初の夜を過ごした部屋として、万次郎には生涯忘れ得ぬ場所となったのである。

翌朝、ホイットフィールド船長とリバーサイド墓地に向かった。

広大な緑の芝生の中に、頭の丸い白石の墓標がポツリと一柱たっていた。六年前の一八三七年五月七日に船長はルース夫人を亡くし、船長は現在一人暮らしだったことを万次郎ははじめて知った。花束を置き、お祈りをした。万次郎も船長と同じ仕草でアメリカ式のお祈りをした。

午後には「オールド・オクスフォード・スクール」に向かい、入学手続きと、アレン先生に万次郎の個人指導をお願いしてくれたのだった。

ホイットフィールド船長は、万次郎に基礎からしっかりとした学問を身に付けさせるために、主に金持ちの子弟が通う私塾の「オールド・オクスフォード・スクール」を選び、さらには、その学校の教師であるアレン先生のもとに、補習に通わせてくれるようにしたのだった。

故郷では寺子屋にも通えなかった万次郎には、日々がたまらなく新鮮だった。新知識を学ぶ喜びは大きく、あらゆる分野に興味は尽きることがなかった。

丘の上の学校へは歩いて通った。通学路には瀟洒《しょうしゃ》な二階建ての家並みが続いており、庭には美しい花々が満開だった。特段と大きな屋敷があるわけではなく、さりとて小さな家もなく、ほとんどが同じ広さながら一軒、一軒が個性的であり、オープン・ガーデンだった。美しい楽しい通学路だった。日によって通学路を変えては町中を見て回った。

学校は一クラス三十人ほどが一教室で学んだ。男女共学だったが年齢はマチマチだった。

教室には中央に石炭ストーブが置かれており、前面に大きな黒板、その下は一段高い教壇となっていた。横の壁には柱時計が掛けられており、振り返ると後ろの壁の中央には初代大統領のジョージ・ワシントンの肖像画が掲げられていた。

授業の途中に休憩時間があり、東洋人はただ一人で珍しく、クラスメートはジョン・マンの冒険談を聞きたがった。教頭が手で振る鐘が鳴ると、席に戻り、次の学科に入るのだ。

学校が終わると船長宅から数軒隣のアレン先生の家に通った。

ジェーン・アレン先生は美人三姉妹と評判の真ん中で、長女のチャリティは万次郎の服や靴下を繕い、クッキーも焼いてくれた。三女のアミリアは万次郎と共に机に向かって勉強をした。

この三女のアミリアは、後にエルドレッジという船長と結婚しているが、そのエルドレッジは日本開国後、最初に横浜港に入港した捕鯨船の船長となる人だった。

入れ札でプレジデントを選ぶ

アレン先生が良い機会だと、四人で町の公会堂に選挙の見学に連れていってくれた。そこでは住民たちが集まり、自由に意見を述べあっていた。そして、選挙によって大統領を選ぶというのである。

一七七六年七月四日の独立以来六十七年を経た民主主義は、熱く活発な議論が見られ、厳粛な雰囲気で投票が行われていた。

男たちは正装かそれに近い服装で、ネクタイに帽子を手にして投票日を迎えていた。このときの選挙で選ばれたのが第十代のジョン・タイラー大統領で、その後四年間アメリカ合衆国を統治していくのだという。一人一票の重さを目の当たりにし、万次郎は感動した。故郷では、藩や幕府の考えを役人が一方的に下ろしてくるだけで、民意の反映などあり得ないことだったからだ。

万次郎は「感謝の文化」とともに「民主主義」の実際を知り、感銘したのだった。

一人一票で大統領を選び、その後四年間は選ばれた大統領が行政の最高責任者となる。候補者は氏素性ではなく誰もが大統領に選ばれるチャンスがあるのだという。「公平・平等」の精神に強い憧れを抱くのだった。

自由と平等な社会を求めて「メイフラワー号」が到着した歴史的に有名なコッド岬やプリモスの町もフェアヘーブンの至近距離にある。独立戦争の端緒の地、ボストン港も船でなら一、二時間で行けるフェアヘーブンの町は、ニューイングランドの雰囲気が溢れたリベラルな土地柄だった。独立戦争で勝利し、自由と平等を守り抜いた自負心に溢れ、建国の理念を貴ぶ気概が随所に見られた。公園には大砲が並べられており、英雄の銅像が並んでいる。

アメリカの基幹産業である捕鯨基地、ニューベッドフォードには捕鯨会社・銀行・保険会社などが集い、そうした企業の幹部が居住しているのがフェアヘーブンの町だった。敬虔なクリスチャンが多く、清潔な街並みで、酒に酔って歩く人間などは皆無だった。

好意的だった日本の印象

この町に日本人はひとりも居住してはいなかった。

しかし、江戸幕府の政策によって固く門戸を閉ざしていた日本だが、かなり具体的な情報が知れ渡っていた。それらは、おおむね好意的なものが多かったのである。

「家は木と紙で作られた粗末な作りだが、中に入ると素晴らしく清潔に保たれている。住民は役人に対して従順で、めったに争いごとが起きない平穏な暮らし向きである。役人は刀を持ち歩くが、それを抜くことはほとんどない。

婦人たちは結婚すると歯を黒くするナンセンスな風習があるが、オリーブ色の肌はきめ細やかで、チャーミングである」

南太平洋で鯨が豊富に捕れていた時代で、日本近海まで船足を延ばす必要がなかったからか、好意的なレポートが多かった。

「日本の春は素晴らしい。リアス式の海岸に沿って咲き誇る桜の絨毯の美しさ、雪を頂きに載せた富士の雄大な姿は見る者に感動を与えるものだ」

「江戸はロンドン・パリと並ぶ百万都市であり、オリエンタルな独自文化を育む魅力溢れる島国」

といった日本の評価だった。

フェアヘーブンにはポルトガル系の移民が二割以上居住していたという話があるが、日本との向きあいかたについて、ある種のシンパシーを感じていた住民が他の土地よりも多かったのかもしれない。

このような特色のあるリベラルな地での見聞と教育は、万次郎のアメリカでの成長に大きな影響を与えたことだろう。


そんなある日、ホイットフィールド船長が婚約した新妻をニューヨークに迎えに行った。独りになった万次郎は勉強の合間をもっぱら近郊の散策に当てた。

船長宅から坂を下ったところは入江になっており、ドックが三ヵ所に設けられていた。どのドックにも捕鯨船が入って補修を行っており、湾内には待機する多くの帆船が係留されていた。石造りの灯台があり、護岸工事の施された岸辺には独立戦争時の砲台や武器庫が並んでいた。万次郎は飽くことなく見学して回った。

全てが計算されたスケールの大きな施設であり、町全体が一枚の設計図によって計画的に建設されていることがわかった。

二週間後、船長は新妻を伴って帰宅した。

「ジョン・マン、家内のアルバティーナだ。君のことは全て話してあるぜ。今日からは三人で楽しくやっていこうではないか」

色が白く、眼がブルーに輝いている美しいご婦人だった。その日から家庭には笑い声が溢れ、華やいだ雰囲気に包まれていった。

なにもかもが順調で快適なアメリカ生活のスタートだった。

強き信頼の絆

ある日曜日のことだった。

船長が新妻とジョン・マンを教会で皆さんに紹介するというので、奥さんと万次郎も新しい洋服に着替えて出かけた。

船長の両脇をアルバティーナと万次郎が家族席に並んで腰かけていた。すると若い男がやってきて、船長に何事かを告げていた。船長が答えると今度は年配の男と二人連れでやってきた。

年配の男は万次郎を指さし、その指を後方へと回したのだった。

万次郎が振り向いて見ると、そこには柵が設けられており、その外側に黒人たちが座っていた。指さしの意味は、万次郎にもすぐに理解できた。

ホイットフィールド船長は無言で立ち上がり、アルバティーナとジョン・マンの手を引き、帰宅したのだった。

その後の船長は特段に変わった様子をみせず、最近手に入れようとしている農園付き住宅の話で上機嫌だった。

「二年、三年と長い航海をなさるのですから、一、二年は悠々自適に過ごされては如何ですか」

新妻のアルバティーナの言に、船長は頷きながら、

「のんびりと晴耕雨読を楽しむことにするさ」

と応じ、いつも通りの船長の姿に万次郎は安堵していたのだった。

夕方に教会関係者が二名、船長宅を訪れた。

ほんの数分だった。

二人の話を聞き終わると、ホイットフィールド船長は無言でスクッと立ち上がり、玄関ドアを開けて右手を下に大きく横に振るジェスチャーで「どうぞお帰りください」と促したのである。終始、無言で毅然とした態度だった。しかし、大きな背中が雄弁に物語っていた。

「ジョン・マンよ、オマエは私の家族なのだ。心配するんじゃないぞ」

万次郎は嬉しかった。万次郎には何が起こっているのか、全てが理解できていたのである。

「偏見と差別」、アメリカで最もリベラルな土地として知られたフェアヘーブンの教会でも、このようなことがあるのだと早く知ってよかったと思った。そして、自分に対する船長の深い愛情を全身に受け止めていたのだった。しかし、偏見と差別、これは個人の努力ではどうしようもないことなのだ。

万次郎はアメリカ到着までの二年間の捕鯨船での生活を思い起こしていた。

いろいろな国を母国にもち、肌の色も異なる人々が集う「捕鯨船地球号」では、公平にして平等の生活を体験してきたからだ。肌の色の違いなどは、まったくナンセンスなことだった。能力と実力こそが

重視されていたからである。

事実、船員の信頼を一身に集める「一番銛打ち」のジョージにはアメリカ・インディアンの血が色濃く滲《にじ》んでいたし、サムはアフリカ出身だが努力して三等航海士となっていた。しかも、船一番の力持ちで皆に尊重されていた。

それぞれが信頼しあい、時と場面において惜しみなく自分の力を発揮する、相互扶助の精神さえ根付いていたのだった。

その後のホイットフィールド船長の行動は素早かった。長年にわたって通い続けた教会を変え、翌週の日曜日からは、三人は別の教会へと通うことになった。

その教会は大歓迎で三人を迎え入れてくれたのだった。新しい教会では「ジョン・ハウランド号」で一緒だった船員たちと再会することもできた。

そのうちの一人が教えてくれたところによると、この教会は「ユニテリアン系」だという。宗教を大切にするアメリカ人が教会を変えるなんて考えられないことだというものだった。

万次郎は船長の決断に感謝するとともに胸が詰まった。これからは「偏見や差別」に臆することなく「能力・実力」で船長の期待に全力で応えようと誓うのだった。

このときの思いが、万次郎のアメリカ生活の「力の源泉」となったのである。

転居そして転校

一八四三年の晩秋に船長はスコンチカットネックに新しい家を購入した。広い前庭には農夫を雇って野菜畑を、裏庭には馬・牛・鶏を飼った。

万次郎も学校を変わり、公立のスコンチカットネック・スクールに通学した。

アレン先生のもとには補習授業に通い、家では畑や家畜の世話、そして手伝いと多忙だったが、乗馬の楽しみを覚えた。夕方にジョン・マンが馬にまたがり町はずれの公園まで疾走する姿を町の人はしばしば目にするようになった。

ここで、ずっと後年の逸話をひとつだけ挿入したい。

大正十三（一九二四）年十二月二日のことだ。

万次郎の長男で医学博士だった中濱東一郎（六十四歳）が、当時アメリカのブラウン大学在学中だった三代目の清叔父（清はフェアヘーブンに二度目の訪問）を伴ってスコンチカットネックのホイットフィールド家を二泊三日で訪問したときのことだ。

中濱東一郎著『中濵萬次郎傳』（冨山房）に詳しいが、ここでは「キャサリン」という女性について、日本では一人歩きしている感があるので、伝え聞いている事実を明らかにしておきたい。

ホイットフィールド家は二代目のマーセラス（七十四歳）と三代目二男のトーマス（町の行政委員）が車でニューベッドフォードまで出迎えてくれた。

これを聞きつけた万次郎との縁ある人々が、多数ホイットフィールド家に来訪、二日目は新聞記者の取材、ホイットフィールド船長の墓参、捕鯨博物館の見学、午後にはホイットフィールド家のひ孫が通学していた「ロージェ学校」（Roger School）の視察と挨拶、三日目はニューベッドフォード市長の歓迎会がホテル「ダビサ・イン」で開催と、連日の大歓迎だったそうだ。

東一郎は英語でスピーチ、父親であるジョン・マンがお世話になった「お礼の言葉」を述べた後、多くの賓客に囲まれていた。

万次郎は自分の子どもたちに英語は厳しく修得させていたので、東一郎の英会話も確かなものだった。そこで清は賓客に応対する東一郎の傍らで待機していたところに、白髪の老婦人が近寄り、「ジョン・マンからもらった詩です」と手渡したそうだ。

キャサリン・モートンと名乗ったその老婦人とは、ほんの数分の立ち話しかできなかったそうだ。渡された詩文は女性の書いた筆跡のようだったし、「私がもらった」のか「私の母がもらった」と言ったのか、はっきりと確認できなかった。クラスメートか教会の日曜学校の女友だちかも、はっきりしなかった。

万次郎が生きていれば九十六歳となる年のできごとである。万次郎の長男が七十四歳だったことから、「私の母親がもらった詩」が正しいようにも思えるので、日記帳などから書き写して持ってきたようだった。これは清叔父からは聞かされた状況談である。

四代目の中濱博の著書『私のジョン万次郎』（小学館）にその詩の訳文が掲載されているのでここに紹介したい。

とても寒い夜のこと
あなたのバスケットをつるしたヨ
目をさまして、明かりをつけて！
逃げて行く僕を見つけておくれ
でも、追いかけたりしないでネ

五月のフェアヘーブンは花畑のように美しい。

その花を摘んでバスケットに入れて、好きな女の子の家に掛けておく「メイ・デイ・バスケット」と呼ぶロマンチックな習慣があった。

キャサリン・モートンという女性とジョン・マンとの関係は、遠来の客にわざわざ届けに来た娘さんと万次郎の孫によって繋がったのである。

万次郎は帰国後に「アメリカ人は背が高いが相撲では自分は負けたことがなかった」と語っている。

地元では「ジョン・マンが凧揚げ遊びのリーダーだった」とも聞いた。

当時のアメリカの少年が相撲のルールを知るわけがなく、丸い円を書いてルールから教えるリーダーシップを発揮していたのだろう。

十七歳になった万次郎が遊びに、淡い恋にと、活き活きとした学生生活、教会の各種行事に積極的に参加していたことが偲ばれる逸話の数々ではなかろうか。

バートレット・アカデミーに入学

万次郎の学校での成績は、きわめて優秀との報告が船長に伝えられており、アレン先生からは「ジョン・マンは数学が得意だ。歴史への関心も強い」との報告が届いていた。

ホイットフィールド船長は「ジョン・ハウランド号」で教えていたときに感じていた判断が、間違いないことが確認できた。

船長自身も二年間の観察で、ジョン・マンが数学と天文学への興味が非常に強く、記憶力が優れていると感じていた。それらがオールド・オクスフォード校、スコンチカットネック校での成績から、アメリカ社会での基礎教育はすでに十分であると判断したのだった。そこで、ジョン・マンに専門知識を身に付けさせようと考えていたのだった。

当時の上級学校はウエストポイントの陸軍士官学校、ノーフォークの海軍士官学校があり、全寮制で学費がかからないが三年の兵役義務があった。

ハーバード・カレッジはジョン・ハーバードの寄付金によって設立された、宣教師養成学校だった。

バートレット・アカデミーは「M・I・C（マサチューセッツ工科大学）の前身とも言われている学校」で、測量術・航海術・高等数学の専門校として人気があるが難関校だった。当時のアメリカの基幹産業が捕鯨・綿花・牧畜だったことから、この学校の卒業生は航海士・測量士として高い評価を得ていた。

ある日、ホイットフィールド船長が語り掛けた。

「ジョン・マン、ニューベッドフォードにあるバートレット・アカデミーという、航海士養成の専門学校があるのを知っているかい」

「よく知っています」

「どうだろうか、その学校で航海術を学んでみるかい」

「是非とも、よろしくお願いします」

そのように即答したものの、万次郎にはためらいの心理もあった。それは学力の問題ではなく、経済的な負担の問題だった。同年代の若者の多くはスコンチカットネック校を卒業すると就職していたからだった。

バートレット・アカデミーは、徹底した個別指導が有名で、入学が難しいだけではなく、卒業の方がさらに難しいといわれる名門校だった。学生は貿易商・高級船員・牧場主の子弟が多いと聞いていた。

しかし、万次郎の胸の内は航海術をマスターして、ホイットフィールド船長のように、世界の海を航海できるようになりたいとの思いが強かった。その知識欲が全てに勝っていたのだった。

バートレット・アカデミーの入学に際しては、入試・面接があったが、ホイットフィールド船長の推薦状の力が大きかったように万次郎には思えた。

バートレット・アカデミー。現在は住居となっている
（著者撮影）

難関を突破して見事に入学することができたことは、素直に嬉しかった。船長の期待に応えられるように、一日も早く航海術を取得することを誓うのだった。

通学をはじめてわかったことは、徹底した個別指導とともに、講義・実技ともにマスターしたと教官が判定しない限り、何年通っても卒業できない仕組みだということだった。

できる者はズンズンと新しいステージへ進級が可能なのだ。努力しか道はないのだと悟るのだった。万次郎は航海術・測量術・高等数学・近代史を懸命に学んだ。

航海術の実技では「実習船」に乗って、ボストン港・ニューヨーク港へ向かい、上陸して市内見学もできた。

近代史は、アメリカの民主主義の成り立ちに関心が強い万次郎に、「航海士として世界の海を巡るには、近代史を学んでおくことだ」と、ホイットフィールド船長が勧めてくれた学科だった。

家では家畜の世話や畑仕事の手伝いをした。

ある日、桶屋のハズィーのところは住み込みで学校へ通わせてくれ、その合間に、鯨油を入れる桶づくりを手伝う条件で、わずかだが給金も出ると聞いた。

万次郎は早速住み込んだ。

樽づくりのノウハウを修得することは、技術を身に付けるうえで有益と考えたからであり、あわせて船長への負担を少しでも解消できればと進んで応募したのだった。

学校の授業が終わってからは、樽づくりの設計・材木削り・組み立てと深夜まで働いた。粗末な食事に睡眠不足も加わり、体調が悪くなってしまった。医者の診断は「栄養失調」というものだった。

そこで、住み込みは止め、船長宅からハズィーのところに通い、樽づくりのノウハウを全てマスターしたのだった。

ホ船長、再び捕鯨航海へ

ニューベッドフォード・フェアヘーブンの住民は、持ち株数こそ多くはないものの、そのほとんどが捕鯨会社の株主だった。

捕鯨船「ウイリアム・アンド・エライザ号」の船長が空席だった。出帆すれば三、四年間の航海となるので、捕鯨会社も株主も、経験豊かで人望の厚いホイットフィールド船長を必要としていた。ホイットフィールド船長は、新妻のアルバティーナが妊娠をしていたので、出産後であるならばと辞退していたが、熱心な誘いに応じざるを得ない状況となった。

一八四四年十月六日、ホイットフィールド船長は「ウイリアム・アンド・エライザ号」に乗って、ニューベッドフォード港を出帆していった。

船長は身重なアルバティーナ夫人と、家畜の世話や農園の管理などをジョン・マンに託しての船出だった。

まもなく、アルバティーナ夫人は玉のような男の子を出産した。

名前は、船長が男の子ならばと予定したウイリアムと名付けられた。船長と同じ名前なのだが、アメリカでは自分の跡継ぎに同名を付けて、ウイリアム・ジュニアと呼ばせる風習があるのだそうだ。

ウイリアム坊やはすくすくと成長した。家畜の世話も農園の管理も万次郎にとって負担とはならず、学業に取り組んだ。

バートレット・アカデミーでは、英語・文学・歴史・数学などの一般教養は集合教育だったが、航海術・測量術・高等数学は個別授業だった。成績が良ければ進級していけた。万次郎は全てに真剣に取り組んだ。

そんな万次郎を、ニューベッドフォード捕鯨博物館ケンダル研究所のスチュアート・フランク博士（歴史学）は次のように語ってくれた。

「ジョン・マンは、チャレンジ精神に富み、この町の人々に愛されただけでなく、慕われ、尊敬されてさえいた。彼が私たちの仲間として迎え入れられたのは、彼の勤勉さと、努力を惜しまない姿勢のゆえではないだろうか」

万次郎は勉強だけではなく、学友との交友や教会の諸行事にも積極的に参加しており、新しい課題にチャレンジしていく姿勢を町の誰もが知っていた。万次郎の勤勉さと努力する姿が町の人々の心を掴み、彼を仲間として迎え入れてくれたのである。

司馬遼太郎は著書の中で次のように記している。

「さて、『善意』について書こうとしている。

咸臨丸の太平洋横断航海（一八六〇年）のときも、客であるブルック米海軍大尉が、このなかで物事ができるのは中濱万次郎（幕府の軍艦教授所の教授）ぐらいじゃないか、という旨のことを書いている。当然なことで、万次郎は十四歳のときに漂流してアメリカの捕鯨船にひろわれ、操船を実地に身に付けただけでなく、その後、救助してくれた船長の無償の善意によりフェアヘーブンの町で養育された人なのである。その間、私塾で数学などを学ばせてもらい、かつバートレット校にも進学した。かれはここで、高等数学、測量術、航海術などをまなんだのである。首席で卒業したといわれる。ブルック大尉が感心したのもあたり前のことで、このとき三十三歳の中濱万次郎はベテランの航海経験者だったし、平均的なアメリカ人よりも高い教育をうけてもいた。中濱万次郎についてのいっさいは、アメリカ人の善意の所産といっていい」（「アメリカ素描」読売新聞社、一九八六年）

いうまでもなく万次郎はホイットフィールド船長の善意を全身で受け止め、その期待に沿うべく、勤勉と努力で名門校を首席で卒業したに相違いない。一八四六年、二年間での卒業は最速のレベルだった。アルバティーナ夫人は大いに喜び、ホイットフィールド船長へ手紙で知らせるという。郵便も国の基幹産業である捕鯨従事者に配慮し、船名と宛名を書けば郵便が届くシステムが構築されていたのである。「ウイリアム・アンド・エライザ号」のキャプテン「ウイリアム・H・ホイットフィールド」と書けば、操業している海域の最も近い基地「ハワイ・グアム島」などに届けられるのだった。

船長もきっと喜んでくれることだろう。ウイリアム坊やもヨチヨチ歩きができるようになり、万次郎の後を追いかけるようになっていた。

愛読書『ジョージ・ワシントン一代記』

バートレット・アカデミー時代に読んだ『ジョージ・ワシントン一代記』は万次郎が最も感銘を受けた書籍であり、常に携行していたものである。

イギリスからの度重なる重税への反発から立ち上がったアメリカだが、独立戦争に勝利はしたものの、確たる国家ビジョンが存在していたわけではなかった。

そこで、エドワード三世、エリザベス一世、チャーチル男爵家に繋がる家系のジョージ・ワシントン将軍を国王にしようという動きがあった。

G・ワシントンは言った。

「ここアメリカは自由と平等の地を求めて、新大陸を目指した人々が集いし国だ。自由・民主・平等な社会が国是だ。国王など設けてなんとする」

彼は十州六十九名の代議員による選挙で満票を得て初代大統領に就任する。

四年後の二期目も十五州百三十二票の全てが彼に投じられた。三期目も押されたが「誰もが選挙によって大統領になれる国、それがアメリカである」と固辞し、それ以降は二期八年間がアメリカ大統領の任期として不文律となったのである。

退任後のG・ワシントンはノブレス・オブリージ（地位ある者の責務）の精神を貴び、社会奉仕活動に余生を尽くした。（「妻たちのホワイトハウス」ムルハーン千栄子著、集英社から抜粋）

『ジョージ・ワシントン一代記』ほど青年万次郎の心に響いた書はなかったに相違ない。

彼は何時でも、何処でもこの本を肌身離さず、その後の人生を歩んでいくのである。

四、副船長に選ばれる

再び捕鯨船員として

卒業をして間もないころ、町で偶然デービスさんと出会った。

「やあ、ジョン・マン元気そうだね。君の学業の成績は聞いているぞ。おめでとう！　首席だったそうじゃないか。どうだね、いきなりだが捕鯨船に乗る気はあるかね。今度はアフリカの喜望峰を回ってインド洋・太平洋への航路だぜ！」

「ジョン・ハウランド号」で一等航海士だったアイラ・デービスが新造捕鯨船「フランクリン号」の船長に任命されて、スタッフ編成などの全てを任されているのだと言う。

万次郎はハワイから船に戻ったときに、真っ先に「ジョン・ハウランド号」の船員帽を被せてくれた人物だった。あのときの身震いするほどの感動を忘れるはずはなかった。

「ジョン・ハウランド号」での航海中、英語・数学や測量術などを教えてくれた航海士、アイラ・デービスの誘いを嬉しく思った。

そして、喜望峰を回る大航海への魅力は、万次郎の心を激しく揺さぶっていた。

「ご承知のようにホイットフィールド船長が航海中ですので、差支えなかったら三日間ほどお時間をいただけないでしょうか」

万次郎はアルバティーナ夫人に相談すべきと考えたからだ。

ホイットフィールド船長からは、身重の夫人への対応、家畜や農園の管理を頼まれていたが、ウイリアム坊やはスクスクと成長してはいるものの、最近はチョコチョコと自分を追うようになっていた。

家畜や農園については、船長が通いで雇った小作人が気の良い男で全てをまかせても大丈夫だろうが、夫人と幼子を残しての捕鯨航海には、一抹の不安が残っていたからだった。

相談に対して夫人は快諾だった。むしろ、チャンスは逃すな、それがヤンキー魂だと励ましてくれた。大海原こそがジョン・マンの舞台だとも、夫もそれを望んでいることだろうとまで言ってくれたのである。

ウイリアム坊やもはじけるような笑顔で「行ってらっしゃい」と言っているようなのだ。

「船長さんのお留守中に真に申し訳ありません。奥様の言われたように、このチャンスを活かし、アメリカ社会で学んだ全てを〝チャレンジ・スピリッツ〟で発揮してきます」

翌日は早朝から家畜の世話、ピンク色の杏子の花や黄色のミモザ、チューリップやすみれなど、春の花が綺麗に咲く庭を清掃し、小作人と農作物についての入念な打ち合わせをしてから、最後に自分の荷物の整理にかかった。

どれもこれもが貴重なもので、アレン先生たち三姉妹やクラスメート、学校の先生の顔や思い出が走馬灯のように去来していた。
三、四年後には、この家に戻るのだからと決心して、最小限にまとめたのは午前三時を回っていた。
捕鯨船「フランクリン号」は全長三十一メートル、横幅七・五メートル、総排水量二百七十三トン、三本マストの小ぶりながら、最新鋭船だった。

万次郎は十九歳四ヵ月、ガッチリとした体躯の青年に成長していた。

乗船と同時に、船内を見て回った。鯨油目当ての海賊に対応するための大砲二門、小銃十丁を積み込んでいた。アメリカ国旗を掲げて親しげに近寄ってきた捕鯨船が、にわかに海賊船となり、苦労して貯蔵した鯨油樽をねこそぎ奪われたといったニュースがしばしば新聞に報じられるようになり、どの捕鯨船も武装するようになっていた。

大砲や小銃などの射撃訓練をしたことはないのだが、自衛のためとはいえ、安全・安心という気持ちに莫大な費用をかけることに疑問を感ずるのだった。

世界の海を航海するにはそれなりの船と航海士が必要で、安全のために世界中の国が出船・入船の臨検で「海賊船」を厳しく取り締まっているが、海賊行為を黙認している国もあると聞く。

「フランクリン号」の装備は問題がなかったが、積み荷がやけに少ないように思えた。

一八四六年五月十六日、多くの見送りを受けてニューベッドフォード港を引き船に曳かれてゆっくりと離岸した「フランクリン号」は目安となる灯台を出たところで、三本マストを一杯に広げた。五月晴れの空に輝く純白の帆は、白鳥が羽を広げたようであり、大空へ飛び立つ瞬間のような美しい姿だった。

乗組員は二十四名、その十五番目に「Ｊｏｎｇ　Ｍｕｎｇ」の名前が記されている。その資格は「スチュワード」と記載されている。

船長付の書記官といった位置付けで、主な仕事は航海・漁獲日誌の作成、天測の実施、捕鯨情報の収集などが任務だった。

捕鯨船では「自分のことは自分が行う」が不文律であり、調理以外は洗濯、掃除、ベッドの整頓などは全て自己管理だった。

また、徹底した実力社会であり、能力本位で仕事を分担し、効率良く成果を上げなければならない捕鯨漁の実態を万次郎は熟知していた。誰にも平等なチャンスがあると思っての乗船だったのである。

「フランクリン号」のオーナーは新造船に大金を使ったのか、会社の方針なのか、食糧などはボストン港で積み込むようにと、デービス船長に指示していたそうだ。

ニューベッドフォード港よりも一、二割程度安く手に入れることができたからだった。積み荷が少なかった疑問が解けた。

「フランクリン号」はコッド岬を回りボストン港に三日間停泊した。このときのボストンの町は、あわただしい雰囲気にあふれかえっていた。

それは、アメリカ南部の帰属をめぐってメキシコと戦争状態となり、その兵站の準備が急がれていたからだった。

「フランクリン号」は四十代のデービス船長を除くと最年長が三十六歳、二十代が六人、十代が十三人、そのうち万次郎と同じ十九歳が六人、最年少は十五歳が二人おり、平均年齢が二十歳という若者が多く、ボストン港に上陸したがった。

そこで三班に分けて上陸したが、帰船時間を指示するデービス船長の口調は実に厳しいもので、持ち場や立場でずいぶんと人の印象が変わるものだと万次郎には思えるのだった。デービス船長には優しい兄貴分の印象しか残っていなかったからだ。

生きた牛・豚・鶏、塩蔵肉、チェリー酒、石炭、薪、ろうそく、最後に水を積み込んだ。

「ジョン・マンは帳簿をつけよ」という船長の指示で、万次郎はボストンへは上陸できなかった。

上陸した仲間に購入してもらった新聞各紙は、どれもが対メキシコ戦に関するものばかりだった。

「フランクリン号」はボストン港を出帆して、アゾレス諸島（ポルトガル領）を目指した。

途中、海戦の様子が望見できたが、アメリカ軍が優勢だと船員たちが拍手をして喜んでいた。万次郎には軍艦と火砲の数で圧倒的に優位にあるアメリカの勝利は時間の問題のように思えた。

戦域には航行できず、海賊が出没するなど、平和な海が愚かな人間によって汚されている。何事もよく話しあい、条約を締結することを最優先すべきだと考えるのだった。

このころ、万次郎は「進路予測」を競うのに熱中していた。夜空に輝く星座、正午の太陽の位置によって、現在の船の位置を割り出し、風の方向などを読んで「二日後に本船は何処に位置するか」を競うのである。航海士の分析能力がキメテとなるのだが、ジョン・マンの的中率が抜群に高いと船内で評判になった。

ホイットフィールド船長が、自分を高級航海士養成学校のバートレット・アカデミーへの入学を勧めてくれた理由が明確になるのに、そう時間を必要とすることはなかった。バートレット・アカデミーは、個人指導・実技指導が徹底されており、測量学・操船技術については、徹底的に鍛えられていたからだった。

風を受ける操船の的確さなども群を抜いており、仲間もデービス船長も操船・測量など重要な仕事をジョン・マンに任せるようになっていった。

船はポルトガル領のアゾレス諸島を目指し大西洋を東に進んでいた。そこで薪水・ドライフルーツ・ワインを積み込むためだった。

万次郎は、すぐ先に位置する同じくポルトガル領のマディラ諸島のマディラ島で補給してはとデービス船長に提案したが、物価が高いのでアゾレスにするという返事だった。

万次郎が学校の歴史で習った書には「マディラ島」は船乗りにとって「縁起の良い島」「ツキのある島」と記されていた。喜望峰からインド洋への航路を発見したバスコ・ダ・ガマや新大陸アメリカを発見したコロンブスもマディラ島を起点としていた。

自分たちの船もこれから喜望峰を回り、インド洋、太平洋と航海する計画である。

長期間の航海には「情報量」が大切な要素となるのだ。万次郎は「縁起、故事、ツキ」と呼ばれているものは、船員仲間で地元に長く伝えられる「情報」だと思うのだった。どこの海域で何があったか、どのような対応をしたのか、そうした些細な情報が重大な局面で得てして大きな効力を発揮するものなのだ。

海図にはない海の難所、天候急変の予兆現象、疫病の発生、立ち寄る港湾国の政情などの情報は、貴重な「海の指針」となるものだった。多くの船が集まる土地は、そうした情報の「宝庫」なのだ。

（後にペリー提督が日本遠征前に立ち寄り、ロシアが日本遠征のためにイギリスから新しい軍艦を購入したという貴重な情報を得ているのも、このマディラ島だった。ペリー艦隊は日本到達時期を早めている。）

また、「マディラ・ワイン」は、アルコール度数が高く、長期間の航海で変質せず、太平洋の島々での物々交換時に人気のある商品でもあった。捕鯨船の船底にワインを格納し、太平洋の島々での物々交換に使おうとしたときに、コルク栓の青かびだけではなく、ワインが濁り、味に酢が入るものがあったが、「マディラ・ワイン」には、その心配がなかった。

デービス船長は経費面での制約が厳しいようで、

「ジョン・マンよ、帳簿の記載をしっかり頼むぞ」

と、アゾレス諸島で、薪水・野菜・ドライフルーツ・ワインを購入したリストを目にしながら呟くのだった。

大西洋での鯨資源は枯渇していたので、「フランクリン号」は一気に喜望峰を回り、インド洋を抜けて、太平洋へ向かうことになった。

アフリカ大陸西岸沿いに、ベルデ諸島、セントヘレナ諸島を経て南下し、南アフリカ南端の喜望峰に着いた。

「テーブルマウンテン」が、その名のように、テーブルのように切り立つ崖の上に広がって見えるのだった。

南米のホーン岬を回った際は氷山の高さに度肝を抜かれたが、喜望峰の背後も高々と聳え立っており、大自然の力強さに魅せられるのだった。

岬の周りの岩礁にはオットセイの群生が見られ、周囲に獣臭が漂っていた。岸辺にはペンギンの群れが見られ、自然と動物たちの楽園のようなところだった。

やがて「フランクリン号」は取り舵を一杯にきって、インド洋に入っていった。

日の出、日没が正反対になった。

マダガスカル島を過ぎてモーリシャス諸島を航行中のことだった。右舷に大海亀が悠然と泳いでいるのを発見したのだ。

「キャッチャー・ボート」が下ろされ、四人が捕獲に向かった。

積み込んできた牛・豚・鶏はすでに食べつくし、このところ塩蔵肉の料理ばかりが続いていた。亀の肉やスープが美味であることは、船乗りなら誰でも知っていた。

ボートから銛で突いたり網を投げたりして捕獲を試みているが、海亀が大きすぎてどうにもならなかった。

これを見ていた万次郎は上着を脱ぎ棄て、ザブンと海へ飛び込み、抜き手を切って海亀に近づき、ロープを巻き付け、素早くボートに乗り移って海亀を引き寄せて捕獲したのだった。

この海域はサメが多くいることで知られており、ボートでの騒ぎを嗅ぎつけてサメが数匹近寄っていたのだった。間一髪の早業だった。

アメリカ人は泳ぐことが苦手で、船員も例外ではなかった。ましてやサメの泳ぐ海に飛び込むことなどは、地獄そのものだったのである。

引き上げられた海亀は二メートルを超す大物だった。仲間の誰もがジョン・マンの勇気と行動力に一目を置くようになった。

銛打ちでの実績よりも、「フランクリン号」にとっては、ジョン・マンの操船・測量技術が重要と判断したデービス船長は、ジョン・マンを一等航海士に任命し、専任させることにしたのだった。

その知らせはデービス船長から、直ちにホイットフィールド船長へも届けられたのである。

ホイットフィールド船長は後年、その知らせを受けたときの喜びをジョン・マンに伝えている。

「フランクリン号」はインド洋を進み、アムステルダム・サンポール島で薪水を補給し、チモール島を北上し、ニューギニア島の北岸を西に進み、ソロモン諸島周辺の南太平洋のメイン漁場へと進路を定めていた。

チモール島の近くで捕らえたマッコウクジラからアンバーグリス（龍涎香）が得られた。マッコウクジラのみに存在するもので、タコやイカを餌にすることからの結石という説が有力だが、全捕獲数の一パーセント程度にしか存在しないと言われている珍品なのである。香水や薬の原料として高価で取引できるボーナスのような品だった。

ともあれ貴重な品を手に入れたデービス船長は上機嫌で、乗組員の全てにチェリー酒を一杯ずつ振舞ってくれた。

この時期から操船はデービス船長、エーキン一等航海士、ジョン・マン一等航海士が交代で務め、メイン漁場であるソロモン諸島へと足を速めていた。

若い船員が多い「フランクリン号」の夜は賑やかなものだった。

交代で夜の警備を務めるが、それ以外は自由だったので、歌声が絶えなかった。それぞれの故郷の歌を披露しあっていたのだ。歌の一つも唄えなくては、いっぱしの捕鯨船員とは言えぬ雰囲気だった。万次郎も聞き覚えた歌を唄ったが、「日本の歌」をせがまれると困った。幼いころに歌を唄った記憶がなかったからだ。オクスフォード校で習ったものでしのいだが、唄うことは大好きだった。

手紙を書く者、絵を描く者、マッコウクジラの歯に彫刻を施す「スクリームショウ」をつくるものなど多種多様な過ごし方で、誰もが自由に振る舞っていた。

特に「油絵」を描く者が増えていた。アメリカ東海岸のボストンやニューベッドフォードの冬は寒く、どの家にも暖炉が設けられていた。暖炉のあるリビングの壁には「油絵」が飾られ、棚や床には陶磁器を置くのが裕福な家庭のシンボルのようで、特に温暖な南洋の風景画は人気があったからだ。

この自由時間は万次郎にとって貴重だった。コミュニケーションのために仲間と集う機会を必要最低限に抑えて、自身の時間に当てていたのだった。それはバートレット・アカデミーで履修した内容を実際の航海で検証する時間に当てるためだった。

元来が実習中心の学校だったが、理論と実際を日々学習できる現在の環境は万次郎にとって最高の環境に思えたし、日々が鍛錬の場でもあったのだ。

しかし、楽しいことばかりではなかった。ソロモン諸島、フィジー諸島を巡りながらの捕鯨漁で、薪水の補給に訪れる島々の変貌ぶりには、心が痛んだのである。

南洋の島々にはイギリス、スペイン、フランスなどの西欧列強の国旗が、我が物顔に翻っていたからだった。

薪水の補給に立ち寄った島の酋長の顔からは、かつてのような威厳に満ちた眼の輝きが失せていた。タバコや酒を求めはしたが、それは友愛の贈呈品であって、主目的の薪水の補給には金貨を欲しがるのだった。

島の女たちは、薄汚れた赤や黄色などの原色のシャツを身に付けており、かつての「歓迎のダンス」は見世物として演じられるようになっていた。

「これでは列強の食い物に過ぎないのではないか」

万次郎はやり切れない思いで、島々を巡っていたのである。

しかも、いくつかの島には十字架の立った小屋からオルガンの響きに合わせた讃美歌の声が聞こえてくるのだった。

「文明とは何なのだ。宗教とは……」万次郎は大きなテーマを与えられたように感じたのだった。

「人間は等しく平等であり、自由な社会」、そして「相互理解、民主主義、自主独立の国家の樹立の尊さ」──万次郎がアメリカで学んだことの全てが、ここでは異なっているではないか。

侵略主義、植民地支配が当たり前のように展開されているではないか。これでは、おとなしい国、武力の弱い国は列強の食い物にされる。このままではいけないのだ。正しい社会の発展とは言えないのではないか。

デービス船長に聞いてみた。美しき南洋の島々の現状を、どのように観ておられるのかと……。

「ジョン・マンが学校へ通っていた三年間に、南太平洋の島々の変わりようは酷いものだった。

「Manifest Destiny」（明白なる運命）というもっともらしいお題目を付けて、未開の国を開放するのは敬虔なキリスト教徒の義務であり、責務だというのだ。教会を建て、神の教えを説く傍らで、その実は植民地獲得競争なのだ。

小さな島々の平和や幸せのためではない。西洋列強の方便なのだ」

さらに続けて、

「公海の安全には格段の注意が必要になってきている。アメリカ国旗を掲げて近寄り、積み荷の鯨油から食糧や時計まで根こそぎ持ち去る海賊船が横行しているのだ。この船には最新式のアームストロング砲と銃を積んできたが、額に汗せずに果実を得ようとするけしからん輩が、この大海に乗り出してきているのだ」

温厚なデービス船長が一気にまくしたてたのである。

鯨を追う捕鯨漁において、天候の激変などの不安要因を予測する技能は学習してきたが、新たな脅威が芽生えていることを万次郎は明確に認識したのだった。

捕鯨情報の収集、乗組員の保養を兼ねて「フランクリン号」はアメリカの捕鯨基地があるグアム島へ向かうことになった。

五、帰国の決意

グアム島にて

スペイン領グアム島のアプラ港の租借地に設けられたアメリカ合衆国の捕鯨基地に「フランクリン号」が入港したのは、一八四七年三月三日の早朝だった。

船員仲間は数日前から、首を長くしてこの日を待ちわびていた。

なにしろ母港のニューベッドフォードを出帆して、すでに十ヵ月が経過していたので、陸での生活、なかんずく新鮮な「情報」に飢えていたのである。

ここでは石炭や水の補給、船の補修を行うためだけではなく、捕鯨に関する情報が得られる、船員のサポートセンターでもあったからだ。

家族や恋人からの手紙が届けられていた。

雑誌・新聞の縮刷版・新書が置かれ、ビリヤードやバーなどの娯楽施設も完備されていた。乗組員へのサポートは充実したものが用意されていたのである。

アメリカが国を挙げて基幹産業である捕鯨を支援しており、太平洋・大西洋の航路の要所に灯台を設けて捕鯨船の進路をサポートしていた。ハワイのオアフ島とグアム島が、太平洋捕鯨の二大拠点となっていたのである。

ここでは、十日間ほど停泊する予定だった。

乗組員たちは、それぞれが計画した短い休日を楽しむために飛び出していった。

「ジョン・マンは私と同行するように」と、デービス船長の指示が出たのである。

万次郎は若い仲間との息抜きを計画していたので、残念な気持ちが強くあったが、捕鯨基地での船長の任務を知るよい機会だと頭を切り替えて臨むのだった。

まずは、停泊中の捕鯨船を表敬訪問して回るのである。それぞれの海域の鯨漁の状況などが主目的ではあるが、船長同士のコミュニケーションが最も大切な仕事だった。

デービス船長は、ジョン・マンを訪問先のそれぞれの船長に紹介してくれた。

船長が自分を育てようとしている心遣いが伝わってくるものだったが、万次郎の心が重苦しいものへと変化するのにそう時間を要しなかった。

日本への非難の声

停泊中の捕鯨船での話題は日本に対する非難ばかりだった。

万次郎に向かって、あからさまに「ジャップ野郎」とののしる酔った船員に出くわすこともあったのである。これは万次郎にとってはじめての体験であり、怒りが身体中を駆け巡るのを懸命にこらえていた。

「エキゾチックな文明国」が「非常識な野蛮国」へと酷評されていたのだった。

その原因は三つの要因が複雑に絡みあっていたのである。

① 大西洋・南太平洋の鯨資源の枯渇により、近年は日本列島に沿った太平洋に漁場が集中しており、常時百隻近くの米国籍捕鯨船が操業していた。

日本近海は岩礁や潮流の変化などの海の難所が多い。加えて、台風などの気候の激変と相まって、避難する港が求められていた。

こうした気象の変化や病人の発生時には、世界中のどこの国でも避難や救援を最優先にするのが常識だったが、日本は幕府の政策によって特定の国に定められた港以外の入港は、理由の如何にかかわらず拒否していた。

難儀をしているときには、お互いに助け合うのが「世界の常識」の原則に反していたのである。

② 江戸は百万人を超す大都市に発展しており、日本各地から江戸への通商が頻繁になっていた。その主な手段が海運だったが、海外渡航の禁止令によって、運搬船は「千石船」という平底の帆船が主役を担っており、日本船の遭難・漂流が増加した結果、漂流日本人漁船と米国捕鯨船との遭遇の機会が増加していた。

③ 一八三七年七月三十日、アメリカ合衆国の商船「モリソン号」がマカオに保護されていた日本人

漂流漁民の音吉ら七名を乗せて、浦賀港へ入港しようとしたが、いきなり陸から砲撃される事件が起きていた。モリソン号は非武装の商船であり、しかも善意で漂流民を送り届けようという行為に対しての有無を言わせぬ砲撃は、世界の常識からは考えられぬ野蛮な行為とみなされた。瞬く間に世界の海洋国に知れ渡っていたのだった。その後、江戸幕府は「モリソン号」には通商・宗教の布教の意図もあったと判断し、「異国船打払令」をさらに強固にして、日本近海に航行する異国船への対応をより厳しくしていたのである。

宗教の布教目的から植民地支配へと発展する事案には、江戸幕府は特段に神経を尖らせており、外国人には理解できない対応だったのである。

こうした経緯から、細かなトラブルが続発している様子で、日本に対する非難の声が高まっていたのだった。

世界は産業革命と交易によって、急速に発展・繁栄している時代なのに、頑なに門戸を閉ざす祖国日本の政策が、万次郎には理解できなかった。

難儀をしている人を助け合うのが「人の道」だろうに、何故に外国を怒らせているのだろうか。

「アヘン戦争」の実態は学校の歴史で教わったが、アジア諸国、特に日本へはイギリス、フランス、スペインそしてロシアまでもが強い関心を寄せているとも聞いている。このままでは、日本が危ない。

万次郎は自ら行動を起こそうと決意するのだった。

まずは、その思いのたけを、これまで育ててくれたホイットフィールド船長へ伝えることからはじめたのである。いわば自身の決意表明だった。

「　　　　　　　　　　　　　　　　　　一八四七年三月十二日　グアム島にて

ウイリアム・エリザ号　ホイットフィールド船長殿

敬愛する船長

私は元気にしておりますが、あなた様が健康であられることを常に祈念いたしております。

さて、何よりも先に私が航海に出た当時のご自宅の様子をご報告したいと思います。

ご子息のウイリアム君は夏の間はすこぶる元気でしたが、寒さに向かって少し健康を損なわれたようでした。

ウイリアム君はお母さんにするのと同じように、私の後を追って泣くのです。何と愛しい、お利口さんな坊やでしょう。

奥様は万事に注意深く、勤勉であり、真に尊敬すべきご婦人です。

船長殿、どうか私を忘れないでください。私は貴殿からの厚恩を、一時たりとも忘れたことはありません。私がニューベッドフォード港を出てから、この十六日で十ヵ月になりますが、もう一度ご子息にお会いしたいと常に思っております。

これから私は日本の琉球に向かいますが、同島に上陸する機会を得たいと思っております。

私は努力をして何とか日本に港を開き、捕鯨船がそこで薪水・食糧の補給ができるようにしたいと考えております。

私たちは、今月の三日に当港に投錨し、多数の捕鯨船員に出会いました。そのうちの一人であるニューベッドフォードの捕鯨船「アブラハム・ハウランド号」のハーパー船長の話は次のようなものでした。

「琉球島に飲食物を求めて上陸したところ、役人二人から酒を二樽贈られ、一両日中に立ち去るように、さもなければ船を破壊する」と言われたそうです。

このハーパー船長から、これから日本近海に向かうので一緒に行かないかとの誘いを頂きましたので、私の船のデービス船長に申し出ましたところ、承諾が得られませんでした。

Japanese John Mung 」

この手紙には注目すべきことが二点ほどある。

その一つは、捕鯨船のために港を開き、薪水・食糧の補給さえさせれば、野蛮国などと言われず、ましてや力ずくでの開国を迫られることはないと考え、そのために努力したいとの万次郎の決意表明である。

明確な目的意識があり、母恋しさの帰国などというような個人的なセンチメンタルな動機ではないことを明確に記している。

通商ではなく、捕鯨船のための補給さえ行えば、石炭置き場の租借地程度の要求はあろうが、それ以上の領土的な野心はアメリカにはないと考えていた。

もう一点は最後の署名である。

幕末の日本では長州人・土佐人といった藩人意識はあったが、日本人という概念はいまだもち合わせていなかった。

捕鯨船「地球号」で世界の海を航海する過程で、万次郎がみずからのアイデンティティーについて、常に考えていたからに相違ない。

おそらくは、みずからを「日本人」と名乗った最初の「日本人」だったのではないだろうか。

このときにホイットフィールド船長に誓った目標に向かって、情報収集や帰国方法などの準備に入り、「日本開国」は万次郎の悲願「信念」となっていったのである。

万次郎、二十歳の春のことだった。

日本近海での試み

予定通りにグアム島の基地を出帆した「フランクリン号」は、小笠原諸島の「ピール島」（父島）のロイド・ハーバー（二見港）に寄港した。

小笠原諸島は大小合わせると六十近くの島があるが、この「ピール島」以外は全て無人島だった。

「ピール島」を「ムーニンシマ」（無人島）と呼んでいる島民もいた。

サンドウィッチ諸島（ハワイ諸島）から三十名程度が入植したのだが、それも半数の十五名程度に減っていた。

ロイド港は天然の良港であり、アオウミガメが悠然と泳ぎ回っていた。

船の上から眺めている万次郎の肩や帽子に小鳥や蝶が飛んで来ては、羽根を休めていくのだった。まったく、人間を恐れていないのだ。

島には美しい花々が咲き誇り、バナナ・マンゴー・パイナップルなどがたわわに実っていた。良質な水が得られ、鶏・牛・豚・山羊などの家畜を飼育していた。

こうした条件から捕鯨船が立ち寄り、島民からは水・果実・野菜・鶏を、捕鯨船からはタバコ・リキュール酒・綿布の交換がなされていた。

島民は「アメリカ国旗」「スペイン国旗」「イギリス国旗」とそれぞれの出自国の国旗を掲げ、自国の島だと主張しているが、移植したポリネシア人以外は病気やケガが原因の置き去り船員か脱走船員のようだと噂されていた。

最近は捕鯨漁ノルマの重圧からか、全てにナーバスになっていたデービス船長だったが、この島が大いに気に入った様子で幾分か明るい表情が見られた。

万次郎はデービス船長がかなり疲れているのが気になっていたので、少し長めの休養を勧めたが、彼は小笠原の滞在を短期に切り上げた。

その後、進路を西にとり、琉球列島の小さな島に上陸した。

デービス船長と万次郎は、二人の島人と出会った。黒い髪の毛、黒い瞳、自分と同じ肌の色をした人に会えた喜びに、万次郎は感動を隠し切れなかった。

島の名は「マンピゴミレ」または「マンピコミン」というらしいが、正確な名前かどうか判断ができない。なにしろ、何を話しかけても相手は首を振るばかりで、意思疎通が何もできなかったからだ。ジェスチャーを加えて、いろいろと試みたがまったく通じないのである。

期待が大きかっただけに、失望も大きく万次郎はガックリと肩を落として船に戻ってしまった。後にデービス船長の話では、片言の「オランダ語」が通じたそうだ。

「生きた牛を二頭あげるから、早急に立ちされ。二日以内に去らねば船を破壊する」と通告されたのだという。

船長がお礼に木綿布を四反ずつ二人に渡すと、それは快く受け取ったという。万次郎は琉球諸島では、自分の土佐弁よりもオランダ語の方が通ずるのだと理解したが、自身はオランダ語についてはまったくの門外漢だった。

その後、日本近海を北上しながら捕鯨を続けた。

ある日、右舷に「鳥島」を見つけた。百四十三日間にわたるサバイバル生活が、走馬灯のように脳裏に去来していた。

赤茶けた絶壁で囲まれた孤島は、人を寄せ付けぬ奇怪な姿であり、万次郎はその島影を見つめながら

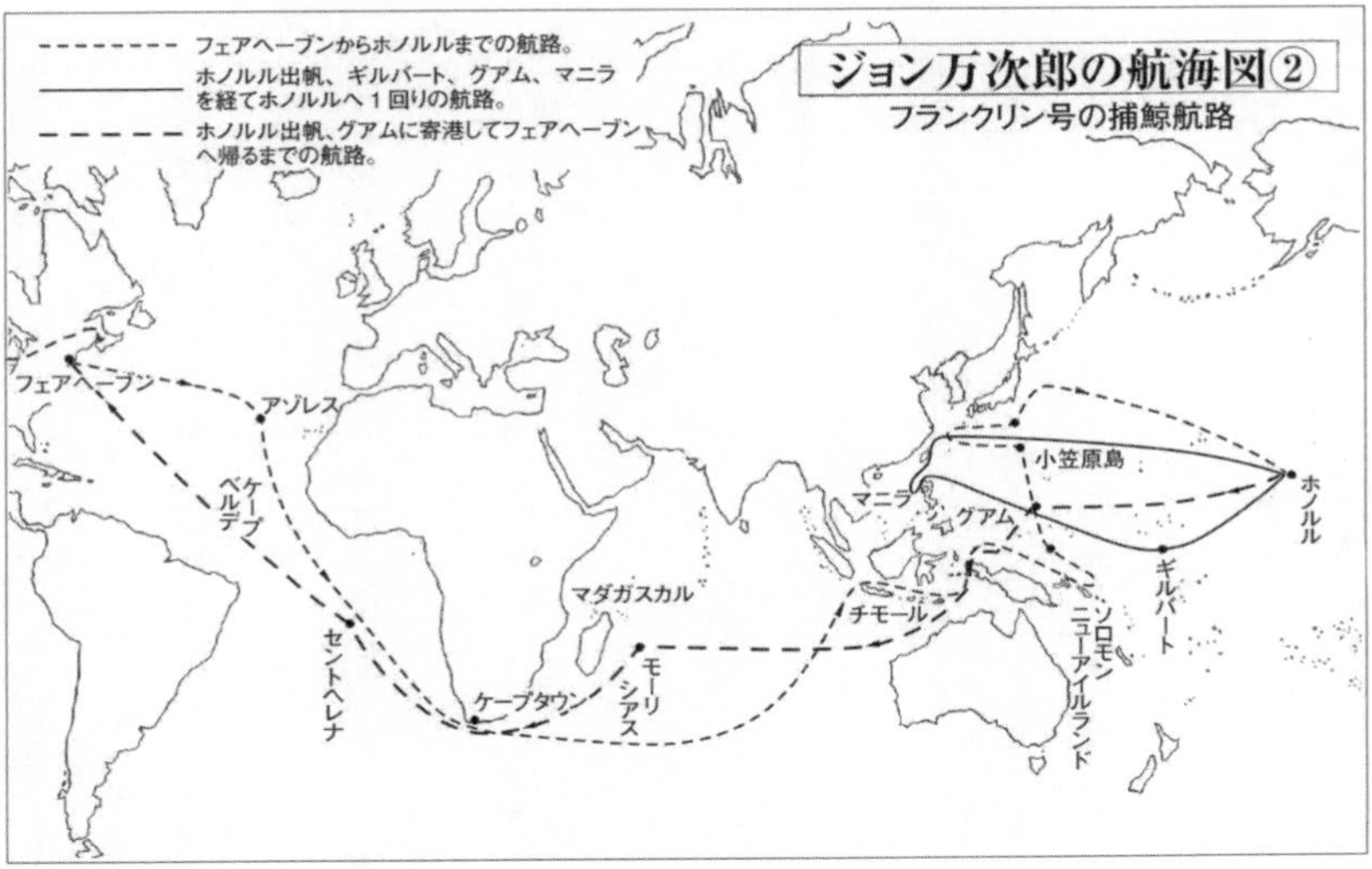

改めて自分の幸運に、そしてホイットフィールド船長への感謝の気持ちを新たにするのだった。あの「額アジサイ」はいまだ小さく清らかに咲いているだろうか……。

さらに北上して行くと、二十〜三十隻の漁船がカツオ漁をしている漁場に遭遇した。

万次郎は日本の「半纏」に着替えて、頭にはハチマキをして「キャッチャー・ボート」に一人で乗って、カツオ漁の漁船に近づいていった。大方の船が逃げ去る中の一隻にどうにか近寄ることができた。

「オーイ！　ここはどこじゃ」

「センデイ。ムツのセンデイだ」

篭に詰めたビスケットを渡し、

「土佐はいぬるかや。ここから土佐へいぬるには、どうすれば容易じゃ。土佐へいぬる船はおらんかと聞いちょるきに」

二人の漁師はビスケットの篭を受け取ると「わかんねえや。さっぱりわからねえ」と手を横に振り、もう一人の漁師が釣れたての「カツオ」を手渡そうとするのである。

「魚はいらんきに。土佐へいぬる船はおらんかと聞いておるがぜよ」

彼らはこれ以上のかかわりはまずいと判断したのか、「わからん」と手を横に振り、勢いよく櫓を漕いで遠ざかって行った。

幕府の鎖国政策がきわめて強固なものであり、簡単には突破できないことが琉球と、ここ仙台沖でも確認できたのだった。

帰国には綿密な準備と計画をもって挑まなければ、この強固な壁は容易には突破できないことを悟るのだった。

漂流仲間との再会

日本近海での捕鯨を七ヵ月間で終えて、「フランクリン号」はハワイ諸島のオアフ島ホノルル港に入港した。

万次郎はここで別れた四人の漂流仲間を探した。最初に会えたのは寅右衛門だった。

彼はハワイのオアフ島の女性と結婚し、大工として生計を立てており、豊かではないが幸せだと言う。

船頭の筆之丞は、この地では「フデノジョウ」の「フ」が発音しづらいためか、島民から「デンジョウ」と呼ばれるので、みずから「伝蔵」と改名したという。

その伝蔵と五右衛門は、日本へ行く船があるというので半年ほど前にホノルルを旅立ったそうだ。

重助は一年前に亡くなったと言う。「足のケガが原因か」と万次郎が聞くと、足のケガは治ったが「赤痢」で帰らぬ人になったと言う。重助の不運続きに万次郎は言葉を失った。

数日後、伝蔵と五右衛門がホノルルに戻っているとの情報が得られた。

「いったい、どうしたのだ…」。

万次郎が会いに行くと、筆之丞改め伝蔵となった、かつての船頭が力なくボソボソとつぶやくのである。

ホイットフィールド船長がホノルルに立ち寄り、伝蔵と五右衛門の兄弟を日本行きの船に斡旋してくれたのだそうだ。しかし、日本近海には達したが、どうしても上陸の方法が得られず、むなしく引き返してきたというのである。

「そうだったのか。そうガッカリせんでもええぜよ。まだ、まだ機会はぎょうさんあるきに。綿密な計画が必要なのじゃ、ワシが考えるきに。皆して一緒に日本に帰る方法を。それまで、ここで待っててくんさい」

伝蔵と五右衛門は常に一緒に行動していたので、日本語と現地語、英語を理解できたが、寅右衛門は現地語と土佐弁、万次郎は英語と土佐弁での意思疎通となり、七年の歳月の過ごし方によってコミュニケーション方法に時間がかかったが、眼を見ての会話で十分に理解しあえる間柄だった。

万次郎は考えていた。

外国船に乗って日本に着いたところで、日本は漂流民を決して受け入れないだろう。「掟破り」の前例となるからだ。

外国船に送られるのではなく、日本人が漂流したときと同じメンバーで、そろって帰ったらどうなんだろうか……。その方策を考えねばなるまい。

伝蔵、五右衛門、寅右衛門に再会を誓って、ホノルル港を後にするのだった。

船長選挙

「フランクリン号」はホノルル港に約一ヵ月停泊し、十一月の初旬に再び南太平洋のギルバート諸島周辺で操業を開始したが、まったく獲物に出会えなかった。

そこで、ホノルル基地での情報をもとに、パラオ諸島周辺に移動することになった。一八四八年二月にはグアム島に立ち寄り、ここは直ぐに出港した。

このころから、すでにデービス船長の様子がおかしいとの噂が出はじめていた。いつも冷静沈着なジェントルマンだった彼が、突然怒り出し、部下を厳しく叱責するようになったのである。その行動は日増しにエスカレートしていき、船員を叱りつけるだけではなく暴力を加えるようになったという。

万次郎はデービス船長が、鯨船オーナーや株主からの期待を重圧と感じ、全てにナーバスになっていると感じていたが、暴力を振るう現場は見てはいなかったので、にわかには信じられなかった。

船員の会議が開かれた。

万次郎が耳にしたのは、暴力はさらにエスカレートし、ナイフや拳銃を手にしているときさえ現れ出したというものだった。船員は震え上がり、デービス船長の顔は正気の人のものではないと主張するのである。取り急ぎ、ピストルを取り上げて事情をきいたが、意味不明な言葉を乱発するのみだった。そこで全船員の総意で、デービス船長を「船長室に閉じ込める」ことを決定したのである。

メルヴィル著『白鯨』にエイハブ船長が精神を犯されることが書かれているが、船長職は強靭な精神と肉体が求められていたのである。

捕鯨会社・株主の期待に応えるべく、鯨を求めて三年、四年と航海を続けるには、安全な航海とともに船員の健康管理までの全責任が船長に委ねられていた。しかも、昨今は採算性が求められており、操業日数の増加は節約へとつながっていた。

航海は常に危険と同居していた。

寒暖の差、眼の前すら見えない豪雨、立っていられない強風や高波、座礁の危険を伴う海域の多さ、赤痢などの衛生面への配慮など、タフな神経の持ち主でなければ務まらないのが船長職なのだ。

この重圧に耐えられずに、肉体や精神を病む船長は多く、アメリカ捕鯨の最盛期の五年間で百名を超える船長が精神を病み、自殺をしたり、消息不明になったと捕鯨年表に記録されている。

さて、デービス船長をどうするか。

乗組員の全体会議でスペイン領のルソン島マニラにアメリカ領事館があり、そこには大病院がある。

その病院に入院させて、治療後に本国へ送り届けてもらおうではないか、ということに意見が集約されたのだった。

ルソン島にむかった「フランクリン号」には、さらなる試練が待ち受けていた。台風との遭遇である。全長三十一メートル、横幅七・五メートルの「フランクリン号」が木の葉のように荒波に持ち上げられ、三本マストに当たる風の音はビュービューとすさまじい唸り声を響かせ、泣き出す船員まで現れていた。

万次郎は自分の体をロープで操舵柱に結び付けさせて、二日間不眠不休で操船を続けたのである。十四歳のときの悪夢が脳裏に去来したが、「フランクリン号」に「もう少しの辛抱だ。耐えてくれ、頑張ってくれ！」と願いながらの台風との闘いだった。

あわや難破かという際どい局面もあったが、なんとか危機を脱し、一八四七年十一月末にマニラ港に入ることができた。

万次郎の操船技能によって危機を脱したことは、乗組員の誰もが認めるところとなった。

万次郎と数名の者が選ばれ、デービス船長をアメリカ領事館にお連れした。領事官は、デービス船長が一見してわかる病状だったこともあり、「まずは病院へお連れして治療を最優先する。その経過を見て、領事館が責任をもって諸君の船長をアメリカ本土へと送り届けましょう」と確約してくれた。

その場から病院へお連れし、入院となった（その後、約一年間の入院・加療によってデービス船長は健康を取り戻し、アメリカ本土へと送還されている）。

これで、ひと段落とはいかなかった。

「フランクリン号」は台風による被害の修復のために、しばらくはマニラ港に停泊することになった。さて、それでは何時マニラ港を出港するのか、その判断は誰が下すのか、この段階になって「フランクリン号」には船長がいないことに気づくのだった。そこで、新しい船長を誰にするかという話になり、全員の投票によって、新船長を選出することになった。

万次郎は、フェアヘーブンの公会堂で、アレン先生たち三姉妹と見学した投票風景を思い出したが、「フランクリン号」では、帽子が投票箱であり、配られた紙が投票用紙だった。候補者の演説もなく、各自が思い描いた人物の名前を書いて、帽子に入れる、これが草の根「民主主義」の実際だった。

「自由にして平等な社会、それがアメリカなのだ」

万次郎も万感を込めて一票を投じたのだった。

すぐに開票作業が行われた結果、なんと一等航海士のアイサック・H・エーキン（二十八歳）とジョン・マン（二十一歳）が、同数の結果となった。

「決選投票をやろうじゃないか」

「そうだ、決選投票だ！」

選挙の開票というのは、人々を興奮させるものがあるようだ。皆が口々に意見を口にしている中で、万次郎はスクッと立ち上がっていた。

バートレット・アカデミーでは、教師や生徒の前で自分の考えを述べる教科（ディベート）があったので、臨機応変の弁論力と度胸は経験済みだ。

「私に投票された皆さんに、まずは心からの感謝の気持ちをお伝えしたい。そのうえでの私からの提案がある。

「フランクリン号」は病気により有能な船長を失うことになった。この試練を乗り切って皆さんの母国アメリカに帰港するには、全員が力を合わせ団結しなければならない。私は年長で経験も豊富なエーキン氏を船長に選ぶことが最善の策と考える。もちろん私自身が彼を全面的にサポートしていくことを誓っての提案である」

ざわついていた場が一瞬にして静まり返った。

その時にエーキン一等航海士が立ち上がった。

「私は未熟ではあるが、只今のジョン・マンの提案を快く受諾しようと思う。彼の言う通り団結、すなわち全員の英知を合わせて今後の航海を乗り切っていきたい。その前提のもとで一等航海士のジョン・マンを副船長に推挙したい。この体制で今後の航海を進めていきたいと考えるがどうだろうか」

「異議なし」「それは名案だ」「賛成だ」と衆議一決となった。

その日の夜、万次郎はアメリカの若人に根を下ろす民主主義について、考えていた。

肌の色や国籍ではなく、所属するコミュニティにおいて必要とされる人物を選ぶ、実力第一主義についてだった。

特に捕鯨船「地球号」においては、リーダーの判断が船員全ての生命に直結する。会社や株主への責務もあるのである。

その人選は実力本位であり、自分を押してくれた仲間たちのためにも持てる力を存分に発揮していこうと誓うのだった。

副船長として

フィリピン群島の中では一番大きな島であるルソン島にあるマニラ港は、世界各国の船舶が係留されており、市内はたいへんな賑わいだった。

西洋風の街並みも美しく「フランクリン号」の補修が完了するまでの一ヵ月は、若い船員たちの英気を養うには最適な環境だった。

翌年一月にマニラ港を出帆したが、エーキン新船長の下でクルーのまとまりはきわめて良好だった。エーキン船長は操船をジョン・マンに任せ、しかも何かと相談しながら事を進めていくのを全員が目にしていた。

フィリピン群島周辺から台湾沖へ、琉球諸島を横切り、東シナ海、さらに日本列島に沿って操業し、通算で鯨油七百バーレル（樽）を確保し、十月にハワイのホノルル港に入港した。

万次郎はデーモン牧師を訪ねることにした。デーモン牧師は全米捕鯨協会の専任牧師であるとともに、ハワイで発行される船員向けの新聞である「フレンド」の編集長でもあった。ホイットフィールド船長の親友でもあった。

エーキン新船長が、ホノルル港での「フランクリン号」の補修や税関手続きについてはジョン・マン副船長を頼りにしていたために、万次郎の自由時間は限られたものだった。

そこで、ホイットフィールド船長とアレン三姉妹の長女であるチャリティ・アレン宛に手紙で現状を書いた。

二女のジェーンがオクスフォード校の先生、チャリティ・アレンはジョン・マンにクッキーを焼いてくれ、洋服の繕いなど身の回りの世話をしてくれた三姉妹の長女であるが、万次郎が航海中に出した女性への手紙は、全てこのチャリティに宛てたものばかりである。

母親のような優しさに強く惹かれていたのだろうか……。


ホノルル滞在は短く、十一月初旬には出帆した。

南洋諸島の広い海域で捕鯨漁を行い、一八四九年二月に、ニューギニアの西のセラン島に寄港した。

その後はオランダ領のモルッカ諸島からチモール島に寄港したが、小さな島々が西欧列強の植民地になっており、世の流れが植民地の獲得競争になっている実情を万次郎は苦々しい思いで見つめるのだった。

その夜、エーキン新船長と話しあい、すでに十分な成果を上げたので、母港に帰ることになった。

マダガスカル島に近いモーリシャス島をかすめ、往路と同じく喜望峰を回り、大西洋に入った。ナポレオンの墓があるセントヘレナ島を望見しつつ、航路を西北へと早め、一八四九年九月末に「フランクリン号」は三年四ヵ月の捕鯨航海を終えて、母港のニューベッドフォードに帰港したのだった。

懐かしい母港は係留されている捕鯨船の数が少なく、三年前よりも寂しげな佇まいに見えた。デービス船長の病気離脱の件もあり、エーキン新船長と捕鯨会社に同行して手続きを終えた。日本に対する批判の声が高まっているとの情報があった一方では、ゴールドラッシュのニュースが町中に溢れかえっていた。「今こそ投資を」と、金の発掘会社への投資を呼びかけるポスターが、いたるところに貼られているのだった。

商店街もポツンポツンと閉店しており、ニューベッドフォード港周辺の変貌ぶりは万次郎には意外であり、その理由が明確にはわからなかった。万次郎は新聞の縮刷版、雑誌数冊を購入し、情報を整理することにした。

三年四ヵ月の給金は乗船時の契約に報償金が上乗せされた。その三百五十ドルを受け取ると、フェアヘーブンのホイットフィールド船長の家に向かって飛び出していった。

旺盛なるチャレンジ精神

ニューベッドフォードからアクシュネット川を越えた万次郎が、馬車から眺めるフェアヘーブンの街並みは、樹木が増えたように感じた以外は、全てが記憶のままの情景だった。

ホイットフィールド船長は満面の笑みで万次郎を抱きしめ、夫人のアルバティーナはこぼれるような笑顔で「お帰りなさい、ジョン・マン」と手を握るのだった。豊かな愛情が指先から心に沁み込んでくるのだった。

ホイットフィールド船長とは実に五年ぶりの再会である。

「ジョン・マン、素晴らしい活躍だったな。君は私たち家族の誇りだよ」

万次郎は十七歳の学生ではなく、二十二歳の逞しい青年へと成長していたのである。

ホイットフィールド船長は「フランクリン号」でのジョン・マンの活躍ぶりを全てご存知だった。早い段階で「銛打ち」を任され、バートレット・アカデミーで修得した技能を発揮して、操船・測量のエキスパートとして活躍し、一等航海士・副船長になったことも。

万次郎がアレン三姉妹の長女、チャリティ・アレンにホノルルから出した手紙（一八四八・十・二付）の情報も、ホイットフィールド船長は全てご存知だった。

大恩人であり、尊敬する船長に認められる喜びに万次郎は感無量だった。

ところが、ウイリアム坊やが三年前に亡くなり、船長は航海中だったので、我が子の顔をすら見ていないことを知った。

万次郎は聡明そうなつぶらな青い瞳、こぼれるような笑顔、ちょこちょこと自分を追ったウイリアム坊やを忘れたことはなかった。船長はあの可愛らしい我が子を、その手に一度も抱きしめることがなかったというのである。

自分は船長に何の相談もせずに「フランクリン号」に乗り込んだが、もし、自分が留守宅をしっかりと守ってさえいたならば……。万次郎の自責の念は行動によって示された。

この男の行動は実に素早い。自分で決めて、即、実行なのだ。万次郎はリバーサイド墓地に向かって駆け出して行ったのである。

夕闇せまる墓地に、先妻のルース夫人の墓標の隣に小さな真新しい墓石がポツンと立っていた。

万次郎はその前に座り、泣いた。とめどなく涙があふれてきた。そして、心から詫びた。

その夜は賑やかな宴となった。

船長はジョン・マンに結婚を勧めるのだが、万次郎にはとても気になる情報があり、それへと向かって心はもう動きだしていた。

ラゴダ号事件の波紋

万次郎が捕鯨航海を終えてフェアヘーブンに帰る一年三ヵ月前に発生した米国捕鯨船の反乱事件の余波が、捕鯨の町に重くのしかかっていたのである。

あんなにも好意的だった日本への評価は、今や形無し状態となっていたのである。

ニューベッドフォード港所属の捕鯨船「ラゴダ号」の反乱騒ぎだ。

一八四八年六月、「ラゴダ号」は日本の北海道函館沖で捕鯨漁をしていた。原因は不明だが乗組員のうちの十五名が反乱・脱走し、松前に上陸したのである。

当時の蝦夷地には、夏から秋の収穫物を狙った「ロシア船の襲来」が頻発しており、松前藩では海岸線の警備に力を注いでいた。

警備の番人との会話はまったく通じない。番人は何時ものように手真似で立ち去るように指示し、水と食べ物を与えて追い返すつもりだった。ところが、彼等は二日後に松前の江良《えら》に上陸した。そして、近隣の農家を襲い、鶏などの家畜や農作物を奪ったのである。

通報により、十五名全員が松前藩によって逮捕された。

藩の取り調べによって、全員がアメリカ国籍の捕鯨船員であり、当初は遭難を主張していたが、内紛による脱走であることが判明した。したがって、彼等には領土的な野心はなく、日本に対しての直接的な影響を与える意図は希薄であると判断したのだった。

しかし、この間にも二度の脱走を企てるなど、粗暴な態度、振る舞いをくり返す下品な連中だった。

このようなケースの通常の送還ルートは、函館から船で長崎へ送り、長崎から上海のオランダ領事館へ、そして同地にあるアメリカ領事館へと引き渡すのである。

一八四六年に択捉《えとろふ》に上陸した捕鯨船「ローレンス号」の七名は、捕鯨船の難破・遭難であり、幕府の指示で長崎へ船便で送り、オランダの定期便にてジャワ経由で米国側へと引き渡されている。今回も前例通りの処置にする予定だった。ところが、送還の季節と人数が問題となった。

八月中旬になっており、日本はまもなく台風シーズンを迎えようとしていたからだ。幕府は海路ではなく、より安全を期して陸送を松前藩に指示したのである。

なにしろ隙あらば逃走を企てる「厄介な連中」である。松前藩は費用はかさむが一人ずつ「篭」で搬送したのだった。人数も多いことから、幕府は長崎のオランダ商館に事前に連絡を入れておいた。長崎に到着すると彼等の数名が逃走を企てたことから、長崎奉行所では「牢屋」に収監したのである。この牢屋内で仲間同士の喧嘩騒ぎで一名が死亡したのだが、長崎奉行所は騒ぎを嫌い、病死として処理したのだった。

松前藩から長崎奉行所に至るまで、まったく手の付けられないロクデナシ連中を、とにもかくにも移送し、母国アメリカへ送り返してやろうと日本としては最大限の努力を重ねてきたのだった。

なお、この一行と一緒にカナダ生まれのアメリカ人冒険家ドナルド・マクドナルドも松前藩から長崎まで移送されたが、その扱いは紳士的なものだったと後日、語っている。

オランダは十五名という多人数を預かることから、事前にアメリカに通報していた。アメリカは東インド艦隊の軍艦「プレブル号」を長崎に派遣して、翌年の一八四九年四月に彼等を引き取った。しかし、予定の十五名は十三名となっており、一名は病死、一名は自殺したと日本側から通告されたのである。

以上がラゴダ号事件の概要だが、その陸送過程が予想外に大きな波紋を生み出したのである。

万次郎が「フランクリン号」での捕鯨から母港ニューベッドフォードに戻る五ヵ月前のできごとだった。

アメリカに送還されたロクデナシ十三名は、新聞・雑誌の取材に対して、あくまでも遭難と強弁し、自らの日本での蛮行は封印し、遭難者にたいする日本の対応を声高に非難したのである。

- 十分な食事が与えられなかった。連日、朝・昼・晩と米と魚しか食べさせてはくれなかった。
- 木の根を食べさせられた。
- 移動時には小さな「カゴ」という「オリ」に閉じ込められる苦痛を強いられた。
- 村々では多くの民衆の前に、さらし者として見世物にされた。
- 「ナガッサキ」という土地では、主イエス・キリストや聖母マリヤの絵を土足で踏みつけることを強要された。自分は命が惜しいがために、眼を閉じてこの恥ずべき行為を行ってしまった。

当時の新聞・雑誌でも当事者双方からの取材によって、記事が掲載されるのがルールだったが、なにしろ国交のない日本でのできごとなので、報道の全てが「ラゴダ号」の反乱船員の供述通りに報道されたのである。

この記事の内容の真意を、日本人である万次郎には理解できた。

毎食、ご飯と魚のおかず献立は、日本人にはぜいたくなものであり、決して食事面で虐待したとは思えないのである。

木の根とはゴボウのことではないのか。

「カゴ」は身体の大きなアメリカ人には狭く小さなものだが、日本では高価な乗り物なのだ。貴人か病人しか通常は使用できないものだ。おそらくは移送中の脱走など、警備のために使用したに相違ないだろう。

村々では、外国人を目にしたことのない日本人が、好奇心から彼等を取り囲んだことであろうし、長崎の「踏み絵」は日本人がキリスト教に染まっていないかを判別する儀式のことである。外国人に対してこの儀式を行う必要は微塵もなく、いかにも融通のきかない役人が形式通りに事を進めた結果に過ぎないことだろう……。

ところが、アメリカ人の反応は厳しいものだった。

東洋のエキゾチックな文化国の評価は、一転し漂流民の保護を行わない時代遅れな野蛮国「日本」に急変したのである。

捕鯨会社とその株主、生命保険会社、船員組合そして教会関係者の怒りの声が連日、紙面をにぎわす事態になっていった。

「アメリカ人の生命・財産を守るべき大統領は何をしておるのだ」

「一八三六年に成立した法案「大西洋・太平洋の捕鯨・通商ルートの整備」を早急に具体化すべきである」

「大統領はアメリカ東インド艦隊を派遣して、速やかに賠償金について日本政府と談判をせよ」

といった意見が多く、議会で取り上げるように議員への猛烈なアプローチがはじまったのである。そのアプローチは捕鯨会社、生命保険会社、株主、教会関係者からであり、大統領はその声を重く受け止めざるを得なかった。

万次郎のフェアヘーブンの友だちの叔父さんが捕鯨王と言われた「ワレン・デラノ家」で、万次郎はこの家に泊り、翌朝は友人と共に登校するほど仲が良かった。その家には自薦・他薦を含め、多くの軍人が「日本遠征」の指揮官になるとの申し出が来ているというのである。万次郎の心配していたことが、現実味を増していることに焦りさえ感ずるのだった。

日増しに世論の怒りはエスカレートし、悪い方へ悪い方へと民意は流れて行き、留まる気配を見せないのである。

帰国への挑み

世界は大航海時代を迎えていた。航海の途中ではさまざまな問題が発生する。

台風などの自然現象からケガや病人など、救援を要する事態が発生した場合は、世界中のどこの国も快く救援をしてくれる。「困った時には助けあう」ことがグローバルスタンダード（世界の常識）の考え方なのだ。

日本だけが頑なに国を閉ざして、事由の如何を問わず「大砲」をぶっ放すのでは、これは論外なことで非常識な国家と言われても仕方ないだろう。

地政学的に見ても、日本の位置は中国やロシア大陸から太平洋へ通ずる海路に城壁のように横たわっているのである。

ひとたび事あれば、ロシアもイギリスも黙って傍観しているはずがない。不用意にアメリカ東インド艦隊に発砲でもすれば、米・英・露は、すぐにでも同盟軍を結成するだろう。フランスやオランダだって油断はできない。

その結果は明々白々であり、やれ九州をよこせだの、北海道をよこせだのと無理難題を突き付けられることが容易に想像できるのだった。

万次郎は考えている場合ではなく、行動に移すときだと強く思うのだった。

世界の現状を日本に伝えて、海難事故などのやむを得ぬ場合には、日本も港を開き、対応する時代であると認識させる役割は、自分への課題のように思えてならなかった。

帰国は「断罪」の危険を伴う「冒険」だった。

ならば何からはじめるべきなのか……。

フォーティナイナーとして金山へ

先立つものは帰国資金だった。

万次郎の計画は、ハワイにいる筆之丞・五右衛門・寅右衛門と共に、日本人だけで帰国し、遭難の経緯を番所に聞いてもらうことだった。

重助が病死した経緯も、兄弟である筆之丞・五右衛門の説明ならば、きっと日本の役人の胸を打つに違いなかろう。

ハワイのオワフ島から、中国行の商船に乗り、日本近海でボートを下ろしてもらい、そこからは仲間だけで上陸を果たすのである。

現在の所持金は「フランクリン号」で三年四ヵ月働いた給金の三百五十ドルが全財産だ。四人乗りのボート一艘は、中古船でも五、六百ドルはするだろう。三年も四年も時をかけての資金づくりでは、何の役にも立たないのだ。

アメリカ中がゴールドラッシュの情報で沸いている今こそが、最大のチャンスではないだろうか。

万次郎は短期間に大金を得るには、金山に行くのがベストだと判断したのだった。ホイットフィールド船長にも相談しての結論だった。

「ジョン・マンよ、私は君の一等航海士のキャリアでこの国での活躍が十分に可能と判断し、結婚の準備をしていたところだったのだ。個人の力ではどうにもならない問題が、この地球という星にはたくさん存在する。特に国と国の問題は難しい。現在、合衆国政府が日本と交渉する準備に入っている。やがては相互理解が深まり、君が日本の地を踏める時代が訪れるだろう。そのときの帰国資金を得るために、カリフォルニアに行くことに、私は反対しない。しかしだ、一人の人間でできること、できないことの判断を誤るなよ」

「船長のご心配はもっともなことばかりです。十分に調査し、引き返す勇気をもって行動します」

「可能ならば仲間との共同作業が望ましいぞ。捕鯨船とは異なり、山は常に知らない人々と遭遇するのだ。気心の知れた船上生活とは大違いだぞ。舞台は荒れた鉱山であり、未開の大地に見知らぬ男たち、くれぐれも安全と健康第一を忘れるでないぞ！」

「ありがとうございます。綿密な計画で挑んでまいります」

調べてみると、カリフォルニアの金鉱近くは、金の発掘に関連する資材がべらぼうな高値に跳ね上がっているというのだ。三、四倍どころか十倍近い高値だというのだ。

万次郎は金鉱へ持ち込む品々のリストをつくり、フェアヘーブンで購入し、カリフォルニアに出発する準備をはじめたのである。

磁石・ランプ・スコップ・シューズ・手袋・テンガロンハット・毛布・薬品・缶詰・テントなどを購入し、護身用の拳銃二丁と装着用のベルトも買った。

金鉱の地図はなかったので、入山のルートを調べた。

テリーという友人が幌馬車隊で向かうというので、二人分を分担して運ぶことにした。

万次郎はサンフランシスコまでは、金採掘資材（木材）運搬船の船員になることで、旅費・食事代が節約できそうなので、ニューベッドフォード港に出向き、船員募集の貨物船を探した。

一等航海士のキャリアは、材木運搬船と好条件で契約を結ぶことができた。

最終的に百六十ドルを今回の資金として、約二百ドルは自分の部屋に保管することにしたのだった。

ゴールドラッシュに沸く金鉱は全く未知の土地であり、仕事である。失敗することもあるだろう。

うまくいけば帰国資金が潤沢になり、計画に余裕が生まれるのだ。

三年四ヵ月に及ぶ長い捕鯨漁から帰国して、疲れもとれぬわずか二ヵ月後、一八四九年十月、万次郎はカリフォルニアを目指す材木船の船上に立っていた。足元には毛布・ランプ・着替えなど、手荷物で運べる物が揃えられているのだった。

友人たちは、幌馬車隊を編成して原野を走り、丘を越えて西部を目指して出発していった。万次郎は海の男だ。波濤をこえてホーン岬を回り、サンフランシスコを目指したのだった。

一八五〇年五月末に美しい緑の山々に囲まれたサンフランシスコ湾に到着した。港はまるで世界の船舶の展示場のようだった。

一八四八年にカリフォルニアの山奥で「金」が発見されたとの報は、瞬く間に世界中を駆け巡り、一八四九年には一攫千金を夢見る者たちが、世界中から押し寄せていたのである。人々は彼らをフォーティナイナーと呼んだ。あらゆる種類の船があらゆる国から、金塊を目当てに押し寄せていたのだった。スペイン人、イギリス人、フランス人、メキシコ人、トルコ人そして日本人の万次郎が、たった一人でフォーティナイナーに加わろうとしていたのである。

万次郎はサンフランシスコからは外輪の蒸気船に乗ってサクラメント川をさか上り、途中から蒸気機関車に乗り換え、最後は幌馬車にて金山に到着した。蒸気船は川の流れや風向きに逆らって力強く進み、蒸気機関車は周りの景色が飛んで見えるほど早く走った。

蒸気機関の原理は、窯で作られた蒸気を細い鉄の管を通して機関に伝え、滑車と組み合わせて動力にする仕組みだった。蒸気船も蒸気機関車も原理は同じだった。

大平原を貫く二本のレールの上をひたすら疾駆して行くのみだ。途中に駅などは皆無だった。やっと停車したのは、タンクの真水と石炭の補給基地だった。大航海時代だ。やがては七つの海を蒸気船が行き交うことになるだろう。

蒸気による推進力に驚くと同時に、これらの文明の利器も燃料である石炭・木炭の補給、水蒸気の元となる真水の補給が欠かせないのは、捕鯨船による鯨油づくりと共通している課題だと思うのだった。

金鉱に到着し、テリーと合流した。

ところが、サクラメント川の砂をザルで掬い、砂金を集める方法は時代遅れで、今は新しい採掘方法でないと金にありつけないことがわかった。

朝・夕の気温差は大きく、昼の太陽は、頭に突き刺さるように照り付け、テンガロンハットが欠かせない。河の水は雪解け水なのか、おそろしく冷たい。皮のブーツなしでは五分ともたない。

ズボンは丈夫な綿のジーンズに腰にはピストルを装着しての作業は、身体の負担ばかり大きく、金の収穫はわずかなものだった。

そこで、テリーと共に現地で雇われ工夫となり、作業の要領を会得することにした。

採掘現場では、英国人に連れられてきた辮髪《べんぱつ》の中国人が働いていたが、アヘン戦争の影響だと、もっぱらの噂だった。

金鉱会社では一週間ほど働いた。サクラメント金鉱の気候、驚くほど冷たい水温にも、分厚い皮の半長靴を身に付けた長時間の作業にも、だいぶ慣れてきた。

採掘の要領や留意点を会得した万次郎はテリーを誘い、独立したのである。

万次郎・テリーの連携は良く、効率的に金を貯めることができたが、治安の問題があるので、寝るときは二人とも護身用の二丁拳銃を懐や枕の下に忍ばせて就寝する日々が続いたのだった。

七十日あまり経った日に、万次郎の取り分が六百ドルを超えていた。

万次郎は、これだけの金があれば十分と判断し、金の採掘に関する道具は全てテリーに無償で譲り、早々に下山したのだった。

わずか三ヵ月の間に、サンフランシスコの街並みは大きく変貌していた。飲み屋が軒を連ね、賭博場も多く、女たちの嬌声が響く賑やかな港町になっていた。

万次郎が到着したときは、板張りの小屋が三、四軒建っていただけの田舎町だったが、今や大繁華街となっていたのである。こんなところに長居は無用なので、船乗り場に急いだ。

サンフランシスコ湾は、まるで「船の墓場」のような風景だった。多くの船が、この港までの片道で運行されてきたようで、手入れをされずユラユラと「幽霊船」のように湾内にところ狭しと、ギィーギィーと悲鳴を上げあげながら漂っているのだった。

万次郎は新聞の縮刷版と雑誌を買い求め、新鮮な情報の吸収に努めた。

「ニューヨーク・ヘラルド」、「アメリカン・ウイック・レビュー」、ホノルルの「フレンド」、シンガポールの「ストレート・タイムズ」、広東の「チャイニーズ・リポジトリー」、そして「ニュー・マンスリー・マガジン」などで、これだけ読めば、ほぼ社会情勢が把握できるのだった。

その中に「大統領と議会はアメリカ東インド艦隊を日本に派遣することを決定」の記事が含まれていたのである。

艦隊の司令長官が指名を辞退したので、次なる人物の選考中というものもあった。

万次郎の脳裏には「アヘン戦争」の事例が去来し、行動を早めるべきだと催促するのである。そこで、フェアヘーブンに戻らず、ハワイへ向かう決心をしたのだった。

間に合わなければ、何の役にも立たないからだ。

アメリカの東インド艦隊に向けて日本が砲撃を加えれば、戦争になってしまう。

全てのことは大きな「誤解」が原因だ。自分が帰って、世界情勢を説明すれば、最悪の事態は避けられるかもしれない。

万次郎の眼は、真っすぐに日本に注がれていたのである。

翌日からハワイ行きの船を探しはじめた。

ハワイから金山の労働者向けに「じゃがいも」を運搬してきた船が見つかった。万次郎は「じゃがいも」の山を当初は、何かの鉱石だと思った。

船員として働く条件を出したが、その必要はないと断られてしまった。帰り便なので、運賃を半額にせよとの交渉は快諾された。
万次郎はハワイ航路の船上の人になっていた。

六、祖国への挑み

ハワイでの帰国準備

万次郎がハワイのオアフ島ホノルル港に降り立ったのは一八五〇年十月十日だった。強い信念と決意を胸に伝蔵（筆之丞）と五右衛門に再会した。三年ぶりだった。万次郎は歳月の流れの速さを改めて感ずるのだった。

重助は不幸にも病没したと聞いていたので、まずは寅右衛門に会うことからはじめた。伝蔵たちも寅右衛門とは久しく会ってはおらず、風の便りで住んでいる村の場所と、どうも結婚したようだとの乏しい情報しかもちあわせてはいなかった。

日本に帰国した際の取り調べにおいて、寅右衛門が欠かせない存在と考えていた万次郎である。病死した重助については、ありのままを伝えればよいこと、しかしだ、生き残った四人が揃って自力で帰国を果たすことこそが、日本の役人たちが自分たち漂流民の帰国を理解する絶対条件のように思えてならないからだった。

不案内なオアフ島ではあったが、二日目の昼に寅右衛門と再会することができた。お互いの生存を確かめるように、二人は無言で抱き合った。涙が止まらない十年ぶりの再会だった。

「寅兄《とらにい》やん、ようけ黒うなって、オアフの人たちと何ら変わらんきに」

「万次郎、おはんの姿はメリケのようじゃがな」

変わったところだらけだったが、しかし、目ん玉だけは変わっていなかった。昔の面影を強く残しており、お互いが目を合わせた瞬間に相手を認識できた。

帰国計画を説明する万次郎を寅右衛門は手で制して言った。

「万次郎よ、わしはこん計画には乗らんぜよ。何も悪いことはしとらんきに、外国で暮らしたもんは打ち首となることを知っちょるぜよ。わしはまもなく四十歳じゃきに、もう怖い思いだけは御免だ。伝え聞いたが、伝蔵と五右衛門は日本の近うまで行って、スゴスゴと引き返してきよったそうじゃがな。鎖国の壁は岩盤のように固いぜよ。おまんさの言うように簡単なことじゃありゃせんきに。丁半バクチのような危ない賭けに、わしは乗らんぜよ。けんどな日本人魂だけは忘れんきに。正直に努力してオイラの力で、ここオアフで生きていく。村の衆にもぎょうさん日本人の魂をば伝えて、立派に生き通す覚悟ぜよ」

伝蔵と五右衛門が数年前に上海行きの商船に乗ったのは、日本への寄港が条件だったが、それはまったくの嘘っぱちで、日本へは寄らず、しかも二人を労働力としてこき使い、給金も払わずにハワイに戻っていたのだ。

万次郎はこの話を聞き、船会社と談判をして二人分の給金を支払わせていたが、寅右衛門へは正確な情報が伝わっていなかったのだ。

そうした経緯を説明し、今回の計画には寅右衛門の存在が欠かせないことを説明して説得したが、彼の考えを変えることはできなかった。

万次郎は寅右衛門の決意が固いこと、大工として立派に生計を立てていることを知り、説得を断念すると同時に、寅右衛門の決意が嬉しくもあった。日本人の血が、そしてその良き風習がこの地に根付くことも漂流民の立派な天命のように思えたからだ。

やがて日本が開国すれば、自由にハワイとの往来も可能となるのだ。その暁には寅右衛門の存在が活きるかもしれないのだ。

そこで、居住まいを正し、きちっとした別れの挨拶をした。

「寅右衛門さんの気持ちはようわかった。そのうちにまたお会いできる日を楽しみにしておりますきに、どうぞご機嫌ように」

寅右衛門の女房だろうか、ハイビスカスやジンジャーの花が美しく咲き誇る木陰から、心配そうにこちらをジッと見つめていた。温暖で美しいハワイでの生活に、寅右衛門がしっかりと根をはっていると改めて思うのだった。しかし万次郎は、寅右衛門と会うのが、これが最後になろうとは微塵も感じてはいなかった。

説得を諦めての帰りに、カネオの村の共同墓地に眠る重助に別れに行った。地面と水平の墓碑に白い花を置いて黙とうしたが、重助の短い苦難に満ちた人生が哀れで切なかった。漂流・骨折・赤痢での死と、なんという不運続きなのだ。オアフ島で楽しく過ごした日々が、彼の人生の全てだというのだろうか……。

こうして、伝蔵・五右衛門・万次郎の三人での帰国準備が急ピッチで進められていった。

そこへホイットフィールド船長の古くからの友人であり、地元紙「フレンド」の編集長、全米海員組合の牧師でもあるデーモンさんが噂を聞きつけてやってきた。そして、万次郎が最も恐れていたことを告げるのだった。

「三人ともよく聞くがよい。アメリカ合衆国は近く東インド艦隊を日本に派遣するとのことだ。日本の開国はそう遠い将来の話ではないのだ。死罪の危険まで冒して、なぜ帰国を急ぐのか。ジョン・マン、よくよく考えて行動すべきではないだろうか。死んでは何もできないのだぞ。まずは現在進行中の帰国計画は即刻延期すべきだ」

万次郎は事態が想定よりも急ピッチで展開していることを知った。

祖国日本がモリソン号事件のときのように、アメリカ合衆国の東インド艦隊に砲撃でも加えようなら、たちまち戦争状態になることだろう。この情報は自分たちの計画延期ではなく督促ではないのか。

万次郎は現金（一部は砂金の状態）をデーモン牧師に手渡し、その金額で購入可能な上陸用のボートを見つけて欲しいとお願いをした。

そして万次郎は、日本の近くまで三人とボートを乗せてくれる商船探しと、帰国に必要な物資の買い集めを急ぐことにした。

ジョン・マンの意思がとても固いことを知ったデーモン牧師は、有力な支援者になってくれた。折からホノルルに入港していた商船「サラ・ボイド号」を紹介してくれたのである。その帆船はこれから中国の上海に向かう予定だという。

万次郎は急ぎ「サラ・ボイド号」のホイットモア船長に面会し、日本近海まで三人とボートを乗せて欲しいと願い出たのである。

三人分の食糧・水・居住スペースなどは外国航路の商船にとって大きな負担だった。商船と呼ばれてはいるが実態は貨客船で、貨物と共に商用や観光の客も乗せているのが一般的だった。

ホイットモア船長は、「とてもそのような余裕はない」と取りあってくれないのである。

万次郎は粘った。この機会を逃してなるものかと必死だった。

自分は一等航海士のキャリアをもっていること、帆船の操船には自信があること、乗船後は三人分の働きをし、船長さんの期待は絶対に裏切らないと話し、粘り強く交渉した。

それでも頑として受け付けてくれない。

「私の仲間は日本の漁師だったので、アメリカの帆船では貴殿のご期待のレベルにないかもしれません。しかし、私は睡眠時間を短くし、三人分の働きをお約束します。もし、船長さんの判断で不足と思われたときは二人だけを日本近海でボートに乗せて降ろしてください。私自身はこの船に残り、目的地である上海まで働かせてもらいます」

万次郎の懸命な願いに耳を傾けながら、じっとその目を見つめていたホイットモア船長が、何かが吹っ切れたように大きく頷いたのである。

「よろしい。君の三人分の働きに賭けてみようではないか」

ホイットモア船長はデーモン牧師から彼らの数奇な運命を聞いてはいたが、しっかりした東部アメリカのネイティブスピーカーであり、船の知識も豊富なこの東洋の青年に大いに興味をもったようだった。捕鯨船の船乗りと聞いていたが、会話は上品なもので、これなら自分のクルーとも上手くやっていけると判断したのだった。

乗船が許された万次郎は上陸用のボートの購入を急がねばならない。

イギリス人がアメリカで購入したボートがあると聞き、検分に行った。想定よりは幾分か小型だったが、帆が立てられる外洋型のものだった。その場で購入し「アドベンチャー号」と名付けた。まさに帰国計画は「冒険」そのものだったのである。

確信などは微塵もなかったが、万次郎の知恵と勇気だけは溢れ出す泉のようだった。


船が決まり、ボートも買えた。

積み荷の食糧・日用雑貨・生活用品・テント・琉球周辺の海図などの購入、海流や気象条件の調査にも余念はなかった。

デーモン牧師は自身が編集する「フレンド」紙に「日本への遠征」という特集を掲載し、死罪の危険を伴うこの遠征計画への支援を呼びかけてくれたのである。この記事は地元に大きな反響を呼び起こし、毛布やランプ・菓子・衣類と義援金が寄せられたのだった。
デーモン牧師はホノルル駐在のアメリカ合衆国総領事であるエライシャ・H・アレンを訪ね、万次郎たちの「身分証明書」の如きものを貰ってきてくれた。その書面には次のように記されていた。

「ハワイ島ホノルル」における合衆国総領事館において

在ハワイ島アメリカ合衆国総領事エライシャ・H・アレンは、この証明書を示されたる人々に対して敬意を表すものである。

(中略：万次郎たち三人の漂流から今日までの経緯を記しているが、万次郎については特に詳しく、学校・捕鯨生活からカリフォルニアでの帰国資金づくりまで詳細に記している)

船長ホイットモア氏は好意をもって、彼らを合衆国の帆船「サラ・ボイド号」に乗船せしめ、琉球諸島付近で下船させることを承諾した。当地の人々は彼らの航海のために種々の援助したが、私は彼等が出会う全ての人々も同じように好意をもって彼等を遇されんことを依頼するものである。私は海員交友会の牧師から、ジョン・マンは品性高潔にして学識も優秀なるとの報告を得ている。彼は米国人が日本国と親交を結ぶことを望んでいること、米国船が日本を訪問し、その産物を金銀で購入する体制を希望していることを語るものと確信している。

一八五〇年十二月十三日、ホノルルにおける当領事館において署名・捺印するものである。

合衆国総領事　エライシャ・H・アレン

デーモン牧師は「この書類をもっていれば、日本の役人との交渉に役立つかもしれない」という。万次郎たちのパスポートのようなものだが、注目すべき点は万次郎の帰国の意図が明確に記されていることである。

望郷の念、母恋しさの帰国といった文言はどこにも書かれておらず、デーモン牧師もアレン領事も、万次郎の帰国の意図を明確に理解していたことを示すものだった。

伝蔵、五右衛門の郷愁の念の強さ、父を幼くして亡くした万次郎に母が恋しい気持ちがないはずはない。しかし、帰国がかなっても「斬首の刑」に処せられたのでは、母の悲しみを増大させるだけだ。果たしてどれほどの効果があるかはわからない。

まもなく漂流から十年になろうとしている。十年ひと昔というが、ながらく外国で暮らし、学校や捕鯨船で働いた万次郎を日本の役人はどのように判断するだろうか。

判断の難しい証明書だったが、間違いなく「日本人」に対してアメリカ合衆国総領事が発行したはじめての「身分証明書」なのだ。

効果を期待するのではなく、嘘偽りのない姿勢で挑もう。正面突破、誠心誠意で事に当たる覚悟だった。

万次郎はデーモン牧師・総領事はもとより、ハワイの人々の「善意」に感動していた。見知らぬ人間に対する「奉仕の精神」「無償の善意」は教会で学びはしたが、このように美しく実践できる島民と風土に感謝し、そして感激に身が引き締まる思いだった。

綿密な計画を立て、必ず成功させなければならないと決意を新たにし、胸を熱くするのだった。

日本へ

この三ヵ月、慌ただしく調達した品々を点検した。必須用品をチェックし、一週間の生活が可能な物資を上陸用に購入したボート「アドベンチャー号」と共に帆船「サラ・ボイド号」に積み込んだ。

そして、自分の荷物の整理にかかった。

バートレット・アカデミーで教科書として使ったボーデウイッチ著の『新アメリカ航海士必携』をはじめ、ウエブスターの『英語辞書』や『数学書』『アメリカ風土記』『農家暦』、そして一番大切な『ジョージ・ワシントン一代記』。これら書籍に加えて新聞のスクラップ版、雑誌に世界地図八枚、手覚書(手帳)三冊などだ。それらを航海での潮風や風雨から守るために、油紙で何重にも丁寧に梱包した。

どれもが万次郎の宝物であり、カリフォルニアの金山へ持参して以降、肌身離さずに大切にしてきたものばかりだった。アメリカ社会で自分が吸収してきた近代文明の粋だったのである。

『ジョージ・ワシントン一代記』には、特別な思い入れがあった。はじめて学んだ学校、オールド・オクスフォード・スクールの教室の壁には、セピア色をした「G・ワシントン像」が掲げられ、常に子どもたちを見つめていた。「自由にして平等な社会」「アメリカの民主主義」の原点を知る書として、万次郎はこの本を何度読み返したことだろうか……。

そして最後に、最も重要なこと、片時も忘れたことはないことに取り組んだ。


「あなたさまは、私を子どもから大人になるまで育ててくださいました。私はそのご恩、ご親切を決して忘れることはないでしょう。

私はこれまで何のご恩返しもすることができませんでした。そして今、私は伝蔵、五右衛門と共に故国へ帰ろうとしています。

ご挨拶もせずに帰国するなど決して許されることではありません。

しかし、人間としての善意を失わずにおれば、やがて世の中が変わり、再びあなたさまにお目にかかれる日が必ず来ると信じております。

私がお宅に残してきた金銀、衣服などは何か有益なことにお使いください。

本と文房具は私の友人に分け与えてくださいませ。

一八五〇年十二月十七日

ジョン・マン　」

この手紙をデーモン牧師に託していたところへ「サラ・ボイド号」のドラの音が高らかに響き渡った。

心からのお礼を述べて、万次郎は「サラ・ボイド号」へのタラップを踏みしめながら、はじめてのアメリカ、ニューベッドフォード港で聞いた「鐘の音」を思い出していた。期待に胸膨らんだ鐘の音と使命感が腹に響くドラの音、祖国日本へ向かう今は、果たして日本はどのような音で迎えてくれるだろうか、胸の鼓動は否応なく高鳴るのだった。

パンチボウルの丘からの祝砲が朗々と響き、ホノルル港は見送りの人々で溢れ返っていた。「グッド・ラック」「アディオス」「ボンボヤージュ」「マハロ」「グッドバイ」口々に叫び、手を振って見送ってくれた。ハワイ島のホノルル港は世界各地から人々が集まり、温暖な気候の下で平和に暮らしている。その人々が別れを惜しみ、応援してくれているのである。

万次郎たち三人も、首にかけて貰った美しい花々のレイを大きく振りながら、「ありがとう!」「ありがとうハワイの皆さん!」と絶叫し、何度も何度も頭を下げる日本式のお辞儀をくり返していた。日本式の最高の礼儀だからだ。

そして、徐々に小さくなっていく陸の人影、三人はいつまでも手を振り続けていた。

一八五一年一月九日の「フレンド紙」にデーモン牧師による記事が掲載された。

「われわれは、ジョン・マン船長が乗り出した冒険の旅の成功を心から期待している。ジョン・マンは利口で勤勉な青年である。あらゆる機会を活かし、英語を間違いなく話し、書くようになった。

彼が故国への帰還に無事成功すれば、日本と外国との国交樹立に大いに貢献するだろう。日本人と英国人、そしてアメリカ人との間の意思疎通をもたらす優秀な通訳となることも間違いない。

ジョン・マンの、「アドベンチャー号」の成功を祈る！」

「サラ・ボイド号」は快適な航海を続けていた。

万次郎は忙しく働いた。言われなくてもやるのが自分流なので、三人分の働きは多岐にわたった。測量も操船もやった。デッキの掃除、ランプの点灯もやった。休みなく働き続けたのである。

その働きぶりをつぶさに観察していたホイットモア船長は、航海士としての資質・能力のレベルの高さに驚き、感心した。

それゆえに、アメリカが誠意をもって育てあげた一等航海士、この優秀な青年を、みすみす「死罪」となるような危険にさらすわけにはいかないと考えていた。今この時点で、何故に強行突破の冒険を試みるのかが、まったく解せなかった。

以降、ホイットモア船長は、

「ジョン・マンよ、日本は開国を余儀なくされるだろう。それも遠い将来のことではないのだ。二、三年以内だろう。それから帰ることにしてはどうか」

「君は若い。一途な思いはわかるが、人生は長いのだ。チャンスはいくらでもあるのではないか」

「君の情報は十分なのだろうか。情報を分析して帰国の時期を決めてはどうか。それが賢者の思考方法だぞ。勇気は状況によっては、愚者の無謀な選択となるのだぞ」

再三再四の説得を試みるのだった。

「この船は上海に着いたらアメリカに戻る。君の力が必要なのだ。一緒にアメリカへ戻ろう。現状の計画はいったん白紙に戻し、改めて慎重な計画を立案してみてはどうだろうか。これは私の提案だ」

しかし万次郎は、自分たちへの気遣いに感謝の気持ちを伝え、船の仕事に戻っていくのだった。そして、ホノルル港を出帆して一ヵ月半後、「サラ・ボイド号」は万次郎があらかじめ設定してあった琉球沖十マイル（一万六千メートル）のポイントに到達したのだった。

七、十年ぶりの祖国

琉球に上陸

「諸君の成功を祈っておるぞ」

船員が揃って口にし、握手を求めてきた。

ハワイで厳重に梱包してきた大切な資料、そして食糧は多めの七日分を積み込んだ。目的地までは、わずか十マイルだが、食糧さえあれば次の策も考えることができる。

燃料などを再点検し、甲板から海上へとボート「アドベンチャー号」を下ろす万次郎に、ホイットモア船長が近づき、強い口調で告げるのだった。

「ジョン・マンよ、これは君の冒険に対する応援メッセージとして聞いて欲しい。

今日は浪のウネリが異常に大きく、風向きも決して良いとはいえない。君の小さなボートでは諸条件が厳しすぎる。

そこでだ、上陸が困難と判断したら直ぐに引き返してくることだ。よいか、引き返す勇気を忘れないように！　本当の勇気とは正しい判断を平然と為すことなのだぞ！」

そして、万次郎の肩を抱き、両手を力強く握りしめ「グッド・ラック、ジョン・マン」と送り出してくれたのである。

万次郎、伝蔵と五右衛門が並び、ホイットモア船長にお礼の言葉を述べ、「アドベンチャー号」に乗り込んだ。

この海域についての事前調査では、二月はベスト・シーズンに近いデータばかりが並んでいたのである。春嵐はない。夏から秋は台風の通り道で、最悪の海域だった。

しかし、ホイットモア船長が言ったように海は荒れていた。風を上手く捉え、帆走で進んでいった。しばらくすると、霙《みぞれ》交じりの冷たい雨が降り出したのである。足を速めるためにオールを二本取り付け、前方にかすんで見える島影へと急ぐことにした。

オールを握り、顔を上げると、「サラ・ボイド号」が停泊しており、ホイットモア船長はじめ乗組員が甲板から大きく手を振っているのが見えた。万次郎は立ち上がり大きく手を振り、そして、その右手を前方にまっすぐと力強く指し示した。

決意が固いのを見届けたのだろう。「サラ・ボイド号」はゆっくり動き出し、やがて、小さな点となっていった。

しかし、万次郎たちのボート「アドベンチャー号」の方は、強風で帆を上げていられなくなり、加えて猛烈な寒さが襲ってきた。万次郎の羅針盤は「北北西」をキッチリと差し示していた。帆を下ろし、懸命に漕いだ。交互に代わりながら……。

遠いあの日を思い起こしたのか、伝蔵と五右衛門が泣き出し「サラ・ボイド号」に戻ろうと言い出す始末なのだ。どのようにして「サラ・ボイド号」に追いつけようか。

「何を馬鹿な。前に進むしか道はありはせんきに。ふんばれや！　頑張るしか他に道はないぜよ！」

その声が風雨に飛ばされていく。

今は立場が逆転している。キャプテンは万次郎なのだ。泣いている二人を励まし、二本のオールを手にした万次郎が懸命に漕いだ。羅針盤の方位だけを確認させながら……。

両足を踏ん張り、身体を前後に倒して漕ぎに漕いだ。すぐそこに、「琉球」があるはずだ。そこぞ、愛する日本の玄関口なのである。緑なす美しき山河の国、母が待つ日本はすぐそこにあるのだ。

冬の海に悪天候が重なった。夜のとばりが下りるのは、想定よりもずっと早かった。到着したのは、薄暗い干潮の海岸だった。

サンゴ礁に囲まれた海岸線を慎重に進み、波の穏やかな湾に入り、錨を下ろし仮眠をとったが、瞬く間に東の空が明るくなった。「アドベンチャー号」を岸に着け、三人は上陸を果たした。

磯辺に三、四人の釣り人を発見し、伝蔵が近づいて声を掛けたが、風体から外国人と判断したようで逃げ去ってしまった。しばらくしてから、そのうちの一人が戻ってきたので伝蔵が会話を試みたがまったく意思疎通ができなかった。

そこで、万次郎と伝蔵で集落を探しに出かけたところ、向こうから四、五人の男がこちらに向かってくるのに出会ったのである。

その場所は琉球王国の大度浜《おおど》（沖縄県糸満市大度）だった。

嘉永四年一月三日（一八五一年二月三日）、足摺岬の沖から漂流し、早くも十年が経過し、十四歳だった少年万次郎は、二十四歳の逞しい青年になっていた。

上陸した琉球王国は薩摩藩の実質的な統治下にあった。国禁を犯した罪人として身柄を捉えられた三人は、薩摩藩の役人から取り調べを受けることになった。

後に判明したことではあるが、「三人は外国船に送られるのではなく、自分たちの力だけで小舟に乗って上陸した。外国船は影も形もなく、彼等を追い払う理由も術もなかった」と報告されており、万次郎の夜陰にひそかに接近し、早朝に上陸する作戦は成功を収めたのだった。

しかし、琉球滞在は七ヵ月に及んだ。もともとが寺子屋にも通えぬ貧しい漁師の家に生まれた少年だ。しかも、十四歳で漂流したのである。話せる日本語のボキャブラリーは稚拙のものに過ぎず、しかも、それさえもうろ覚えの状態になっていた。英語ならば相当に自信があるのだが、日本語はうろ覚えで意を尽くせない。そこで、伝蔵が土佐弁でこれまでの顛末を説明した。

幸いだったのは英語を理解できる役人がいたことである。薩摩藩では琉球を拠点としての密貿易が、藩の財政を支えており英国船との交渉役を置いていたのだった。その役人、牧志《まきし》朝忠《ちょうちゅう》は万次郎たちの意図を端的に上層部に伝え、万次郎は、彼から日本語と日本式の礼儀を学ぶことができた。琉球は礼節を貴ぶ島国だった。

漂流民を「罪人扱い」をするようなことは皆無だった。

村人たちと親密な交流

はじめは那覇に送られた。まもなく、三人は翁長村《おなが》（豊見城市翁長《とみぐすくし》）の村長の徳門家《とくじょうけ》（高安家）へと預けられた。当時、那覇には英国人が滞在中であり、万次郎たちとの接触を避けるためだったとも言われている。

三人は高安家からの外出は禁じられていたが、村の衆は彼等を罪人扱いすることなく、心温まる態度で接してくれた。薩摩藩の役人五名、琉球の役人二名が交代制で監視していた。

食事は豚肉・鶏肉・鶏卵・魚・芋・豆などの食材を琉球の調理人が上手に組み合わせてくれ、毎食が美味しく満足のいくものだった。

琉球王からは着物・帯が下賜され、焼酎一斗、夏には蚊帳二帳が送られるなどの厚遇に万次郎は感激し、琉球を帰国の第一歩とした自分の判断に誤りがなかったと思うのだった。

牧志朝忠は万次郎をしばしば訪ねて懇談した結果、万次郎の日本語マスターは急速に進捗するとともに、日本の掟や自分たち漂流民が置かれている現状認識も格段と上がっていった。

伝蔵と五右衛門は役人に言われたとおりに家の中で静かに過ごしていたが、万次郎は高安家の高い塀を乗り越えては、日課のように村の青年たちとの交流を深めていった。自分に似た容姿の村人たち、南国の開放的な雰囲気、馴染むのも早く、言葉も流暢に話せるようになっていった。

万次郎は上陸地として琉球を選んだことを正解だったと思うだけではなく、この土地の人々のために何か役立つことをしたい衝動に駆られていくのだった。そこで、アメリカの民主主義を伝え、夏祭りや綱引き大会に参加し、青年たちとの交流を深めていった。

「アメリカはプレジデントと称す国の舵取り役を「入れ札」で選ぶ。漁師であれ、大工であれ、誰でもプレジデントになれる国だ。

親が百姓・漁師でも役人にも医者にもなれるのだ。

結婚は家柄で決めるのではなく、お互いの愛の力がキメテになるのだ。要は自分の考えと実力で生き抜く実力の社会なのだ。

個々人のやる気と実行力、出来栄えが社会に認知されるのだ。

家柄などは無関係だ。要は個々人の資質と気概で社会的な評価が決まる。自分で進むべき方向を決めて、頑張れば道が開けるのがアメリカなのだ」

「このまま国を閉ざしていては、世界の潮流に乗り遅れるばかりだ。日本は開国を決断する必然があるのだ」

熱く語る万次郎のアメリカ物語は、南国の青年男女の心に沁みた。夜ごとに彼を囲む人々が増えていったのである。黒い瞳が大きく黒髪の長い娘たちに、万次郎の心は大いに揺れる日々が続いていたのである。

そんなある夜のことだ。いつになく真剣な眼差しで万次郎が話しはじめた。

「皆さんの親切な友情を、私は決して忘れることはないでしょう。私は近日中に鹿児島に送られることになった。そこで、私は自分の志について語るつもりだ。今後、私に関する情報がないときは、それは空しく死罪になったときと思ってください」

村人が、警備の役人までもが、眼に涙をうかべて聞いていた。

翌日、伝蔵、五右衛門と共に那覇に送られた万次郎は、上陸した時点で携えていた物品の確認を求められた。日持ちのしない食材以外は全てが集められており、「アドベンチャー号」も含め、全てが船上に運び込まれた。何一つ欠けているものはなかった。

万次郎はこの島の人々の誠実さに感嘆しつつ、七ヵ月にわたる親切な対応への謝辞を述べながら、護送船に乗せられて琉球を後にしたのだった。

歴史的な出会い

那覇を出港してから十四日目の嘉永四年八月一日（一八五一年八月二十七日）に三人は鹿児島に到着した。

第十一代薩摩藩主　島津斉彬《しまづなりあきら》（四十三歳）は嘉永四年二月（一八五一年二月）に藩主になった聡明な人物で、開明派の賢人として広く知られ、若いころから期待されていた逸材だった。俗に「お由良騒動」と呼ばれた家督争いにより、藩主就任が遅れていたのだった。

万次郎が琉球に着いたのが、斉彬が藩主に就任した二日後の一八五一年二月三日である。斉彬は四十九歳の若さで病死している。原因は赤痢と言われているが、藩主在任期間は、わずか六年間という短さだった。万次郎が先代の島津斉興《なりおき》の時代や、後の島津久光の時代に帰国していたら、彼の命の保証はなかっただろう。まさに歴史的な出会いは、絶妙なタイミングだったのである。

琉球の出先機関から、土佐の漂流漁師三人について詳細な報告が薩摩藩にもたらされていた。西田町下会所に入り、見張りの役人が付いた。しかし、その内容は取り調べというよりも、主な目的は日本の武家社会の礼節を教え込むという色彩の濃いものだった。まずは、土佐は中ノ浜村の漁師万次郎と名乗れ、御前で平伏する挨拶儀式の仕方、座敷での細かな作法などが主な内容だった。

例えば、今後の取り調べにおいては「近こうに」と言われても、即座に立って近くに行ってはならず、座ったまま左右の膝をにじり寄る仕草で応じ、実際には近寄ってはならない。「もそっと前に」の声が掛かってから少々前に移動すること。顔を上げずにひれ伏して発言することなど、合理的な考えの万次郎からみると、どうでもよいと思われることの習得だったのである。

薩摩藩主島津斉彬から「食事その他、全てにおいて丁寧に接するように」との通達があり、賓客の如く扱われるようになった。

数日後、藩主が直々に万次郎をご下問なさるという異例の通達が届き、何か粗相でも起こしはしないかと、当人よりも側役人たちの方が緊張の面持ちで、鶴丸城に登城したのだった。

一同が揃ったところに藩主の斉彬が着座し、万次郎が大きな声で名乗る。

「土州は中ノ浜の漁師、万次郎でございます」

重く腹の底にズシリと響く声だ。二十四歳の若者のそれとは違っていた。アメリカの一等航海士として、七つの海で多くのクルーを指揮してきた鍛えられた声だった。

ここまでは想定通りに進んだ。しかし、その後の展開は意外なものとなったのである。

人払いがされ、万次郎には食事が振る舞われたのである。たいそうなご馳走だった。やがて、斉彬公が現れ、二人きりの対面となったのである。

取り調べとはかけ離れた、ご下問というよりは万次郎の知識・経験を引き出す対話となったのである。万次郎は今までに地球を七周する航海をし、世界中の男を見てきた。その体験から人物の品格を初対面から見抜く眼力は相当なものがあり、胆力も磨き上げられていたのである。

万次郎は斉彬公を、即座に「信頼できる実行力のある人物」と判断したのだった。この方を信じ、包み隠さずに己の志を話し、命運を託そうと覚悟を決めたのである。それが災いとなり、たとえ「死罪」となってもかまわないと思ったのだ。

嘘・偽りなく、己の見聞と考えを単刀直入に、自分に不利になるであろうことも包み隠さずに話しはじめた。斉彬も即座にそれを見抜いたのである。

語る事柄の全ての分野に関心を示されたが、なかでも蒸気機関の原理などの近代機械文明についてと、現状の世界情勢については詳細な質問があった。二人きりの対談は、数日にわたって続けられた。

万次郎に幸いだったのは、斉彬が磯御殿にガス灯を設置し、反射炉で製鉄をはじめ、大砲の鋳造やガラスの製造など、欧米文化・文明に造詣が深かったこと、アヘン戦争の実態やアメリカ東インド艦隊の日本派遣の動きがあることなどの情報をすでに把握しており、海外情勢については特段の関心をもっていたことだった。しかもインテリジェンス（情報）の重要性を明確に理解できる人物だったことは真に幸運だった。

万次郎は腹を決め、その言はいよいよ熱を帯びていくのだった。

「メリケなる国とは如何なる国か」

「アメリカは氏素性ではなく、その人物の能力と品格によって評価される国であります。国を司る大統領は人民の選挙によって選出されております。上・下二院があり、その議員も人民の選挙で選ばれ、法律の制定や国の方針や予算案を審議し、決定しております。大統領の任期は四年間で、二期八年を限度としております。国民は大統領を敬愛し、大統領も自国民の生命・財産を第一に考えてて施政にあたっております。イギリスからの独立時は十三州でしたが、現在は三十州となっております。なお、西部地区には広大な未開拓の土地が存在しており、他国への領土的な野心は、現状では存在しないと思われます。ヨーロッパと比較しますと、産業革命の波には乗り遅れており、広大な土地を活かした綿製品と牧畜業、鯨油を得る捕鯨業が基幹産業の第一次産業の国です」

斉彬は頷きながら万次郎の話に耳を傾けてくれていた。

「万次郎よ、して、この度の帰国の真意とは何か」

「現在の世界は七つの海を航路とした交易によって繁栄しております。その過程で天候不順やケガや病人の発生で難儀をしている場合は、お互いが助けあうのが常識となっております。日本人は近寄る外国船に対して、いきなり発砲をするので「野蛮な国」との口実を与えております。太平洋に浮かぶ島国を文明化するのは自分たち先進国の責務と称して、植民地化している実態も事実です。

アメリカは開発途上の国であり、領土的な野心はありません。アメリカの交易を支える物品は鯨油と綿であります。

捕鯨で得た鯨油は、機械油・ランプ・ろうそくとして、鯨の骨からは紳士のパイプやステッキの柄に加工し、鯨の髭は馭者のムチや婦人のコルセットやパラソルとして、ヨーロッパ各地に高価で輸出されております。したがって捕鯨業が隆盛をきわめておりますが、鯨資源の減少により漁場は日本近海にまで足を延ばさざるを得ず、その航海は三、四年と長期間にわたっております」

さらに次のように述べた。日本近海は台風シーズンや岩礁など航海の危険が多い海域であること、捕鯨漁には薪水が不可欠なこと、ケガや病人の保護などの必要から、日本との友好関係を築きたいというのがアメリカの積年の願いであること。そのためにいくつかの港を開き、石炭の貯蔵場を租借できればと考えていること。アメリカから日本へ輸出する品は綿と皮革などが考えられ、日本からは漆器・日本人形・お茶などが人気のある品物であること。

江戸はロンドン・パリに匹敵する大都市に発展していることをアメリカは十分に理解している。

日本の家屋は木と紙で造った粗末なものだが、その内部は驚くほど清潔で他の東洋の都市と異なるオリエンタルで文化的な生活をしていると評価は高いこと。しかし、昨今はいささか評価が下がり、日本の漂流民を送り届けに来たアメリカ商船「モリソン号」に、問答無用の砲撃を加えるなどの短気な振る舞いに怒っており、「野蛮国」であると申すものが多数出てきている。

特に捕鯨船は日本国に寄港地を欲しており、捕鯨業界が大統領・議会を動かし、日本との和親を結ぶためにアメリカ東インド艦隊を日本に派遣することが議決されており、早晩、実行に移されるものと思われる。

捕鯨船もアームストロング砲二門、スプリングフィールド銃三十丁程度の武装を施し、常時百隻ほどが日本近海で操業をしている。武装は、鯨油を狙った海賊船に対応するための自衛目的だが、日本が脅しのためと艦隊や捕鯨船に砲撃などを加えると、取り返しのつかない事態になる。個々の武装は小さくとも、多数が集うと相当な戦力となるからである。

私はかの国の欲する事の真実をお伝えするために帰国を決意したと一気に述べた。

そして、かの国の日本への要望は次の三点に絞られると結んだのである。

① 捕鯨船が寄港し、薪水・食糧を補給する港の協定。

② 台風などでの避難港および遭難・ケガ・病人などの保護。

③ 石炭・資材などの置き場としての租借地の提供。自国の開拓途上につき領土的野心なし。

斉彬はジッと耳を傾け、時には質問をはさみながら万次郎の話を聞いてくれた。

この男には野心はない。あるのは燃えるような愛国心だ。そして、その必死に訴える情報を的確に理解したのである。

その後は蒸気船シチンボール（Steam-Boat）、鉄道レイローウ（Rail-Road、Rail-Way）などの原理を問われ、万次郎は知る限りを語った。

錦江湾に映える洋式帆船

「万次郎、そちは洋式帆船を造ることができるか」

万次郎は造船の経験はなかったが、捕鯨船の修繕の経験からドックには詳しかった。桶職人についての修業や設計の知識でなんとかなると思った。

「私は造船の経験は皆無でございます。しかし、優秀な大工を数人、私のもとに寄こしていただければ、その者たちと共同で建造することが可能です」

翌日から薩摩藩中から腕利きの大工が、万次郎のもとに集められた。万次郎の画いた設計図は洋式のものだったが、その見方を教え、指示することで、順調に建造は進められた。

斉彬はしばしば建造現場を訪れ、設計図をのぞき込んでは曲がり角度を示す度数の原理を質すなど、関心の強さを示した。また、若い万次郎が年配の大工の棟梁たちをテキパキと指揮する姿が大いに気に入ったのである。

やがて出来上がった洋式帆船は「越通船《おっとせん》」と名付けられ、さっそく錦江湾において試運転が行われることになった。雄大に噴煙をたなびかせる桜島を背景に、群青の錦江湾を三本マストに真っ白な帆を広げて、すべるように進む帆船の勇姿を、磯御殿から望見していた斉彬公は「あっぱれ、あっぱれじゃ！見事、見事なできだ」と拍手喝采して喜んだ。そして、万次郎の設計図をもとに同型の「越通船」を数隻建造させて、鹿児島湾の運送船として用いさせたのだった。

斉彬は実際を貴ぶ。実技の伴わない「口の人物」を嫌った。氏素性ではやっていけない、実行能力者の時代が薩摩にも訪れていたのだった。そして、藩政の近代化は急務だったのである。

「どうだ、万次郎よ。この地に留まり、ワシに仕えてはどうか。そちの帰国の案件はワシがしかと聞き置いた。江戸表にはしかと伝えおくぞ」

「もったいないほどありがたいお言葉です。ただ国元に老いた母親がおりますもので、元気な姿を一目だけでも見せてから殿様のお傍で働けたらと思います」

海外に漂流して帰国した者は全て長崎に送り、長崎奉行の厳しい取り調べを受けねば国元に帰すわけにはいかない。万次郎とて例外の扱いはできない。母親に会わせてやりたいが、この逸材を守らねばならない。そこで斉彬は釘をさした。

「万次郎、しかと聞くがよい。国元へ戻るには、この国の定めを踏まねばかなわぬ。

今後、いついかなる場においても、帰国の真意を質されたときは、母恋しさの一念あるのみと申し通せ。禁を犯してまでの帰国理由は、必ずや厳しく問われるであろう。まかり間違っても国を開くためなどと申すでないぞ。その命、失くすぞ」

「そちの賢さこそ己の命を救うのだ。勇気では乗り切れんぞ。堅く考えてことに当たれ。よいな、政《まつりごと》に関しては、とくとワシが聞き留めておる。そちはみずからの命を全身全霊で守り抜くのだ」

自分への殿様の心遣いが痛いほど心に沁みた。斉彬公のこの忠告を万次郎は身体に刻み込んだ。

これ以降、問われ求められれば誰に対しても、アメリカの歴史・文化・経済を熱く語る万次郎だが、こと帰国の理由だけは偽り続けた。

「望郷の念と母恋しさの一念で帰国した」と言い通したのである。

ハワイのオアフ島でデーモン牧師からも何度も忠告された。

「ジョン・マンよ、今帰るのは危険だ。アメリカ合衆国が東インド艦隊を動かそうとしている。日本の開国はそう遠い将来ではあるまい。

母に会うにはそれからでもよいではないか。現時点での帰国計画は無謀だ。無策に過ぎる」

耳にタコができるほど聞かされた舞台に自分は今、立っている。万次郎は「もう一歩」踏み出す決心をしたのである。母に会いたい。

島津斉彬公に全てを託したことで、万次郎の焦燥感は薄らぎ、精神的には身軽ささえ味わっていたのだった。

伝蔵・五右衛門・万次郎の三名には髪結いが派遣され、下着・着物・金子が与えられた。

万次郎たちを長崎へと送り出す日を迎えた。油紙に包んで持ち帰った洋書類・洋服・靴・帽子・ボート「アドベンチャー号」、全てが集められていた。

九月十八日、長崎へ向かうべく鹿児島を発った。三人の漂流者は一人ずつ「竹矢来付きの駕篭」に乗せられ、槍持ち付の役人五名とその部下五名が警護し、「アドベンチャー号」などの品は荷役が運んだ。沿道は見物人で溢れていたが、漂流者の顔はよく見えず、足早な通過だったためか、妙なヤジを飛ばす者もいない静かで素早い罪人送りだった。

二十二日に向田（鹿児島県薩摩川内市向田本町）に到着し、そこからは川船に乗せられ、京泊《きょうどまり》（薩摩川内市港町）に着いた。

この河口の街には、紋所を染め抜いた紫幕が張り巡されていた。その奥には大型の軍船「勢騎船《せきぶね》」が停泊しており、薩摩の紋所の丸に十の字の軍旗が大きくはためいていた。

万次郎たち三人は駕篭から出され、船上の人となり、直ちにこの地を出帆した。

八、喜びの再会、そして武士に登用

長崎へ

九月二十九日の早朝「勢騎船」は長崎港に滑るように入っていった。丸に十の字の藩印を高々と掲げた威厳に満ちた軍艦は、誰の目にも国禁を犯した罪人の護送とは思えぬ威風堂々とした姿だった。威厳溢れるその姿には薩摩藩主である斉彬公の万次郎らへの思いやりが鮮やかに写し出されていたのである。

万次郎は斉彬公に腹の底から感謝するのだった。

長崎奉行の牧志摩守《まきしまのかみ》宛の「送り状」には斉彬みずからの署名入りで、次の如く記されていた。

「外国船で送られてきたのであれば打ち払うところであったが、この三人の漂流民はみずからの力で、みずから調達した船で帰国した。

当藩で十分に詮議の結果、宗教上の疑義は皆無であった。

万次郎が儀は、利発にして覇気あり。将来必ずやお国のために役立つ人材であるがゆえに、決して粗末に取り扱わぬように」

ハワイ駐在米国領事に続き、薩摩藩主からも万次郎は「身分証明書」の如きものを出してもらうことになったのだが、二つともにたいへんに重い価値あるものとなっていくのだった。

万次郎の置かれた状況は常に厳しいものばかりだった。しかし、いついかなる場合も、快活であり、紳士的に振る舞っていた。

自分のことよりも正義や国を思う心を優先して努力する二十四歳の青年の一途な姿、その一生懸命さが米国領事や薩摩藩主の心に響いたのだ。ところが、斉彬公は一歩踏み込んでいた。

自分が熟知する日本の法令・慣習に照らし考えるときに、この若者への危うさを強く感じていたからだった。したがって、ありていの送り状に最大限の配慮を添えて送り出したのである。万次郎は使える男だと信じていた。

薩摩藩主の送り状の効果であろうか「揚がり屋」という武士・僧侶・医者などを収容するステージが上の未決囚の牢屋に収容され、二、三日間は金比羅山・聖福寺・福済寺など、長崎見物に連れ出してくれる厚遇だったのである。

しかし、髷《まげ》を結い、月代《さかやき》を剃った以降は、お白洲《しらす》に呼び出されての尋問の日々が延々と続けられたのだった。

取り調べは万次郎に集中して行われた。砂利石に筵《むしろ》が敷かれた上への正座は、長らくアメリカ社会で椅子での生活に馴染んでいた万次郎の足に激痛を与えた。御奉行 牧志摩守がみずから取り調べること実に十八回にも及んだのである。

内容は万次郎にとっては、実にくだらないもので、「アドベンチャー号」で持ち帰ったランプ・ナイフ・帽子・洋服などの日用品の使い方やコンパスなどの使用目的・使用方法がほとんどで、しかも、連日にわたって同様な尋問が続き、何の意味があるのか不可解な問答が続けられるのだった。

アメリカでの美人三姉妹について聞かれると、たまらず万次郎が涙を流すので、面白がって聞く役人もいた。これには、さすがの万次郎も腹を立てたが、伝蔵と五右衛門が説得、慰め励ますのだった。

「万次郎よ、堪《こら》えてくれや、もう少しで終わるきに。おまえにばかりですまんのう、もうじきや、どうか堪えてくんさい」

取り調べのない日には、牢役人を通して帰国時に持ち帰った書籍類を読むことが許されていた。日本語の独学も許されていた。この時間を万次郎は最大に活用していたのである。

そんなある日、牧志摩守立ち合いのもとに、取り調べの行われる白洲ではなく、改まった厳粛な雰囲気な居間に三人は呼び出された。

そして、年長の伝蔵・五右衛門・万次郎の順で、二十三センチ四方の真鍮《しんちゅう》版画を踏むように促された。万次郎も躊躇することなく踏んだが、その版画の絵柄は直視することができなかった。

比較的に戒律がゆるやかだと言われていたユニテリアン系の教会だったが、熱心に通った日々が脳裏に去来するのだった。これが「踏み絵」という儀式であり、取り調べが最終段階に入ったと推察し、三人は密かに話しあった。

後に、万次郎はこの「踏み絵」の図柄を書くように乞われたときに、男女の判別もつかない顔と姿を、ただ筆を走らせただけの判別できないものとなっているのは、彼がまともに「踏み絵」の図柄に目を注いでいなかった査証となって残されている。

その後、三人は牧志摩守から白洲に呼び出され概略次のように申し渡された。

① 海外でキリスト教の信者にならなかったように、今後も留意すること。

② 土佐への帰国後は土佐藩から出てはならず、また、死亡した場合は届け出ること。

③ ハワイに残った寅右衛門、死亡した重助の経緯について、その家族に詳しく説明すること。

その他いくつかの細かな通達があり、無罪放免が告げられ、その日のうちに長崎奉行所近くの西川という名の旅館に移された。

琉球・鹿児島・長崎と過ごす日々で、万次郎は日本語を、しかも武士階級の言語をしっかりと理解し、話せるようになっていた。

年を越した嘉永五年（一八五二年六月二十五日）、実に九カ月ぶりに、三人は無罪放免されたのだった。

何かのときに役立つのは世界中どこでも「金」であることから、カリフォルニアの金山で得た「砂金」を一袋、大事に持ち歩いていた万次郎だった。

琉球・鹿児島ときちんと手渡されたものだが、長崎では数枚の銅銭に換えて手渡された。

「こんなものは我が国では用をなさないから、使える通貨に変換してやったぞ」と、親切げに告げる長崎牢の役人を、万次郎は帰国後にはじめて接した紳士的ではない男だと思うのだった。

その他の書籍類は土佐藩へ引き渡したものと、長崎奉行所で保管したものがあった。後に江川太郎左衛門が長崎奉行所から取り寄せて、万次郎に翻訳をさせている。

一八五一年、琉球に上陸時に携行した書籍類が次のように記録されている。

①航海書　一八四四年版　一冊
②数学書　一八四四年版　一冊
③英語辞書　一八四五年版　一冊
④米風土記　一八四三年版　一冊
⑤G・ワシントン一代記　一冊
⑥農家暦　一八五〇年版　一冊
⑦新聞・雑誌スクラップ　八冊
⑧手覚書　三冊
⑨世界地図　八枚

世界地図の八枚は、このときにたしかに万次郎に返却されている。

江戸幕府、老中首座の阿部正弘福山藩主伊勢守（広島県）へ長崎奉行牧志摩守は次のように報告している。

松平土佐守領分土佐国高岡群宇佐浦
一向宗　　筆之丞事　伝蔵
同人弟　　五右衛門
同国幡多郡中ノ濵
一向宗　　萬次郎
取り調べたが、宗教上の疑義、法制上の禁止書類などは一切なかった。
万次郎が儀、利発にして覇気あり。お国のために役立つ人材なり。

島津斉彬の送り状そのままを付記してあった。

土佐への旅路

土佐藩の大目付吉田東洋《とうよう》は、土佐藩士堀部大四郎以下十三名、医師二名（自費参加）、顔確認役として宇佐の名主一名、計十六名を漂流漁民三名の迎えのために派遣したのである。
自費参加の但し書きをつけてはいるものの、医師二名を加えた十六名の護送団の派遣は、江戸時代の最下層階級であった漁民を引き取るには手厚に過ぎており、きわめて異例なことである。薩摩藩主と土佐藩主の間で、万次郎などに関しての情報交換があったうえでの対応ではなかろうか。

土佐藩の第十五代藩主山内豊信《とよしげ》（容堂）と薩摩藩十一代藩主島津斉彬は西の雄藩として、お互いの親族の婚姻関係はもとより、常日頃の情報交換で関係を深めており、万次郎の情報を詳しく伝えるのは当然のことだったに相違あるまい。

この二人に越前の松平春嶽《しゅんがく》、宇和島の伊達宗城《むねなり》を加えた「幕末四賢公」は、それぞれが開明派の重鎮として、幕政に多大な影響を与える存在だった。

土佐藩では容堂が吉田東洋を大目付に抜擢し、後には参政へと昇格させて藩政の中心に据え、改革に取り組んでいる最中であった。大目付の吉田東洋が三人の漂流漁師に対して、十六名もの護送団を派遣したのには、それなりの情報があっての処置だったに相違なかろう。

六月二十五日、自由な身となった三人は、懐かしい土佐弁の十六名に囲まれ、十九名の集団となって長崎の西川旅館を後にした。

七月に入ると天候に恵まれ、陸路・海路ともに順調な旅路だった。四国山脈に入ると、急峻な坂道で万次郎が大きな声で歌い出した。

軽快なリズムに一同がそろって歌い、峠道を歩いた。同行の医者が「土佐人漂流記」にその歌詞を次のように記している。

「アイケン　フロン　オレバマ　ズイ　オワシボール　オオマイニー……」

これは、アメリカ民謡の父と言われるフォスターの「おおスザンナ」の一番の歌詞に類似している。

「I came from Alabama with my Banjo on my knee ……」

その医者が何時・如何にして歌ったのかを万次郎に聞いたところ、次のように答えたとある。「金鉱に向かう山道を、バンジョーと申す三味線演奏に合わせて皆で歌った。歌の意味は、「向こうの坂を　恋しき人が　パンを喰い喰い下りてくる　目には涙をはさみて……」といったところだ」

この説明は「おおスザンナ」の三番の歌詞の一部と類似している。

「I thought I saw Susanna dear, coming down de hill.
De buckwheat cake was in her mouth, de tear was in her eye」
「美しいスザンナが出てきて　丘を下りて来たんだ
彼女はソバ粉のパンケーキをくわえて　目には涙がたまってた」

もう一人の医者は「土佐人漂流記」に以下のカタカナを書き残しているが、こちらは「キャンプファイアーか捕鯨船内」などで歌われたものだろうか。

「トマト　カチシテ　シテタデ　カラバサ　ケンテン」

いずれにしても、若干二十五歳の万次郎が二十名近い集団に歌を教えながら山道を歩く、爽快なリーダーシップに七月の太陽がまぶしくて輝いていた。

高知城に到着

長崎を出立後、半月を経た嘉永五年七月十一日（一八五二年八月二十五日）、一行は高知に到着し、クマンゼミがシャンシャンと鳴き盛る石段を登って高知城に登城した。

始祖山内一豊が関ヶ原の戦において徳川家康の信を得て、長浜城から土佐二十万石を拝領したが、土佐は長宗我部家が統治していた土地だったのである。

安芸・北条など四国の豪族を平定し、統一した長宗我部家と新参の山内家の軋轢を内包した、難しい藩運営の土地柄だった。このため士農工商の身分制度にやかましく、武士階級にも上士と郷士と厳密な区分を設け、郷士には登城さえ許されてはいなかったのである。

こうした風習に明るかった伝蔵と五右衛門は、高知城に登城するだけでたいへんな名誉なことだと喜び泣き、聞きなれた言葉が飛び交い、出された食事が旨いと言っては泣くのだった。

故郷に帰れたのだ。

万次郎とて同じ思いだったが、万次郎は故郷に着いた喜びよりも、母や兄弟に早く会いたい気持ちのほうが格段に強く、泣く気にはなれなかった。万次郎は早くこの城から解放されて、自分の故郷である中ノ浜に帰りたいと切実に思うのだった。

時の土佐藩主は第十五代の山内豊信（以下は容堂と記す）で、二十一歳で藩主となり、四年目を迎えていた。英明で進歩的な考えかたの人物として名高く、藩政の改革を唱え、吉田東洋を大目付に、さらには参政へと登用して改革の実務に当たらせている最中だった。そのような状況下に、外国事情に明るい漂流民の帰国は土佐藩としても西洋事情を知る絶好の機会だった。

早速、参政の吉田東洋に命じ事情聴取が開始された。当初は三人が一緒に、個別にと呼び出されたが、ここでも万次郎に聴取は集中することになった。これに対して、万次郎は積極的に応じたのである。故郷を目の前にした足止めだったが、罪人扱いからの解放感も多分にあったろうが、吉田東洋の聴取姿勢が万次郎を前向きにさせた一大要因だった。万次郎の難儀をねぎらい、知見した外国事情を話してはくれまいかという姿勢が滲み出た対応だったからである。万次郎も大きく答えた。

「日本は海に囲まれており、今までは海を城壁としてきました。その間、西洋先進国の科学・産業の発展は目を見張るものがございます。

船が発達し、航路が拓かれ、交易によって相互に繁栄しております。閉ざしている海を開き、航海術を覚え、諸外国との交易によって国を富ませていく時代なのです。現状のままではいずれは外国の植民地になってしまうことでしょう」

漂巽紀畧、龍馬に響く

数日の聴取後、吉田東洋は万次郎を河田小龍《しょうりょう》という土佐藩お抱え絵師の家に寄宿させて、海外生活の様子や文化・文明について報告書にまとめるようにとの指示を出した。

その最初の日、万次郎は小龍に話した。

「私を生きて故郷に帰らせくださったのは、薩摩藩主の島津斉彬公のお力添えがあったからです。薩摩の殿様は外国事情に関心が強く、私に興味をもたれました。私は見聞を率直にお話しました」

小龍は万次郎を見くびっていた。

「元はといえば中ノ浜の漁師の小倅、たいしたことはなかろう」

自分は京の狩野永岳《えいがく》に師事し、現在は土佐藩の絵師になってこそいるが、父親は御船方を務めた、れっきとした藩士である。薩摩藩主が何と言おうが、俺は騙されんぞと、上から目線の態度だった。

遭難し黒瀬川に乗っての漂流、五ヵ月に及ぶ絶海の孤島での困窮生活、アメリカ捕鯨まではそれでもよかった。しかし、「アメリカ合衆国の大統領は四年毎に選挙で選ばれる」…、そんなことはなかろう。国王を選挙で選ぶとは、何かの間違いではなかろうか。小龍は疑ったのである。

しかし、自分は洋式帆船さえいまだ見たことがないのである。そこで、長崎まで出向き、外国船を実際に見ると同時に、西洋事情について学んで帰ってきた。

帰藩後は万次郎と寝食を共にし、寝物語で話す言葉に飛び起きて書き留めるほど熱心になった。そして、書き上げた洋式帆船の絵を見て、万次郎は驚いた。

これまで英文は綺麗だとずいぶんと褒められたが、絵は大の苦手だった万次郎は、このように上手な船の絵を目にしたことはなかったからだ。

「この絵描きは本物だ」、万次郎は腹から思った。信頼は友情を生み出す。以降は、進んだ文化・文明をどのようにわかりやすく伝えられるかを共に考える日々が続くのだった。

「電話がある」「無線でも交信している」

「そのようなことができる原理を説明せよ。大ぼらを吹くな」

時には、相互不信から険悪な雰囲気になることもあった。万次郎は「雷の原理」で説明するが、その応用の仕方までは知らぬものもあったのである。最新の文明を理解してもらおうと思案する日々が続いた。

そこで絵によって相互理解を深めるのだが、原理原則がわからぬ者とでは噛みあわないのだ。その利便性を理解させるだけでも、たいへんな労力のいる作業が続くのだった。

例えば「レイローウ」は鉄道のことだが、蒸気機関車で疾走する列車の長きことを説明するのに、機関車に連結した車両を四ページにわたって書き残している。

電信は、高い木と木の間を線で結び、その線に手紙を結び付けることによって、電信で意図が伝わることを図示したのだ。電信の元は「雷の稲妻」と説明した。

無線では、電波の山並みを描き、「モールス信号」を理解させようと努めたのである。

ここにきて、小龍も彼我との文化・文明水準の違いに驚き、万次郎の知見の広さを改めて認識するのだった。

これらの図解は、あくまでも小龍に話を理解させるために、万次郎が画いたものであり、世間に公表するための作図とは思ってもいなかった。本にするとは聞いてはいたが、本では専門家が清書するものと理解していたのだろう。万次郎の手としては実に雑な図も含まれている。語りながらのメモ書きなのだ。

事実、英語の文字も描いた図解も、小龍自身が描いたものと弟子たちだろうか誰かに清書させたものと、英文のスペルや美しさも、万次郎の手によるものと誰かの手による稚拙なものとが混在してしまった。

それらは、約二ヵ月余をかけて『漂巽紀畧《ひょうそんきりゃく》』全五巻にまとめられ十部が江戸幕府へと献上されたのである。英語の表題は「The Story Five of Japanese」- A very Handsome Tales- Dates Oct. 26th 1852, John Mung

「五人の日本人の物語」―実に見事な実話―

これは万次郎がつけた表題である。

この書は海外事情を知る貴重な文献となると同時に、文明開化後はさまざまな情報の種本となったために、電線に手紙を結び付けると相手に届くとの誤解を生み、電灯会社では、電線の手紙を外すのに苦労したという。

万次郎は忙しかった。

土佐藩主山内家の御三家である豊道・豊著《とよあきら》・豊栄《とよよし》宅には帰国時に着ていた洋装にテンガロンハットで拝謁に出かけ、外国事情を講話した。

加えて、山内容堂の推奨によって、土佐藩の重臣たちのもとへも洋服に着替えて出かけては、それぞれの屋敷で講話していたのである。

その節に会った後藤象二郎は、万次郎が遭難したときと同じ年齢の満十四歳だった。万次郎は彼に「世界地図」を与え、視野を広げ、海外に目を向けるべきだと話したそうだ。

後藤はもらった「世界地図」を部屋の壁に貼り付けていたが、後年、万次郎のスピリチュアルな効能で、この地図を見ていると不思議なことに自分が海外に出かける仕事が舞い込んだと述懐している。

万次郎が留守のときに、小龍は製本の構想をしていたようで、三人の漂流者の似顔絵を描くのに、伝蔵・五右衛門は日本人らしく、万次郎をわざと日本人離れしたカリカチュア風な異人風な容貌に描き、異国情緒を醸し出す工夫を加え、なかなかの商才を示している。

坂本龍馬は河田小龍が開いていた「私塾」に出入りをしていたが、「世界地図」を見せられたときに、感動し次のように叫んだという。

「たまわるか！　これが世界か！　ここがメリケか！

決まったぜよ。ワシもメリケに行くぜよ。ワシは操船術を学ぶきに、小龍先生は後輩たちをワシのもとに寄こしとうせ。海を渡ってワシと共にメリケにいくぜよ」

龍馬は小龍から、かなり詳細にアメリカの実情を聞いていた。万次郎が小龍の塾生と会話を交わすことは禁じられていたが、小龍の留守中は違った。塾生たちは、万次郎から直接聞く、自由にして民主・平等な社会の情報は実に新鮮だった。特に郷士として、いわれなき差別を受けていた若き龍馬の熱き胸を激しく叩いた。龍馬の心の叫びを、如実に示す肉声ではなかろうか。龍馬は満十七歳の溌剌とした〝いごっそう〟だったのである。彼の「志」の形成に大きな影響を与えたことだろう。

そのころの龍馬は恋にも積極的だった。藩主容堂の御殿医である山川幸喜の娘須磨は、土佐小町と呼ばれる美人だった。龍馬は山川邸に乗り込んで、娘さんを嫁にくれと座り込み、談判したという。

脱藩後の江戸では、北辰一刀流の千葉道場で、江戸一番の美人剣士の噂が高かった千葉佐那《さな》と婚約するなど、美男剣士は恋の道でも行動力抜群だったのである。

南国土佐でも朝晩ともなれば、ひんやりとした空気が漂うころになってきた。万次郎たちが土佐入りして、すでに二ヵ月半が経っていた。

嘉永五年十月一日（一八五二年十一月十二日）、伝蔵、五右衛門、万次郎の三人に久しぶりにそろって登城せよとの指示が届いた。大目付の吉田東洋が風邪気味ということで、弟の吉田正誉《まさよし》からの申し渡しだった。

三人ともに同じ内容の沙汰だった。

「今後はよその土地に行かないこと。また、海上業は差し止める。その代わりに生涯一人扶持を与えるので、生まれ故郷でおとなしく暮らすように」

三人はその日のうちに解放され、徒歩で宇佐浦に向かった。沿道は漂流からの生還者を見ようと、見物人で溢れていた。

夕方になり、運命の旅路の出発点となった宇佐浦に着き、伝蔵と五右衛門は「帰ってこれた」と抱きあって泣いた。しかし、伝蔵・五右衛門の家はすでになく、彼らの従兄弟の家に三人とも腰を落ち着けた。

翌日の早朝、万次郎は出発した。帰心矢の如しだった。

船を使えば一日で行ける中ノ浜だが「今後は海に出てはいけない」と申し渡されたばかりだ。違反をしたと呼び戻されてはたまらない。

山を越え、谷を越えての三日間、韋駄天の如く走りまくった。

暗くなると、途中の民家に一宿一飯のお世話になっての一人旅が続くのだった。

只今帰りました

母親の汐は、万次郎の生存を疑ったことは一瞬だになかったと伝えられている、数え十五歳になった倅を、遠く宇佐の網元に頼み込み、漁師への育成を依頼したのは自分だった。何故、夫の悦助が働いていた地元の網元にしなかったのかと、聞かれる度に「それは倅のためだと考えたからだ」と気丈に答えてきた。

事実、万次郎と一緒の乗組員の誰一人として見つからず、船のカケラのひとつも浜に打ち上げられてはないのだ。室戸の浜辺から紀州・房総へと網元が探してくれたのだが……。忽然と消え去ったのだ。何もかもがだ。

「あの子はどこぞで必ず生きておる。知恵のある子じゃきに」

汐はそう固く信じていたのである。夢に出てくる万次郎は、いつも快活な姿なのだった。日課になった悦助の墓参り、そこに目印にと置いた三十センチほどの丸石、天国にいる悦助ならば倅を見つけられるはずと思うたからだった。雨の日も風の日も欠かさずお参りは続けられた。

そして、十年目の早春に遠く〝琉球に近い漁場《なば》（那覇になったとの説あり）からの風評〟として「土佐の漁師三人が漂着したようだ」、そして、薩摩からは「万次郎が薩摩にいよるようじゃ」、と耳にしたのだった。

汐は願いがやっと叶えられたと思ったのも、つかの間だった。最も取り調べが厳しい「長崎牢」に送られたというのである。

「外国に出た者は有無を言わさず〝打ち首〟になっている」

「いや、磔《はりつけ》の刑じゃと聞いちょるぞ」

長崎の噂は厳しいものばかりだった。汐の心は千々《ちぢ》に乱れた。悦助の墓、そして万次郎の丸石へ、日に二度、三度と出かけては祈る、汐にできることと言えば、祈ること以外の方法が思い浮かばなかったのである。

そして、三ヵ月前には「土佐に着いたようじゃ」という噂が飛び込んできた。

一喜一憂する日々に、気丈な汐もさすがに疲れ果てていた。

「何故に息子と会わせようとせんのじゃ」

滅多なことに弱音を吐かぬ汐が、近在のお婆さんに嘆いたそうだ。

宇佐浦を出た万次郎は、山道を駆けた。三日目には足がもつれ、できたマメが潰れて痛い。気は急くが、足がついていかないのである。

四日目の夕闇が迫るころに、ひとつ峠を超えると懐かしい中ノ浜の海岸が見えてきた。美しい夕焼け空の下に、見覚えのある美しい海岸線が放物線を描いて広がっている。

「ついに帰ってきたのだ！」

万次郎は懐かしさに奮い立った。坂道を転がるように、一気に駆け下りていった。


嘉永五年十月五日（一八五二年十一月十六日）、故郷の中ノ浜に辿り着いた。あたりは夕闇が迫っていた。万次郎は懐かしさで母のもとに飛び込みたかった。

だが、まずは庄屋宅に帰国の挨拶に出向くように言われていたので、済ませてから自宅に向かわなければならない。

庄屋の家に入ると、人々の眼が一斉に万次郎に注がれた。見覚えのある顔が並んでいた。長兄の時蔵、姉のせきと、しん、妹の梅、その真ん中には、片時も忘れることがなかった母親の汐が座っていた。その周りを村の衆がぐるりと取り囲んでいた。万次郎が現れると、一瞬の静寂が辺りを支配した。

「おっかさん、只今帰りました！」

万次郎は　万感を込めて伝えると、母の膝に滑り寄って小さな肩をガッチリと抱いた。その様子に兄弟姉妹が泣き、村の衆は皆がもらい泣きした。

万次郎には年老いた母が、ずいぶんと小さくなったように思えた。逞しい万次郎の胸に抱かれた母は、

小刻みに震えながら庄屋の顔を何度も見上げ、

「ほんとうに、万次郎ですか、庄屋の旦那さん、ほんとうにわたしの倅の万次郎ですか……」

と幾度も問い返すのである。

「何を言っているんだ、汐さん、あんたの息子さんの万次郎さんだよ」

庄屋が笑顔でハッキリと伝えた。

「ほんとうですか……。ほんとうに倅の万次郎ですか。ほんとうですね」

と、幾度も庄屋に確かめるのだ。

「間違いないよ、汐さん、あんたの大事な倅の万次郎さんだよ」

「ほんとうですか。ほんとうに万次郎なんですね。これは夢ではないでしょうね、間違いなく私の倅ですね。ほんとうなんですね」

そして、別人のように逞しくなった倅を、母はしげしげと見上げた。

「万次郎………」

その名を口にするのが精一杯、震える手でソッと愛息の手を握るのだった。

「おっかさん、万次郎ですよ」

万次郎は、スクッと立ち上がり、逞しい両手で、小さくなった母を思い切り抱きしめ、そして泣いた。

腕の中での母の嗚咽が、万次郎の心臓から脳天に響き伝わってくるのだ。

「おっかさん、万次郎ですよ。会いたかった。ご達者が何より嬉しいです」

あの日から十一年十ヵ月、母は倅の生存を信じて、裏山の「大覚寺」の境内に三十センチ弱の丸石を置いて、一日も欠かさず、時には日に二度、三度と、神に天に亡父に祈り、願ってきた母の願いが叶ったのだ。

万次郎が母の手をとり、兄弟姉妹がこれに続き、懐かしい我が家へと着き、仏壇の父親に帰国の報告をしたのは、夜も更けた時刻だった。

あれも話したい。これも聞きたい。あまりにも長き時の流れを、誰に、何から、話題は尽きず、明るい笑い声が小さな家に響き、秋の夜は更けていった。

「ここらへんでよかよ、万次郎さ、思い出話はゆっくりでよかぜよ。早う休みんさいな」

まずは疲れを癒してからと、母が愛に満ちた言葉で自分を労わる声が、万次郎には堪らなく嬉しかった。

そして、三日後の昼ごろだった。

役人が来て、万次郎にお城に戻るようにと告げたのである。汐はその役人に取りすがり、懇願するのだった。

「私の倅はなーんも悪いことしとらんきに。大波に流されただけなのじゃ。どうか、倅を連れていかんでくんさい。お願いじゃ。もうなんも構わんで、知っちょることは、もう何もないきに。お願いぜよ」

役人の袖を掴んでの懇願だった。

「万次郎さに御用の向きこれあり、心配には及ばぬ」

たった、これだけが母親に告げられたのだった。

異例の登用

土佐藩からは母親の汐が心配していた「追加のお咎め」はなく、「漁師から武士へ登用」するという想像すらできぬ、大抜擢の沙汰だった。

一人扶持、定小者《さだめこもの》として召し抱えるというのである。武士の最下級ながら、登城が許される「上士」の身分だった。

土佐藩たるものが朝令暮改とも思えるドタバタした沙汰を下した背景には、次のような事情があったのである。

万次郎の処遇については、藩主の容堂から大目付の吉田東洋へすでに内示されていたのだった。ところが、東洋が発熱で体調を崩し、実弟の吉田正誉に大目付役の代行を任せていたときに、先の沙汰に及んだというのである。

容堂は、京都の薩摩藩邸にいた、否、宇和島の伊達宗城のもとを訪ねていた、別邸で鯨飲していた、などの諸説がある。

容堂の影武者が何人いたかはともかくとして、三百諸侯の中でも土佐藩ほどの雄藩の藩主の居場所を正確に把握している者は、ごく限られた側近だけだったのである。

吉田正誉は、兄から「三人の漂流民については慎重な処遇をするように」と念を押されていたので、「海上での作業は禁止したものの、生涯にわたる一人扶持を保証した」温情ある沙汰を行い、十分な配慮を下したつもりだった。ところが、これを聞いた藩主容堂は激怒したという。

「この虚《うつ》け者めが、他の二人はともかくとして、万次郎については藩の仕事に使える逸材である。しかるべき処置をせよと申したではないか。帰郷させている間に、薩摩から迎えの船でもまいったら取り返しがつかんことになるのが必定だろうに……」

大目付の吉田東洋が慌てて、万次郎を呼び戻したのだった。そして、改めて「一人扶持、定小者」を言い渡したのだった。

城下の鉄砲町六十番地に住まわせ、羽織袴一式、大小刀を与え、藩校で「海外事情」の教鞭をとらせたのだった。苗字はなく「中ノ浜の万次郎」と人々は呼んだ。

当の万次郎は、大小の刀を腰に装着するのに慣れず、重く、腰も痛むと言って、帯で結び、肩から担いで城下を歩いていた。これを見た町衆は「漁師から異例な出世で、頭に血が登ったのではないか」と噂しあった。

万次郎は平然と呟《つぶや》いていたのである。

「こんな物騒な物を振り回す時代は終わったのだ」

若き土佐藩主山内容堂（二十五歳）も、薩摩藩主と同様に藩政改革を進めている最中にあった。万次郎の見聞は藩の改革に活かせると考えていたのである。

そこで、土佐藩のお抱え絵師である河田小龍のもとに万次郎を預け、体験・見聞を文献としてまとめるように命じたのである。

黒船の来航

そのころ、江戸表には四隻の黒船が襲来し、湾内深くに入り込んで測量を行い、空砲をぶっ放すなど、好き勝手、まことに無礼な振る舞いを行ったのである。

「泰平の眠りを覚ます上喜撰（蒸気船）たった四杯で夜も眠れず」

の落首の如く、江戸幕府、庶民は上を下への大混乱に陥ったのである。このような状況こそ、アメリカ東インド艦隊司令長官マシュー・C・ペリーの狙い通りの展開だった。

「日本は理論に基づく説得では駄目である。彼等を動かすためには、彼ら自身が目視できる「実力差」を見せつけることである。そのためには私に蒸気船艦隊を任せることだ」と当人が本国政府に意見具申をしていたからである。

この強気な意見も実のところ「単なるの空砲」で終わるところだった。

米国の商社・捕鯨業界・生命保険会社・教会などからの強固な要請で、一八三六年に議会を通過し、懸案事項となっていた「大西洋・太平洋捕鯨・通商ルート開発・整備要求」を実現させるために、第十三代アメリカ大統領のフィルモアは、東インド艦隊、第九代司令長官のジョン・オーリック将軍の日本派遣を決定したからである。

捕鯨業界の大物、ワレン・デラノに「私ほど日本に向かわせるにふさわしい人物はいない」と売り込んでいたペリーの願いは、はかなく潰えたかに思えたのだった。

ペリーの一族は、父親はじめ兄弟三人ともに海軍兵学校を卒業し、エリート軍人一家として名高く、特に次兄のオリバー・H・ペリー将軍は、米国独立戦争時の激戦に勝利した「エリー湖の英雄」（オハイオ州）として讃えられ、教科書にも掲載される高名な存在だった。

それに引き換え、三男のマシューは、対メキシコ戦後は「蒸気船主任監督官」という技術畑のきわめて地味な職務に就いていた。海軍士官としては、丘に上がったカッパのような状態と言っても差し支えないだろう。

当時のアメリカ合衆国は、重工業産業分野の面でヨーロッパ諸国に後れをとっており、大型の蒸気船の建造となると技術力に顕著な差があった。そこで、郵便船として使用するためと称して「蒸気船」をイギリスやフランスなどから購入していた。

そのようにして買い入れた蒸気船の性能を検分し、改造を加えることで「軍艦」としての使役に耐える性能を有するかを判定するのが、「海軍蒸気船監督官」の職務だった。「海軍蒸気船の父」と称されてはいたものの、きわめて技術畑の地味な仕事であり、五十八歳になっていたマシュー・C・ペリーの海軍歴の末尾を飾るには、あまりにも地味すぎ、納得のいくポストではなかったのである。

そこで彼は、懸案となっていた「大西洋・太平洋捕鯨・通商ルート開発・整備要求」の担い手として「自分ほどその任にふさわしいキャリアの者はいない」と、海軍省はもとより、捕鯨王のワレン・デラノをはじめ関係者へのロビー活動を積極的に展開していたのだった。

ところが、先に指名されていたオーリック司令長官に部下との不祥事が発生し、その任を解かれたことから、ペリーにアメリカ東インド艦隊司令長官のポストが転がり込む幸運に恵まれたのだった。

内定が得られてからの彼の動きは、決して敏捷といえるものではなかった。

旗艦については蒸気船「サスケハナ」でなければ駄目だ、随行する木造軍艦はすでに美しく塗装が終了していたが、それらを全て「黒色」に塗り替えさせよ、と注文をつけたのである。

海軍工廠の関係者には「まったくの無駄遣い」と不評であったが、ペリー提督が記した「日本遠征記」には戦艦艤装者の技能・技術の未熟のための遅延と記している。

この間にペリーは日本に関する書籍を七百五十冊購入し、猛勉強をしたとある。それらの書籍を日本遠征に携行したと記しているが、書物の表題などは記載されていない。おそらく時代背景などは整理せずに、知識として吸収したのだろう。

日本近海で彼の艦隊がとった不可思議な行動については後述するが、豊富な知識を吸収していたことは事実だった。

なんだかんだと、ペリーの派遣が決定されてから十ヵ月を費やしていたのである。

したがって、彼が正式に第十代東インド艦隊司令長官に任命されたのは、第十三代大統領フィルモアの親書を携えてバージニア州の海軍基地ノーフォーク港を抜錨する直前の一八五二年十一月二十四日となり、ペリー提督は五十九歳になっていたのだった。

そのころ、万次郎は母親の汐と十一年十ヵ月ぶりの再会を果たし、土佐藩に武士として登用されていたのである。

ペリー提督率いる艦隊は、ポルトガル領のマディラ島に寄り、マディラ・ワインを積み込むが、この島で、ロシアが日本遠征の準備を進めているとの情報を得て、日本への航海を急いでいる。

その後、アフリカのケープタウンを周り、セイロン島・香港・上海・琉球（沖縄）に到着している。

この地に貯炭地を租借しようと試みるが、その強引な談判は民主国家らしからぬ物言いと琉球の役人に拒否されてしまう。

万次郎から「アメリカは大統領でさえも、人民の選挙で選ぶ民主主義を尊ぶ国だ」と聞かされていた琉球国の役人たちだ。ペリー提督に苦言を呈し、見事に手を引かせたのだった。

「情報」は大きな力になるのである。

このためペリー提督は二隻の軍艦を率いて、貯炭場探しに小笠原諸島に向かうことになったのである。

父島を米国領に

小笠原諸島は大小三十余の島々があったが、調査の結果、父島の二見《ふたみ》が天然の良港であることに着目したのである。

この島をピール島と呼ぶ者もいたが、多くは「ムーニンシマ」（無人島）と呼び、人々が定住しているのは父島のみであった。

カメハメハ王朝が送り込んだジェノバ人、航海の途中で何らかの理由で下船したアメリカ・イギリス・デンマーク・ポリネシア人など三十八人が住んでいた。

ペリー提督はアメリカのマサチューセッツ州出身のナサニエル・セイヴァリーを領事に指名した。一八五三年六月十四日のことである。

同年七月三十日には、「プリマス号」のジョン・ケリー艦長へ次のように指示書を出している。

「コフィン諸島と名付け、ヒルズバラ島の港をニューポートと名付けるように。部下を一、二名残し、地面と樹木に「アメリカ合衆国領土」と銘記させた銘板を残し、石炭の貯炭場を確保せよ」

万次郎が捕鯨船「フランクリン号」で父島の二見港を訪れたのは一八四七年の春で、ペリー提督の六年も前に、父島の重要性に着目していたのである。

日本に帰国後は三度にわたり勘定奉行の川路《かわじ》聖謨《としあきら》に「建白書」を提出し、小笠原諸島の開拓を提言していたのだが、海運に詳しい者が着目する島々と言えるだろう。

ペリー提督は、日本関係の書籍を七百五十冊、旗艦「サスケハナ」に積み込んだ、と記しているように、日本に関する勉強を相当入念に行ったようだが、玉石混淆の資料でのにわか勉強は、日本海にある隠岐の島を太平洋上で探させてみたりしているように、文献と実際の隔たりは大きなものがあったのだった。

二度目の来航時のことだが、鎌倉の材木座海岸を測量中の「マシドニアン号」が座礁している。これは、鎌倉時代に栄えた築港である「若賀江島《わかえじま》」の調査が目当てだったと推察される。「若賀江島」は国内のみならず、中国との貿易港としても栄えたと古文にあるからだ。

「マシドニアン号」は貴重な積み荷の瀝青炭《れきせいたん》の大樽を、全て海中に投棄し、僚艦の「サウサンプトン号」が牽引し脱出している。

鎌倉の材木座と逗子の小坪《こつぼ》の漁師たちが、この瀝青炭の大樽を引き上げ、船で浦賀沖に停泊中のペリー艦隊へ届けたのである。日本人の誠実な行為に、ペリー提督はたいへんに驚いたと記している。

この話にはオチがあり、後の神奈川での「日米和親交渉」の際に、林大学頭《だいがくのかみ》が開港の場所として鎌倉を提示したときに、ペリー提督が「あのような遠浅の海岸では駄目だ」と言下に却下した。林大学頭はアメリカ側の日本への基礎知識が相当入念なことに驚いたというのである。

歴史のヒトコマには、このような偶然が縦糸・横糸となり重要な局面を紡ぐことがしばしば存在するのである。

ペリー艦隊、浦賀へ直行

嘉永六年六月三日（一八五三年七月八日）、ペリー艦隊は浦賀沖に姿を現した。

ペリー提督は「十三隻の予定がたったの四隻になった」とボヤイているが、旗艦は蒸気船「サスケハナ」、そして蒸気船「ミシシッピ」、帆船「プリマス」と「サラトガ」は、いずれも漆黒に輝き威風堂々としており、蒸気船を知らぬ日本人を威圧するに十分な陣容だった。

浦賀奉行が「長崎へ」回航せよと必死に説得するが、まったく聞く耳をもたず、江戸湾深く品川沖まで入り込んで行った。挙句の果てには、測量や空砲など威圧的な行動をくり返したのである。かつて経験したことがない、高圧的で恣意的な行動ばかりであり、幕閣内では可能な限り早期に引き揚げさせる方策が検討された。

幕閣の結論は、江戸から可能な限り離れた地である久里浜において、第十三代アメリカ大統領ミラード・フィルモアから「日本国皇帝陛下」宛の親書を受け取らざるを得ないというものだった。

ペリー提督は「返事は来年に受け取りに来る」と言い残し、十日間にわたり、江戸・日本中を大騒ぎさせ、六月十二日（七月十七日）悠然と引き上げていった。

この戦法は、ペリー提督がアメリカ合衆国東アフリカ艦隊の副官時代にイタリア半島の小国に対して行って、大成功した経験済みの戦略だった。

相手国の恐怖心を煽り、塾考するに十分な時を与え、戦わずに要求を呑ませる省エネ戦法だったのである。

九、開国への序章

混乱する江戸へ

江戸市中は混乱をきわめていた。

「艦砲射撃される」といった流言飛語が飛び交い、家財道具をまとめて江戸から逃げ出す庶民が続出する大騒ぎとなっていたのだ。

江戸幕府中枢も困り果てていた。過去に経験したことがない強引な方法で、品川沖までやってきたからである。

そもそも、アメリカという国自体は如何なる国なのか、日本に和親を求めてくる真意は何処にあるのか。まったく予測ができないのである。

時の老中首座にあったのは、若き名君といわれた備後国福山藩主（広島県）阿部正弘伊勢守だった。「黒船来航」に如何に対応すべきか、諸大名に諮問したのである。

その中に進歩的な蘭学者として高名な大槻磐溪《おおつきばんけい》が、昌平校の林大学頭を介して土佐の万次郎の登用を進言してきていた。土佐の万次郎については、阿部正弘も聞き及んでいた人物だった。薩摩藩主の島津斉彬から、長崎に送った万次郎という者は視野広き人材なり、老中首座としてご記憶されますようにと……。長崎牢で万次郎に過酷な危害を加えないように、老中首座の阿部のもとに届いた一報に書いてあった。

その後、長崎の牧志摩守からは「すこぶる怜悧にして、国家の用をなすべき人材なり」と報告されていたのだった。

たしか、アメリカ帰りだったはずだ。阿部老中は土佐藩の江戸屋敷に至急便を届けたのである。

そこには次の如く書かれていた。

「長崎奉行から貴藩へ引き渡した万次郎と申す者から、外国の様子などを尋ねたい。至急、江戸へ呼び寄せて欲しい。ただし、当人に心配をさせないように」

この書状に土佐藩の江戸留守居役は、すぐには動こうとはしなかった。

万次郎を江戸へ呼び寄せることは、さほど難しい問題ではないと考えたが、問題は自藩の万次郎への評価だった。その扱いが、土佐藩の最下級の「定小者《さだめこもの》」だったからだ。

幕府が火急の折に必要とする人材の価値を見抜けぬとは、藩の威信にかかわる問題と、歪曲した判断をしたのである。

「何分にも田舎者でございますゆえ、幕府に失礼の儀あってはならぬゆえに……」といった答えをくり返し、なかなか呼び出しに応じなかったのである。

温厚で知られた阿部老中がしびれをきらし、「万次郎を幕府直参とするので、早急に出立させよ」と申しつけたのである。幕府中枢としては、アメリカの情報が早急に欲しかったのである。

土佐藩では、吉田東洋が万次郎の身分を急遽「定小者」から「徒士格《かちかく》」へ昇進させて、江戸へと送り出すことになった。早馬が用意されており、藩主にご挨拶してから早急に出立せよとの指示だった。

容堂は上機嫌だった。

「万次郎よ、幕府には『漂巽紀畧』を送ってある。今は時節がソチを呼んでおるのじゃ。わが藩の江戸の留守番役は蟹のような男よ。江戸湾に向かって左の眼では幕府を、右の眼では国元を見ておる。小さき人間は細かく物を見るので、見張り役としては重宝な存在なのだ。しかし、それまでの男なのじゃ。幕府の中枢には、かような男はおらん。おまえさんの見立てを思う存分に話してまいれ。やれ袴だ、挨拶がどうのと言う者には藩主容堂の指示は「お国の大事が何より先決」と申したと押し通せ」

万次郎には、出立にあたっての容堂の気遣いが嬉しかった。ペリー提督が江戸から去って、わずか八日後の辞令交付と藩主容堂の激励の言葉だった。

いよいよ自分の出番がきたことに、胸がときめくのだった。

江戸に急ぐ万次郎の脳裏には、薩摩藩主にお話ししたあれこれを今一度反芻し、〝時が人を呼ぶ〟との土佐藩主の言葉を機に、自分を取り巻く時・場所・人の関係について改めて思いを深めるのだった。時が来たのである、自分に課せられた使命を果たす覚悟である。

八月三十日、万次郎は江戸に着いた。

ペリー提督が去って二ヵ月半が過ぎていたが、黒船騒動は収まるどころか、一層に熱を帯び、喫緊の課題となっていた。

幕府直参となる

万次郎は江戸幕府随一の開明派と言われていた伊豆韮山《にらやま》代官の江川太郎左衛門のもとに預けられ、本所南割下水《わりげすい》（墨田区亀沢）にあった江川邸に落ち着くことになった。

江川太郎左衛門は代々の当主が名乗る名で、三十六代目にあたる現当主は江川太郎左衛門英龍《ひでたつ》が正式名で、弟子たちには英龍先生とも呼ばれていた。

幕府から万次郎に、

「御普請役格」二十俵二人扶持

江川太郎左衛門の手付（書生・秘書）の正規な辞令が交付され、旗本になったのである。

そこで、故郷の中濵を苗字とし、名を万次郎信志《のぶゆき》と名乗ることにした。「信志」に自分の全てを込めた、志を信ずると。

中濵万次郎信志、家紋「丸に三星」は「太平記」にも登場し、清和源氏の系譜が使う古典的な家紋であるが、三星はオリオン座を構成する三つの恒星を表しており、万次郎が南海の孤島で夜毎に見上げていた星だった。

日本では冬の星座として知られているが、万次郎は無人島での過酷な日々を、何度もこの星を見上げ、語りかけ、勇気をもらい、生存をかけて対峙してきた「三星」だった。

困難に立ち向かい、決してあきらめない勇気、強く生き抜くタフな精神力を「家紋」を通して自分の家系に伝えていきたいと選んだに違いあるまい。

家紋帳を開けば、外洋航海での目印となる「北斗星」や「南十字星」などをモチーフにしたものや、自分の名前である「萬」の字をイメージしたものが多数あるが、迷いなく選んだのが「オリオン座」だったのである。

今後とも自分の信ずる志に沿って、力強く生きていこうと誓ったに違いない。ときに万次郎は二十六歳十ヵ月になっていた。

江川太郎左衛門と共に江戸城に登城した万次郎は、老中首座の阿部正弘に問われるままに仔細に語った。その多くは、薩摩藩主に語り尽くし、島津斉彬公に託した意見だったが、改めて熱く語ったのである。

「アメリカ合衆国は基幹産業である捕鯨業を円滑に遂行したいと考えている。捕鯨漁の漁場は日本近海となっており、水や食糧の補給基地を求めている。また、航海の途中での暴風雨やケガ・病人の保護・避難を受け入れるのが世界の常識となっている。日本はいかなる理由であろうと実力行使で外国船に対応するので、人道的でない野蛮な国とみなされている。自国の漂流民を送り届けに来た米国商船「モリソン号」に対して、いきなり砲撃を加えた行為は、世界の常識からは考えられない野蛮なもので、戦争の口実を与えかねないものなのである。

今日まで日本は四方を囲む海を城塞として国を守ってきたが、これからはこの海を航路として、外国との交易で国を栄えさせるべきである。現状のままでは、世界の潮流に乗り遅れてしまう。世界は交易によって繁栄する共栄共存の時代となっているのである。もはや一国単独で存在する時代ではない。アメリカは中国・東南アジア諸国と交易しており、その途上の寄港地としても、日本との和親を望んでいる。小さな国は大きな国の植民地となる弱肉強食の時代であるが、アメリカは現在、開拓途上の国なので、日本に対する領土的野心はないと考えて差し支えない」

阿部正弘は頷きながら聞き終えると、江川に向かって万次郎を幕閣の主だった者の屋敷に至急に訪問させて、意見陳述をさせるようにとの指示を出した。

水戸の老公徳川斉昭《なりあき》、林大学頭、勘定奉行の川路聖謨などであり、万次郎は各屋敷にそれぞれ三日間ずつの個別訪問をし、説明して歩いたのである。

黒船の再来

ペリー提督は六月十二日に「来年に返事を受け取りに来る」と言い残していったが、嘉永七年一月十六日（一八五四年二月十三日）、九隻の大艦隊で再来したのである。

「サスケハナ号」「ポーハタン号」「ミシシッピ号」の三隻が蒸気船で、「マセドニア号」「ヴァンタリア号」「アザンプトン号」「レキシントン号」「サラトガ号」「サプライ号」の六隻は帆船だったが、合計九隻からなる艦隊は威風堂々としており、日本側を威圧するのには十分過ぎる編隊だった。

半年も早くの来航となったのには、次のような背景があった。

ペリー提督はマカオにおいて、アメリカからの後続戦艦を待ったが、そこにはフランス艦隊、ロシア艦隊も駐留していた。

日本開国一番乗りが目的だったペリー提督は、プチャーチンが率いるロシア艦隊の動きが気になって仕方がなかった。「サラトガ号」のウォーカー艦長に指示し、ロシア艦隊のプチャーチンへ、貴重な石炭五十トンを無償で提供するなど、虚々実々なやりとりで、ロシア側の動きを探っていたのである。

ロシア艦隊の日本遠征が相当に早まるとの観測から、ペリー艦隊は再訪を早めたのだった。

本所の江川邸にいた江川太郎左衛門は万次郎を伴い江戸城へ急いだ。馬を走らせ江戸城内を下馬もせずに、阿部老中首座の元に馳せ参じたのである。

これについて「大名格の江川はよいが、中濱は大手門で下馬しなければならない。出直しを指示せよ」というクレームが届いた。常に紳士の江川が烈火の如く怒り「国家危急のおりに、くだらん規則などを持ち出すとは、大馬鹿者の台詞だ」と怒鳴りつけた。

その後も「中濱は二本差しの長刀を身に着けていなかった。登城に際しての規定に反している」との指摘が来たが、「愚か者の門番《かどばん》どもに、逐一取り合うでない。うっちゃっておけ！」と、温厚な江川太郎左衛門の毅然たる態度には、武士としての気迫が漲っていた。

「いつの時代にも、形式や伝統・規則に拘泥し、緊急事態に柔軟な対応ができない者がいるものだ。門番は正直で誠実な者で良いのだが、彼らの上司に的確な判断・指示ができる人材を配置しておくことが肝要なのだ」

よほど、腹に据えかねていたからだろう。江戸城からの帰り道で、江川は万次郎に語るのだった。

さて、江戸城には老中はじめ幕閣が続々と集まり、協議が続いた。万次郎は語った。

「アメリカ側に領土的な野心なし」

「通商の儀は今回のアメリカ大統領の親書には触れていない。まずは和親条約の締結を望んでいる。通商の儀は、アメリカは中国市場への綿・小麦の輸出を望み、磁器・茶などの輸入を望んでいる。日本の産品では漆器・日本人形などが人気商品であるが、緊急性に乏しいと判断している」

領土に野心なし、通商条約の要求なし、万次郎が指摘した二点の情報が幕閣にもたらした安堵感は計りしれないほど大きなものがあった。

アメリカ側の要求がわからず、右往左往していた幕閣が落ち着きを取り戻し「和親条約」一本に絞り、対応策を練ることができたのである。

開国前夜

阿部正弘と江川太郎左衛門の間では、ペリー提督との交渉役として江川を全権筆頭とすること、オラ

明治からの精神を未来へつなぐ

冨山房《ふざんぼう》インターナショナルの本

日野原重明先生の本

十歳のきみへ
―九十五歳のわたしから
人間・家族・平和の大切さを考える

本体 1,200円
ISBN978-4-902385-24-3

明日をつくる十歳のきみへ
―一〇三歳のわたしから
これからのきみたちの生き方を語る

本体 1,100円
ISBN978-4-905194-90-3

十代のきみたちへ
―ぜひ読んでほしい憲法の本
憲法は「いのちの泉」のようなもの

本体 1,100円
ISBN978-4-905194-73-6

from a 95 -year-old me
世界中の人びとに届けたい

「十歳のきみへ」英語版

本体 1,200円
ISBN978-4-902385-88-5

To my young friends,
—Let's learn about the constitutions.
日本国憲法のよさを世界の人々へ

「十代のきみたちへ」英語版

本体 1,200円
ISBN978-4-905194-91-0

働く。
社会で羽ばたくあなたへ
学生にも大人にも発見があります

本体 1,300円
ISBN978-4-902385-87-8

日野原重明のリーダーシップ論
混迷の時代のリーダーを示す

本体 1,500円
ISBN978-4-86600-028-2

株式会社 冨山房《ふざんぼう》インターナショナル
〒101-0051 東京都千代田区神田神保町1-3
Tel : 03-3291-2578 Fax : 03-3219-4866／E-mail : info@fuzambo-intl.com
URL : www.fuzambo-intl.com

〔2019年9月現在〕

★本体価格で表示しています

掲載している書籍は、全国の書店にてお求めいただけます。掲載の書籍は出版物の一部です。書店に在庫のない場合や、直接販売（送料をご負担いただきます）につきましては、小社営業部へお問い合わせください。児童書のご案内は別にありますので、ご必要な方はお申し出ください。

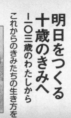

『都鄙問答』と石門心学
—近世の市場経済と日本の経済学・経営学
由井常彦 著
日本的経営の諸原則は石田梅岩にある。
ISBN978-4-86600-060-2
2,400円

社会力の時代へ
—互恵的協働社会の再現に向けて
門脇厚司 著
危機的状況にある人類社会、今何が必要か。
ISBN978-4-86600-048-0
1,800円

死にゆく子どもを救え
途上国医療現場の日記
吉岡 秀人 著
アジアで二万人を救った小児外科医の記録。
ISBN978-4-902385-74-8
1,300円

国境なき大陸 南極
きみに伝えたい地球を救うヒント
柴田 鉄治 著
地球があぶない！ ただひとつの解決策とは！
ISBN978-4-902385-79-3
1,400円

人類新生・二十一世紀の哲学
人間革命と宗教革命
林 兼明 著
古語研究を基に多彩な思索で人類救済を説く。
ISBN978-4-9900727-3-5
3,000円

和の人間学
—東洋思想と日本の技術史から導く人格者の行動規範
吉田 善一 著
社会や科学技術に役立つ日本的人間力を探究。
SBN978-4-905194-67-5
1,800円

〔エッセイ〕

家事調停委員の回想
—漂流する家族に伴走して
中島 信子 著
様々な事件に関わってきた著者による実話。
ISBN978-4-86600-035-0
1,800円

日本人の祈り こころの風景
中西 進 著
現代の世相を軸に、日本人の原点を探る。
ISBN978-4-905194-26-2
1,600円

私は二歳のおばあちゃん
アメリカ大学院留学レポート
湯川 千恵子 著
還暦で米国留学！バイタリティあふれる奮闘記。
ISBN978-4-902385-43-4
1,600円

心に咲いた花 —土佐からの手紙
大澤 重人 著
第56回高知県出版文化賞受賞
高知県を題材として、人々の強さ、優しさ、苦しみ、悩みを生き生きと描いた人間ドラマ。
ISBN978-4-905194-12-5
1,800円

泣くのはあした—従軍看護婦、九五歳の歩跡
大澤 重人 著
看護婦として日本の旧陸軍と中国八路軍に従軍した一人の女性の波乱万丈の生涯を描く。
ISBN978-4-905194-95-8
1,800円

アフリカゾウから地球への伝言
中村 千秋 著
三十年にわたる研究調査から学んだ地球の未来。
BN978-4-86600-011-4
1,800円

〔文 学〕

吉田健一ふたたび
川本 直・樫原 辰郎 編
気鋭の書き手たちが描く新しい吉田健一。
ISBN978-4-86600-057-2
2,500円

森の時間
前 登志夫 著
自然と人間の深奥を捉えた名篇、ここに甦る。
ISBN978-4-905194-69-9
1,800円

山紫水明綺譚 京洛の文学散歩
杉山 二郎 著
江戸っ子学者による博覧強記の京都の話。
ISBN978-4-902385-93-9
2,400円

おなあちゃん —三月十日を忘れない
多田乃 なおこ 著
東京大空襲を生き延びた十四歳の少女の実話。
ISBN978-4-902385-69-4
1,400円

新版 ドイツ詩抄 珠玉の名詩一五〇撰
山口 四郎 訳
音読にこだわったドイツ詩集の決定版。
ISBN978-4-902385-59-5
2,200円

ドナウ民話集
パウル・ツァウネルト 編 小谷 裕幸 訳
ドナウ川流域で語られてきた話１００編の初の邦訳。
ISBN978-4-86600-017-6
4,800円

中国雲南省少数民族民話選
木霊の精になったアシマ
張 麗花・高 明 編訳
中国雲南少数民族が語り継ぐ人間愛。
SBN978-4-86600-066-4
2,800円

ンダ語の通訳では意思疎通がうまくいかないのでアメリカとの通訳としては中濱万次郎を起用すること、が決められていた。

そこで江川は万次郎を伴い、会談場所に指定された神奈川へ急ぎ出立している途上にあった。そこへ阿部正弘から早馬で、書状が届けられたのである。

「　江川太郎左衛門へ
万次郎のことはよく理解しており、謀反などは考えていないことは十分にわかっております。

また、貴殿がすべての責任をもってくださることにも、少しも疑いをもつものではありません。

しかし、外国船に乗り込んでから、何が起こるか予測がつきかねます。

ましてや、万次郎を連れ去られでもしたら、取り返しがつきません。

そのうえ、水戸の老公が、だいぶ心配をなさっておいでです。

どうか、万次郎の通訳の件は見合わせては如何でしょうか。

詳しくは、明日の登城の際にお話し致します。どうぞ、すべてが日本国のためですので、ご勘弁ください。貴殿のご意見については、明日の登城の際に詳しくお伺い致します。

安政元年正月二十三日　　伊勢守　」


この手紙を受けた江川太郎左衛門は、阿部老中へその場で返信を書き自邸に引き上げている。

「お書取りの主旨、承知。恐れ入りました。お受け致します。　以上」

阿部老中の手紙は、苦渋の決断と江川への配慮が滲み出たものとなっているが、この一件には阿部正弘と水戸の老公との間に、万次郎の通訳起用について見解の相違があって、その内容を阿部は江川にある程度は伝えていたのだろう。聡明な江川だ。老中首座の心中を察し、潔く行動に移したのだった。

その背景は十日後に江川に届いた三通の手紙が雄弁に物語っている。少し長くなるが、要約して三通とも紹介しておきたい。

「　江川太郎左衛門へ

寒さに向かい差し障りもなく喜ばしく。桜馬場の大砲造りが完成の途上に黒船がやってきて残念である。一挺ずつでも早く造り、台車など完備させたいものである。

さて、中万のことですが、疑いのない者とお見抜きのようですが、本国を慕って帰国したほどの者で感心ではあります。元来、アメリカは中万の年若いのを見込んで、一人だけに筆算を学ばせたところに策略がないとは言えないのではないか。中万にしても一命を救われたうえに、少年から二十歳までの恩義があるので、アメリカのためにならないことは決して好まないだろう。ですから、例え疑いないとお見抜きなされても、むこうの船に行かせることはもちろん、上陸の際にも会わせることは見合わせて、こちらの内輪の評議などは知らせない方がよろしい。もっとも、江川の用いようではアメリカ側の事情もよくわかるから、逆に防ぎ道具になさるのは江川の腹次第、手抜かりないと思うけれども、心配のあまりお便りまで。

二月二日　登城出仕に差し掛かり急ぎ乱筆、よろしく御推読ください。　水隠士　」

「　江川どの

二白　実はこの時節、彼を放し飼いにしておくのは、不用心ではあっても、窮屈にしておいては、当人への世間の評判を悪くして用にたたなくなるので、給与は豊かになさるよう。そして、江川の腹心の者へ内心に申し付けられて、放し飼いの中に監視の意を含ませるよう。

竜の子を手なずけて飼っておいたら、大嵐のとき、風雲に乗って逃げ去ったという昔話のように、万一、心変わりしてアメリカ船に連れて行かれたときはホゾをかんでも間にあわない。くれぐれも念には念を入れて。」

「三白　アメリカ側と応接するに当たっては、今、日本に軍備がないので残念ではあるが、おだやかに帰した方がよい。が、おとなしくばかりしていて彼らに乗ぜられたら際限がない。彼等はカッパと雷獣のようなもので、水上と火器をたのみとして、あのように、わがもの顔に歩き回っているけれども、原野に転げ回るとなると、カッパも雷獣も格別のことはないので、軍艦や大砲の備えができるまでは神速接戦の気をもって応接いたしたい。江川の勇気は必ずアメリカ側の肝にひびくであろう。ついでながら、いつもの剛情を申し述べ、十分に意を尽くさないが。」

聡明で当代一の学者として有名な江川太郎左衛門に対して、子どもを諭すような文面だが、水戸の老公が如何に心配していたかを伺わせる内容である。

水戸の老公も万次郎の能力を認めており、嘉永六（一八五三）年に幕府から「大船製造の禁」を解き、各藩に大船建造の命が下ったときなどは、万次郎を貸して欲しいと幕府へ申し出たりしているのである。

万次郎は帰国後、琉球・薩摩・長崎牢・土佐と三年も経過しているのにもかかわらず、ペリー来航時期と符合が合い過ぎると疑い、それとなく「見張れ」と指示しているが、この悪習はしばらく続き、赤《せき》心《しん》に燃える若き万次郎をどれだけ苦しめたことだろうか……。

阿部正弘は、江川には蒸気船の建造、海防策の構築があり、そのために万次郎の能力は必須であると考えていた。ここでは、江川のメンツをつぶすことになるが、将来の日本のことを考えて、江川への手紙を書いた。

江川も即座にこれを了としたのである。両氏の信頼関係は強固なもので、国難と対峙する者としての矜持が読み取れるヒトコマではなかろうか。

日本開国

神奈川（横浜）での交渉は、全権筆頭を林大学頭に、通訳はオランダ語で行われた。

「日本語―オランダ語―英語、英語―オランダ語―日本語」の意思疎通には時間を要した。

しかも、日本側の使うオランダ語は、古臭く難解だったと米国側は遠征記に記している。日本は何故、ジョン・マンを通訳として起用しないのかと、訝《いぶか》ったアメリカ側士官の日記が残されている。

フィルモア大統領（この時点では第十四代ピアース大統領に代わっていた）の親書を要約すると、以下の三点にしぼられよう。

① 日米両国の和親。

② 捕鯨船への薪水・食糧の補給。

③ 病人・怪我・遭難者の保護。

幕府としては江戸から可能な限り遠方の地に港を、という方針で臨んでいた。

函館の提案は、米側で検分の結果、良港であり即座に了解された。鎌倉については、提案すると即座に「海が浅い」と拒否され、日本側の林全権はその「知識の深さ」に驚かされたことは、先に述べた。

次に提案した下田も良港だった。

ペリー提督は自分の眼で実際に検分に出かけ、つぶさに確認したが、二つの良港を開港できたことに大満足だった。

そこで、通商について議題に上げ、あわよくば「通商条約」もと考えたのだろう。ところが、林全権は「貴国大統領の親書には、通商の儀については一言も書いてはないではないか」と突っぱねたので、ペリー提督は二度と通商について触れることはなかった。

この局面でも万次郎の情報が活かされたのである。

嘉永七年三月三日（一八五四年三月三十一日）、三週間にわたる協議のうえで結ばれた条約は神奈川条約、後に「日米和親条約」と呼ばれるものとなった。

主な内容を要約する。

① 日本と米国は永世不朽の和親を結び、場所、人を差別しない。

② 米国に物資・薪水補給のため、函館・下田を開港する。

③ 漂流民の保護・引き渡し。

④ 米国人の居留地を下田に設ける。

⑤ 居留米国人に最恵国待遇を与える。

などの十二条から成っている。

フィルモア大統領がコンラッド国務長官に命じた日本遠征において果たすべき責務は、全て満たされた日本側の回答だったのである。

居留民に最恵国待遇を与えた件は後に「片務的条約」として問題になるが、この時点の日本側全権はアメリカ本土に領事館を置くのは、ずっと先の時代のことと考えていたのだろう。

万次郎が幕府中枢に、アメリカ側が日本国に求めてくると予測した事項がほぼ的確に反映されており、日本は「無血開国」に踏み出したのである。

名宰相として戦後日本の舵取りをした吉田茂は、『新・ジョン万次郎伝』（エミリイ・V・ワリナー著）

に寄せた序文の中で、次のように述べている。

「(前略)漂流の日本人少年万次郎が米国に在って、多くの市民の愛情と善意によって教育され、それが後年の黒船騒ぎのとき、幕府当局をして事の処理に過ちなからしむるのに大いに役立ったということは、史実として面白いばかりでなく、日本国民は、この際、史眼を新たにして、国際間のことは、いかに相互理解と相互信頼とが大切であるかということを再認識すべきである」

第三十代アメリカ大統領のカルビン・クーリッジは、「ジョン・マンは初代アメリカ領事に等しい活躍」と述べている。両氏ともに、「真実の情報」はいかに貴重であるかを指摘するものである。「インテリジェンス」は、いつの時代にあっても意思決定の重要なファクターであることに変わりはないのだ。

さて、「日米和親条約」の第一条は、イギリス・フランス・ロシアから見たとき、日米安全保障条約と受け止められ、「日本には迂闊に手出しはできない」との副次的な効果をもたらしたのであった。

その後、幕府はイギリス・フランス・ロシアと順次、和親条約を締結していった。

ペリー提督は、日本との条約締結後、琉球に立ち寄り、琉球国と「通商条約」を締結している。ペリー提督の肩書は「駐東インド・中国・日本海域合衆国海軍司令長官」という長いもので、中国との通商条約の締結は、彼の遠征での大きな目的でもあったのである。

しかし、彼の艦隊が上海に入港した時点で、ペリー提督はアメリカ合衆国東インド艦隊司令長官の任を解かれて帰国している。

一説には、第十四代アメリカ大統領に就任したフランクリン・ピアース(民主党)は、前任のフィルモア大統領（ホイッグ党）とは一線を画し、「反帝国主義」を掲げ、国際間の問題を穏健な外交により展開しようとしていたのである。したがって、ペリー提督が用いる高圧的な姿勢は、自分の方針と馴染まず解任したとの説がある。

彼は「病気のため、辞任を申し出た」と記しているが、中国との「通商条約」締結は、彼の遠征の二大目標の一つであっただけに、残念に思っていたことだろう

そして四年後、安政五年六月十九日（一八五八年七月二十九日）に日米修好通商条約が締結され、これもイギリス・フランス・オランダ・ロシアと順次、条約を締結していった。

通商条約については、日本側の不勉強が災いし、裁判権・租借料・貨幣交換比率等が不平等のままに、次々と締結されていったのである。特に銀による決済には、日本国内の基準を採用する大失敗があった。金の価値が日本の基準では、世界基準の四分の一だった。このため、外国人が大量の銀を日本へ持ち込み、貴重な金を持ち出したのである。何もせずに四倍の利益が得られる「ボロ儲け」の状態になったのである。

フォーティナイナーとして金鉱に入り、金の価値について熟知していた万次郎は、この不平等条約の締結を随分と嘆き、意見具申をするのだが、江川と共に裏方で翻訳などに取り組む立場では、如何ともしがたい状況で、各国と条約が締結されていくたのだった。

江川邸にて

江川太郎左衛門英龍には「蒸気船の建造」「江戸湾海防策の構築」「大砲の製造及び品川砲台の構築」などが幕府から委嘱されていたが、それらの遂行には万次郎の能力が必要不可欠だった。

伊豆韮山に建設した反射炉の維持管理にも出かけなければならない。

江川はモノ造りに注力していたが、万次郎はヒトづくりこそが急務と考えていたところがあった。立派な蒸気船を建造したところで、誰がそれを動かすのだろうか。そこで、江川を通して勘定奉行の川路聖謨へ「捕鯨業の立ち上げと小笠原諸島の開発について」という建白書を提出していた。

建白書の内容は次のように述べている。

「これまでは四方の海を城塞として国を守ってきたが、これからはこの海を航路として、諸外国との交易によって日本国を繁栄させるべきである。

交易は「外航船」を待つばかりでは利益が小さい。みずからの力で航路を切り開いて、大海原を航海して外国に行かねばならないのである。

そのためには外洋航海に出る船舶・船員が必要不可欠であるが、船舶は外国から購入が可能だが、船員は養成するしか方策がない。

捕鯨船は一隻、年間で二千四百樽程度の鯨油の収穫が見込める。鯨油一樽は三十ドルで売ることができ、年間では七千二百ドル程度が見込める計算になっている。一ドルを現行交換比率の銀四十匁で換算すると、金では四万八千両となる。

日本近海は鯨資源が豊富である。これだけの資源が目の前の海にあるのだ。捕鯨業で財政を潤し、洋式船舶を購入する。

一方では、捕鯨航海によって熟練航海士を養成していく。そのための基地を置く地として、小笠原諸島を開拓すべきと考える」(積算などの詳細な記述は簡略した)

この考えには、江川太郎左衛門も得心し、いくら立派な船を造っても動かせないのでは意味がないと、長崎奉行所で保管していた万次郎が帰国時に持ち帰った書籍類を取り寄せ、翻訳するように勧めたのだった。

その中にあった、ボーデウイッチの『新アメリカ航海士必携』は船乗りのバイブルと位置付けられる書物で、まずは、この書の翻訳から取り組んだのだった。(この翻訳原本は日本水産大学から、現在は東京海洋大学で大切に保管されていると聞いている。)

江川の伊豆韮山反射炉のあるところには、多数の門弟が寄宿しながら江川が進める課題のシンク・タンクとなっていたが、万次郎も江川が出かけるときは、必ず同行する多忙な日常だった。

幕府は嘉永六(一八五三)年に「大船建造禁止の令」を解除し、各藩に蒸気船の建造を命じた。

すると、江川の元には水戸の老公はじめ各藩から「大船建造のために万次郎を貸して欲しい」との申し出が殺到したのである。

江川の主たるテーマが洋式帆船、蒸気船の建造、江戸の海防策の策定だったので、そのどちらにも万次郎の知識が不可欠だった。

そんな折に幕府から、万次郎に天文方への登用（天体観測所）の辞令が出たのである。万次郎を実質的な所長として働かせたいとの趣旨の口上だった。

「なんでもかんでも万次郎と用命するのは如何なものか。彼には喫緊な課題が山積しておるのだ」

江川は辞令を届けに来た役人を追い返してしまった。江川の判断に誤りはないが、天文学に興味をもち、勉強してきた万次郎である。新しい星の誕生や彗星の秘密、黒潮の大蛇行の発生原因など、彼自身が天体を観測・研究したいテーマは多かったに違いない。

幕閣に、天体に強い関心をもつ万次郎をよく知る人物がいたのだろうが、それは江川自身が最も熟知しているところだった。日本の天文学に足跡を残すことができたかもしれない絶好の機会だったのだが……。

万次郎の結婚

いつしか万次郎も二十七歳になっていた。

江川は万次郎の縁談をひそかに進めていたのである。お相手は、万次郎の護衛役を務めていた剣術師範の団野源之進の二女鉄（十六歳）である。鉄は明朗活発で積極的な性格だった。

当初は長女の「みさ」（十八歳）との話であったが、おっとりとした性格の長女よりも「二女の方が万次郎と気が合いそうだ」という周囲の勧めもあり、江川が「鉄」に決めたのだった。

自らが仲人役となり、目出度く結婚式を挙げた後は、江川の江戸屋敷内の家屋で新婚生活がはじまったのである。

この機会にと、万次郎は母親の汐を呼び寄せようとしたが、汐は「住み慣れた中ノ浜から離れたくない」との理由で実現はしなかった。

万次郎が若い娘と会話をするのは、琉球（沖縄）の高安家に預けられたときに、村の若人たちと過ごした楽しかった日々、そう、あの時以来だった。一回り近く離れた幼な妻との生活は、万次郎のモチベーションアップに大きな力となったことだろう。

翌年には長女が誕生した。

江川が「壽々《すず》」と命名し、よほど可愛かったのか、足繁く万次郎宅を訪れては、幼子を抱き上げて、あやすのを楽しみにしていた。

二日前にも来られ、いつものように笑顔が弾けるようだった江川太郎左衛門が、突然に亡くなったのである。安政二年一月十六日、身元引受人であり、恩師であり、仲人として江戸での万次郎を支えてくださった方が五十三歳の若さで旅立ってしまった。

つい先日、江戸幕府直参（旗本）に引き立ててくれた老中首座の阿部正弘が三十七歳の若さで逝った。その報に続いて、帰国後の命の恩人であり理解者であった、最も尊敬していた島津斉彬公が四十九歳で亡くなったとの報にも接していたのである。

自分の理解者が次々と亡くなられる。皆さんがこれからという年齢の方ばかりなのだ。激動の時代に寝食を忘れ、お国のために働いている最中の訃報が続いていた。万次郎はこの世の儚《はかな》さに、泣いた。自分の力ではどうすることもできないことに、気の重くなる日々が続くのだった。

軍艦操練所の教授となる

安政四（一八五七）年四月、幕府は、人材の育成の必要性から中濱万次郎（三十歳）を軍艦操練所の教授に任命したのである。

万次郎は江川邸の移転とともに芝新銭座《しばしんせんざ》に居を移し、江戸築地の軍艦操練所へと通うことになった。万次郎は、翌年の七月にボーデウイッチの『新アメリカ航海士必携』の翻訳を完成させたので、「アメリカ合衆国航海学書」と名付け、これを教材として授業に活用しようと考えていた。

ところが、軍艦操練所といっても、いまだカリキュラムが確立されているわけではなく、生徒が個々に学びたい課題を選択し、好みの教授に授業を求めてくるスタイルをとっていたのである。初歩から段階を踏んで学識のレベルを上げていく、専門分野別の学問体系の構築が急務だと、万次郎は教えながら感ずるのだった。

万次郎は航海術・測量術・設計・高等数学・造船・天文・英語などを担当し、個別に指導した。また、数人でディベートするアメリカ式の授業も取り入れていたのである。

そのころ、新島襄（同志社大学の創設者）が高等数学を学びに万次郎のもとを訪れていた。新島家は上州安中藩（群馬県）の江戸屋敷詰だったが、上から四人続けて女の子が誕生したのである。江戸時代は男子でなければ家督が継げず、新島家では養子でも迎える準備でもせねばならないと考えはじめていたのだった。そのようなときに、五番目に長男が誕生したのである。

家の跡取りができた父親は大いに喜び、名前を「七五三太《しめた》」と名付けたそうだが、新島はこの名で呼ばれることを、とても嫌っていたという。

万次郎の軍艦操練所の講義・実習方法には、改善すべきところが多かった。一番の問題点は、実技が実践と結びついていないところだ。風雨が強い、波浪が高いといっては洋上訓練を中止にさせることだった。日本近海を小さな船でチマチマと港に寄って、夜間の航海体験をしない船員が、大海原を数ヵ月にわたっての航海ができるはずがないのである。これでは、ぐるりを海に囲まれた日本国が、その海を航路として外国に出向き、「新文化・文明との交流」を進められるはずがないのだ。結果、世界の潮流からは取り残されるのである。外洋練習船もなく、航海士も育てる環境が整っていないのである。

海洋国家として発展していくために、何からはじめるべきか、上層部を動かすにはどうするか、万次郎は苦悩する日々が続いていたのである。アメリカでは良い企画をもっていても、提案力が乏しく具体的に動かせないものは、まったく評価されないのでる。

そこで、勘定奉行の川路聖謨に三度目の「建白書」を提出することにした。前二回は江川太郎左衛門を通してのものだったが、今回は持参し、口頭でも説明を加えたのである。

安政四年十月（一八五七年十一月）に、勘定奉行の川路から、はじめて返事がもたらされた。

「提案の主旨、しかと承知した。但し、幕府は多事多難な折、財政がきわめて厳しい。そこで、まずは松前藩に出向き、函館港で捕鯨業の指導を願いたい」

この返事に万次郎は歓喜した。

大海原で実際の捕鯨漁をしながら、風を読み操船をする。実務をしなければ技能は身に付かないからだ。そして、資金が得られる。

安政四年十月十三日、陸路で北の大地へ急ぎ出立したのである。十一月十七日に函館に着いた。

函館港周辺の街並みは、青春時代を過ごしたニューベッドフォード港に似ており、肌を刺すような冷たい風も懐かしく、実践的な教育を展開する時が来たと胸を弾ませての着任だった。「函館丸」で約十五日間の実習・訓練が予定されていたのである。

松前藩の役人に伴われ、藩が直轄する捕鯨業者との顔合わせに向かった。ところが、地元の捕鯨業者の親方たちは異口同音に、反対を唱えたのだった。

「我々はこの地方伝統の漁法で十分な成果を上げている。今さら、メリケ帰りのにわか侍に習うことなどは微塵もない」

と、歯牙にもかけてくれないのである。

捕鯨船に乗り、捕鯨漁を見学することさえも拒否するというのだ。聞く耳をもたず、旧習にこだわる彼らを説得するには、相当な時間と労力を要することだけが確認できた。

ところが、見守っていた漁師たちの目に変化があった。二本差しの侍が係留中の漁船を身軽にヒョイヒョイと渡っていく姿に、ただならぬ気配、ベテラン漁師にしかできない腰さばきを見たのだった。日本の経営者に物事を理解させて、仕事のイノベーションを図ったり、新規に事業を立ち上げるには、相当に周到な準備が必要なことがわかったのである。これも勉強なのだと自分に言い聞かせ、空しく引き上げざるを得ず、松前藩とは酪農などについて意見交換を行い、江戸に戻っている。

新島七五三太は、教授である中濱先生が函館に出向いているので、「聞きたい問題がある」と幕府に届け出て函館へと向かった。その足で函館から上海―サンフランシスコ―ボストンへと渡り、アンドヴァー神学校に入っている。この学校は札幌農学校で教鞭をとったクラーク博士の出身校でもある有名校だった。

新島の洗礼名は「ジョセフ・ハーディ・新島」であるが、学友はジョージと彼を呼んでいたそうで、帰国後は新島襄と名乗るようになった。

新島の渡米について、万次郎が直接にかかわったとの記録はないが、適切なアドバイスが活かされたと巷間に伝えられている。

脱藩が罪になった時代だ。「ビザなし出国」を教唆したとなれば、江戸幕府旗本の軍艦操練所の教授では、到底その職にとどまることはできなかったことだろう。関係者が記録に残さなかったのは、やむを得なかったに違いない。

万次郎は翌年の春に再び函館を訪問し、北の大地の開拓と酪農について松前藩の役人と意見交換を行うなど関心が高く、後の中濵塾の生徒である榎本武揚《えのもとたけあき》に多大な影響を与えたと言われている。

母親への想い

江川太郎左衛門の没後、万次郎は芝新銭座に居を移していた。故郷にいる母親との意思疎通は中ノ浜の庄屋の倅、池道之助（後に詳述）を通して行っており、母親を江戸に呼び寄せる内容だった。

母も兄弟姉妹も、自分の名前程度しか判読できない。当時の庶民の一般的なレベルがそうだった。

今回は二度目の誘いだった。道之助には手紙を読むだけではなく、万次郎が母と暮らしたいと思っていることを口頭で十分に伝えて欲しいとも頼んであった。

「再度のお招きを嬉しくお聞きしました。お前さんは身体に気をつけて、力いっぱいお国のために尽くして欲しい。それが私の願いです。村の衆は皆が親切なので、私の暮らし向きに心配はご無用です。美しい中ノ浜が、私の一番暮らし易い故郷なのです」

「十一年十ヵ月、私は万次郎が死んだとは一度も思わなんだ。どこぞで、何かをしておるのじゃろうと思うておった。長崎牢に送られたと聞いたときは、日に三度を神仏にお願いしたが、あん時が一番辛い日々だった。

今は違う。聞こえてくる噂は、この婆を嬉しがらせるものばかりで、村の衆も一緒に喜んでくれておる。これ以上の幸せはないのです」

池道之助の返信にあった。

その後、孫を連れての二度の帰郷など、母への気遣いを示し、母親を喜ばせていた。母親の「汐」は八十七歳で没するまで一度も地元を離れなかったが、晩年の笑顔が印象的だったと伝えられている。

十、太平洋の浪荒く

咸臨丸に乗船

安政五年六月十九日（一八五八年七月二十九日）に「日米修好通商条約」が調印された。

この批准書を交換するために、アメリカの首都ワシントンに使節を派遣することになった。正史の新見豊前守《しんみぶぜんのかみ》と二人の副使は、アメリカ海軍の軍艦「ポーハタン号」で首都ワシントンに向かうことになった。これに日本海軍の軍艦を随行させて、日本海軍に遠洋航海の経験を積ませる良い機会だと考えたのである。


幕府は随行艦を「観光丸」に一旦は決めていたのだが、おりしもオランダから購入したばかりの最新鋭の蒸気船「咸臨丸《かんりんまる》」が、日本に回航されてきたのだった。この新鋭艦の処女航海として、最もふさわしい舞台は「太平洋の横断」にあるとの思いが幕府首脳に強くなっていった。その美しい姿は、アメリカでの見栄えが格段に良かろうと思うのも当然だった。それほど「咸臨丸」は勇壮で美しかった。

オランダのキンデルダイク・スミット造船所で建造された「咸臨丸」は全長が四十九・七メートル、船幅七・九メートル、総トン数三百トンの本格的な外洋蒸気船だった。ただし、石炭の積載量はフル稼働で三日分で設計・製造されており、遠距離の航海に於いては、スクリューを甲板に引き上げて、帆走に切り替える方式だった。

したがって、出港と入港は蒸気で、外洋に出ると帆走に切り替えて太平洋を横断する計画だった。出・入港時にはドラの音も高く、エンジン音を響かせた勇壮な戦艦の姿は、日本にも蒸気機関で動く戦艦があると認識させる効果が大きいと見込んでの決定だったと言われている。

「咸臨丸」の最高責任者として、軍艦奉行の木村摂津守喜毅《よしたけ》(三十一歳)、教授方頭取として軍艦操練所頭取の勝麟太郎義邦(勝海舟、三十八歳)、通弁方として中濱万次郎(三十三歳)が選ばれたのである。

勝は運用方三名、測量方三名、蒸気方二名、合計八名の教授方の頭取という役職だった。

万次郎の通弁方起用は、軍艦奉行の木村の意向が強く反映されたものだった。この起用は軍艦奉行を命じられた木村の慧眼だったことは、浦賀を出港して直ぐに証明されるのだが、幕府中枢には万次郎の英語能力は高度なものがあるが、アメリカ側に有利な通弁をするのではないか、日本の情報をアメリカ側に漏らすのではないか、といった懸念から反対する声が依然として多かったのも事実だった。ここでも、ペリー提督との「和親交渉」通弁を外された事由が、蒸し返されるのだった。

江川邸での仲間や軍艦操練所の教授方で、万次郎の赤心・力量を熟知する者たちが気遣って口々に言うのである。

「今更、正史でもない随行艦の通訳でもあるまい。貴殿の赤心を疑う者たちに義理は何もないのだ。英龍先生がご健在であれば、この件は言下に断ったに違いない。お主は体調不良のためと言って断ってはどうか」

こうした事象は、自分が生涯負う宿命のようなものと割り切らざるを得ないと万次郎は思うのだった。自分は誠心誠意の仕事で示すしか方策がないと、覚悟しているのだった。

むしろ、アメリカ合衆国の首都、ワシントンまで「ポーハタン号」に随行して行くと聞いたとき、万次郎は胸の鼓動が収まらなかったのである。片時も忘れたことがない恩人、ホイットフィールド船長に会えるかもしれないからだ。ワシントンからなら、ニューベッドフォード、フェアヘーブンは至近な距離である。もしかしたら、あの方にお会いできるかもしれない。直接お会いして心からお礼の言葉を述べたい。深く強く内に秘めている願いだった。

ハワイから手紙で気持ちをお伝えはしたが、自分の口から直にお礼の気持ちをお伝えしたいのだ。通弁であろうと水夫であろうと、火焚きだって、喜んで引き受けるつもりだった。それが「人の道」だからだ。

日本国に対して、離反したり、ましてやスパイ行為など微塵も考えたことさえないのである。滅多にない機会を失わないように、さらに慎重に行動しようと誓うのだった。

一方、軍艦奉行の木村は、外洋航海の経験がない日本海軍が太平洋を無寄港で単騎横断しようという計画に、一抹の危惧を抱かざるを得なかった。総勢で百名近くになるが、水夫五十名、火焚き十五名と全体の六十五パーセントは幕府の長崎海軍伝習所の生徒、愛媛の村上水軍の末裔、屈強な長崎・香川の漁師たちから厳選して徴用した強者ばかりだったが、所詮はにわか編成であり、「咸臨丸」乗組員予定者がそろってこの新鋭艦を操艦したことがなく、顔合わせさえしていないのである。長期の航海も、ましてや太平洋横断の経験などは皆無の状態だった。

木村は軍艦奉行としての務めを果たすためにと、家・田畑を含めて全ての私財を売り払い、「金貨」に変えて持参するほど、責任感の強い男だった。その木村が着目したのが、丁度、日本に滞在していたアメリカ海軍の乗り組み員たちの存在だった。江戸湾で難破したアメリカ海軍の測量船「フェニモア・クーパー号」の乗組員が二十四名滞在しており、「ポーハタン号」で帰国するというのである。

アメリカ海軍の測量船艦長はジョン・M・ブルック大尉で、彼が下田にアメリカ総領事タウンゼント・ハリスを訪問中に、「フェニモア・クーパー号」が座礁事故を起こしたもので、彼が乗艦してさえいれば事故は防げただろうと言われていた。

ブルック大尉はアメリカのアナポリスにある海軍士官学校の第一期卒業生で、ブルック砲の制作、深海測定器の開発（ドイツ・ベルリン化学院賞を受賞、ノーベル賞に匹敵すると言われている）後に、アメリカ海軍士官学校教授に就任した優秀な海軍士官だった。このような人材が丁度、幕末の日本に滞在していたのである。

軍艦奉行の木村は、外洋航海の経験が豊かな米海軍に「咸臨丸」に乗船し、日本海軍の実技指導を願い出たのである。ブルック大尉はこれを快諾し、自分を含め二十四名いた船員を厳選し、精鋭の十一名と自分を「咸臨丸」に乗艦させ、残りの十二名は「ポーハタン号」にて、アメリカに帰国するように手配してくれた。

ブルック大尉は、通訳の仕事は艦の操縦を含め船上生活できわめて重要な任務なので、アメリカ総領事館で通訳を務めているジョセフ・彦にすべきだと木村に提案してきた。アメリカの捕鯨船やカリフォルニアの金鉱で修得した英語では、スラッグが多く、外交上の通訳には不向きではないかと言うのである。暗に万次郎の起用に反対してきたのである。

これに対して、木村は丁寧かつ明確な意思表示をしたのである。

「通訳の件については我が国としても、その重要性を十分に認識している。その認識のうえで厳選しているので、人選については当方に任せられたい」

木村は長崎の海軍伝習所取締のころに練習航海で鹿児島に寄った折に、島津斉彬公から万次郎の航海能力などを聞かされており、それ以来、万次郎にはずっと関心をもち、見続けてきた自負があったのである。

ブルック大尉はこれで納得したが、一連の経緯を知った勝麟太郎がたいへんな荒れようなのだ。

「アメリカ海軍の助けを借りるような談判は問答無用である。我々の力を見せつける最大の機会をみすみす失うような処置だ。また、通訳などは乗せる必要はない。どうしても必要ならば、メリケが推す通訳にすればよい」

勝は自分が「咸臨丸」の最高責任者のつもりでいたが、どうも違うようで、自分の預かり知らぬところで諸事が決まっていくのが、何しろ気に食わない。自分よりも年下の木村が総督で、自分は教授方頭取だというのだ。艦長でもないのだ。まったく気に食わない。したがって、なんでも反対の姿勢だった。

しかし、木村は軍艦奉行の職責での決定とし、勝の主張を黙殺したのである。

一方、福沢諭吉（二十七歳）が乗船した経緯は次のようなものだった。

福沢は中津藩士（大分県中津市）の子で、大坂の船場で緒方洪庵が開いた適塾でオランダ語を学んでいた。共に学んでいた西周《にしあまね》（岩見国津和野藩〔島根県〕・教育啓蒙家、三十一歳）が、「もはやオランダ語の時代ではないぞ。江戸へ出て中濱塾で英語を学ぼうではないか」と誘い、二人で江戸表に出てきたのである。西周はすんなりと中濱塾に入ったが、福沢は独学でやると言って、これといった師に付くでもなく、さりとて妙案もなく、思案中という状態で無為な日々を過ごしていたのだった。そこに幕府が軍艦をアメリカへ派遣するという情報が飛び込んできたのである。福沢は直ぐにこの情報に飛びついたのである。随員に加えてもらおうと、あらゆるところに自分を売り込んだが、陪臣である中津藩の侍というだけでは通用するはずもなく、江戸城にまで出向いたが門番に軽くいなされ追い返されてしまった。

万策尽きたかに思えた彼に有力情報が舞い込んできた。大坂での蘭学の師であり、将軍家の御殿医を務める桂川《かつらがわ》甫周《ほしゅう》の妻が、木村摂津守の娘の久迩《くに》であることだった。桂川の推薦書を携えて、福沢は木村摂津守に猛烈な陳情を続けたのである。

木村は自分の従者四人に福沢を加えて五人としたのである。福沢は英語が相当にできると売り込んでいたようで、「咸臨丸」で、木村の従者の一人が福沢に英訳を頼んだところ、「こんなものは俺に通訳を付ければ雑作もないことだ」と答えて呆れさせているが、福沢の派遣は幕府が裁可したものではなかったのである。

こうした経緯で、日本人の乗船人数は一名増えた九十六名となり、これにアメリカ海軍の軍人十二名が加わり、総勢百八名が「咸臨丸」で渡米することになった。

品川沖―横浜―浦賀へ

安政七年一月十三日（一八六〇年二月四日）午後二時三十分、「咸臨丸」は品川沖から出帆し、五時に横浜に寄港した。

二日後の一月十五日（二月六日）十二時に、ブルック大尉以下十二名が乗船してきた。

彼等は通訳として、ジョセフ・彦を伴っていた。彼はアメリカ領事館付きの通訳として働いていたのである。

万次郎とジョセフ・彦は三十分ほど話をしていたと、ブルックの日記にあるが、何を語りあっていたかの記述はないが、万次郎については以下のように記述している。

「万次郎といって、小舟で難破していたのを救われ、その後、カリフォルニアの鉱山で数年働いていた日本人が、咸臨丸で行く予定と教えてくれた。彼がどの程度の通訳ができるか疑問である。日本側が有能な通訳を付けてくれると良いのだが。何故ならば、艦長には自然地理などに関して、多くの説明を必要とするだろうからだ」

金鉱で働いていた労働者なので、期待できないと言下に匂わせていたのだった。

最後に日本人の福沢諭吉が一人で横浜から乗艦し、午後一時四十分に出帆し、浦賀へと向かった。途上の洋上には小さな漁船などが多く浮かぶ海を、勝艦長は巧みに操船し、回転するのがやっとの狭い湾を回って浦賀に着いた。

ブルック大尉は勝艦長の操船技術を「巧みな操船」と評価している。

浦賀にて

浦賀に着いた「咸臨丸」には、次々と物資が積み込まれていった。

石炭は三日分、主食である米は一人一日五合、炊飯には、まずは海水で洗い、最後に真水を使うが、一日三食を一升五合で行うこと。

朝食は味噌汁と漬物

昼・夜食は味噌汁・漬物・煮物か塩鮭

積み荷―漬物六樽、鰹節千五百本、味噌六樽、醤油七・五斗、茶五十斤、梅干し四千樽、焼酎（一人一日五酌）七斗五升、豚二頭、家鴨《あひる》二十羽、鶏三十羽

石炭八万四千斤、機械油八斗四升、石鹸十八斤

咸臨丸乗員は次のように確定した。氏名の前の○は長崎伝習所出身者、年齢は数え年表記で、表記さ

れていない者もいる。

軍艦奉行　木村摂津守喜毅（三十一）

（従臣）　大橋栄二　福沢諭吉（二十七）　長尾幸作（二十六）　秀島藤之助　斎藤留蔵

教授方頭取　○勝麟太郎義邦（三十八）

運用方　○佐々倉桐太郎（三十一）　○鈴藤勇次郎（三十五）

　　　　○浜口興右衛門

測量方　○小野友五郎（四十四）　○松岡盤吉　○伴鉄太郎

蒸気方　○肥田浜五郎（三十一）　○山本金次郎（三十五）

通弁方　中濵万次郎（三十四）

教授方手伝　○赤松大三郎（二十）　○岡田井蔵　根津欽次郎　小杉雅之進

公用方　軍艦操練所「勤番」吉岡勇平（三十一）

　　　　軍艦操練所「下役」小永井五八郎（三十二）

医師　牧山修郷（二十七）「門人」田中秀安

　　　木村栄俊　「門人」中村清太郎

鼓手　二人

水夫　五十人

火焚き　十五人

鍛冶　　一人
総員九十六人
これに、ブルック大尉以下十二名が加わり、「咸臨丸」には総員百八名が乗船したのだった。
積み荷を積載し、乗員も全てそろった。
浦賀に着いて四日後、安政七年正月十九日（一八六〇年二月十日）午後二時、天候は晴れ、気温九℃、「咸臨丸」はドラの音を響かせ、汽笛の音を高々とあげて浦賀港を抜錨していった。
万次郎は木村を admiral（提督）、勝を captain（艦長）とブルックに紹介し、勝艦長が指揮し、順調な航海がはじまったのである。
勝艦長は「咸臨丸」で長崎―江戸の航海を二度経験していたので、万事にそつはなく二月十日（以降は帰国まで西暦で日時を表記する）の夜は静かに更けていった。

大荒れの日、穏やかな日

ところが、翌十一日は午前中から海は大荒れになっていった。
勝艦長は、オランダ人が教官を務めていた長崎海軍伝習所に、艦長候補として幕府から派遣された四名中、船酔いで勝麟太郎のみ不合格となるなど、知識・操船技能は優秀なのだが、船酔いというアキレス腱を抱えていたのだった。

太平洋の荒れようは酷いもので、次々に倒れ、日本人で働けるのは運用方の浜口興右衛門、測量方の小野友五郎と通弁方の中濵万次郎の三名のみになってしまったのである。

大浪によるピッチング・ローリングに加えて、強風が一層に強まってきたのである。

「咸臨丸」は浦賀を出てまもなく、蒸気を止めて帆走に切り替えていたので、一杯に張った帆を降ろさなければならない。しかし、日本人の船員は船室に避難し、誰も甲板上に出てはこないのである。

操舵をブルック大尉に任せ、彼の部下のアメリカ人水兵十一名と万次郎の合計十二名が三本のマストに上り、帆布を降ろす作業に取り組むのだが、いかんせん人手不足である。

ブルック大尉が、万次郎に日本人の船員にも帆を降ろすように伝えよ、というので伝えに行くと、「うるさいぞ。きさまを帆柱に吊るしてやる」と怒鳴り返す始末なのである。しかも、船には波浪が甲板を洗うようなときに備えて、滑り止めの砂を積むのだが、「咸臨丸」には、この備えがなかったのである。そのため、日本人の乗組員が滑って転んで怪我をしたり、窓に激突してガラス窓を破壊するなどの自損事故が頻発していた。

また、入り口のドアやハッチの蓋がしっかりと閉じられていないために、ドアは風に煽られてバタンバタンと音を立てており、閉まりの悪い箇所からは雨水や海水が船員室をびしょ濡れの惨状にしているのだった。

日本人はほぼ全員が船酔いで食事をとれない始末なのである。アメリカの水兵たちは食事をとらずに奮闘したが、メインマストの一部はたたむことができず、下半分は開いたままの状態での航海を余儀なくされたのだった。

軍艦奉行の木村摂津守は総督という重責だが、操船の経験は皆無であるのでやむを得ないが、艦長の勝が艦長室にこもって一歩も出て来ないのである。

万次郎は、この四日間ほとんど寝ずに飛び回り、操舵室ではブルック大尉と交互に舵を握っていた。何といっても、アメリカの軍人たちが不眠不休で頑張っているのである。彼らには頭が下がる思いで、万次郎は必死に耐え抜いていたのだった。

ブルック大尉は克明な日誌を残していた。遺言により、彼の死後になって長男がこれを明らかにした。しばらくはブルック大尉の航海日誌をもとに「咸臨丸」の航海を追ってみたい。

咸臨丸難航図。乗組んでいた士官（運用方）鈴藤勇次郎画
（横浜開港資料館保管）

少し落ち着いてきたある夜にブルック大尉が万次郎を呼んで聞くのである。

「万次郎さん。私たちが、この船から手を引いたら、この船はどうなるでしょう。あなたはどのように思われますか」

「たちまち沈没することでしょう。もっとも私はこんなところで死ぬのはまっぴら御免こうむりたいと思っていますがね」

「それでは、日本の士官も交代で夜間勤務に就くようにしてください。一日も早く編成表を作成し、即日に実行して欲しいのです。私の部下の疲労がとても厳しい状態です。このままでは病人が出ます」

太平洋を無寄港で横断しているのである。夜間も当然、艦は動き続けている。

アメリカ兵が当番制で夜間勤務についているが、日本人の士官はじめ誰一人も甲板に出てこないのである。

もっともな、真に申し訳ない申し出だと思うので、万次郎は士官たちの部屋に出向いて驚いたのである。

焼酎で顔を赤くした者たちが、火鉢を囲み雑然と座り、キセルで煙草を吹かす者、だらしなく寝っ転がっている者、秩序に欠けた烏合の衆のありさまなのだ。

万次郎が来意を告げると、

「このアメリカかぶれが、我々に命令をする気か。今度、ぬけぬけとそのような口をきくと、ただではおかんぞ」

新生 咸臨丸（ハウステンボス資料より）

これには万次郎も、さすがにカチンときた。

「アメリカ大陸までの長い航海をしておるのです。日本の水夫たちの疲労も大きく、日に日に甲板に上がってくる水夫の人数が減ってきている現状をご存じですか。諸君は慣れない外洋航海でお疲れとは思いますが、アメリカ海軍の軍人たちの頑張る姿を日夜見ていて、日本海軍士官としてなんら恥ずかしいとは思わないのですか」

こう述べて部屋を出たのである。

翌日から、夜間には当直士官がデッキに上がってくるのだが、その動きは鈍く、しかも安全な船尾に集まって巡回監視さえしないのである。これでは何の役にも立たない。

マストに登れる水夫も少なく、マストに登るのはアメリカ軍人と万次郎の仕事になっていくのだった。

ブルック大尉の日記に次のように記述されている。

「万次郎が水夫たちにマストに登るようにと伝えたところ、彼等は万次郎を帆柱に吊るすと脅したそうだ。今度そのようなことあったら直ちに私に報告せよと言った。私が逆の立場にしてやると……」

「万次郎は一晩中起きている。高浪が洗う甲板で私の部下のスミスと談笑していたが、そのうちに肩を組みあって歌を唄っているではないか。この状況下で平然としている。私は彼の度胸と友好的な振舞いに驚いた」

「操舵室の窓を日本人士官が壊してしまったので、夜間はランプの灯が吹き込む風で消えて困っている。今夜も羅針盤のランプの灯が二灯とも強風で消えてしまった。私がランプの灯を点けに行っている間、万次郎は月の明かりで、実に器用に操舵を続けていた」

「万次郎はネイティブな英語を話し、ボーデウイッチの航海書を熟読し、日本語に翻訳し、天体力学についても学んだベテランの一等航海士である。この艦では万次郎だけが、日本海軍改革のビジョンをもっている」

「万次郎は私と自由に話す。しかし、私はある不安を感じているのだ。彼は非常に危険な立場に立っているので、私は細心の注意を払って彼と接しなければならないのである」

「万次郎は自分が微妙な立場にあることを十分に理解している。日本にいたときは、アメリカ大使館やその館員に一歩も近づかないようにしたそうである。しかし、この船に乗り組んでいる日本人で、彼ほど日本を心から愛している者は見当たらない。日本の開国に関して、他の誰よりも功労が大きかった。万次郎は、私がこれまでに会った友人を含めた人々の中で、最も注目に値する人物の一人である」

「私は昼にスープとブドウ酒を持って麟太郎艦長の部屋を訪ねた。幾分か気分が良さそうに見えたが、まだ寝たままだった。木村提督も部屋にこもっている」

木村提督も船酔いでダウンしていたのである。

日本人たちは、朝食はご飯と漬物、昼はご飯と梅干、夜食はご飯と塩鮭のくり返しで、他の料理に目を向ける余裕はなかったし、胃が受け付けなかったようだ。

ブルックが日誌に書いている。

「万次郎は豚肉を炭火で焼いたものが大好物である。ところが、ここ数日、彼の食欲が落ちてきている。疲労が蓄積されているのだろうか、心配である」

「日本人は火に関して、まったく不注意である。昨夜は調理室から火事を出した。キャビンの天窓を踏み破り風雨が入り込んでいる。ハッチをしっかりと閉めないので、強風に煽られて破損している。見回り後、午前三時に就寝、横になるやいなや、またも、私は呼ばれる」

万次郎が心配していた乗組員の技能不足が、新造の「咸臨丸」を傷つけているのだった。

そんなある日、勝艦長が珍しく甲板に姿を見せた。そして告げたのである。

「バッテラーを降ろせ。ワシはここからバッテラーに乗って日本へ帰る」と言うのである。

太平洋の「ど真ん中」、どうやって帰るのか、これには皆があきれ返ったのだが、どうにか甲板に出られるようになったかと、士官たちは噂しあうのだった。

「勝艦長が起きてきて私に言った。彼は私と一緒にワシントンに行きたいと。それは良い計画だと伝えた」

一方、万次郎の英語能力と操船技術はブルック大尉以下のアメリカ軍人だけではなく、日本人クルーにも日毎に理解されていった。これを見て木村総督は、万次郎を通訳として「咸臨丸」に乗せて正解だったと心底から思うのだった。

気候も暖かくなり、海も穏やかな「ベタなぎ」に近い昼下がりのことだった。

アメリカ人水兵のフランクが、風雨で汚れた下着類をデッキで洗濯をしていたときだった。これを見た公用方の吉岡勇平（艦の事務官で幕府からの監視役・規律係とも言われている）が、いきなりフランクの顔を足蹴にしたのである。これにはフランクも驚くと同時に激怒した。

彼は船室に戻り、仲間を連れて戻ってきたがその手にはピストルが握られていた。吉岡は刀の柄に手をやり、両者は睨みあい、一触即発の緊迫した事態になったのである。

この騒ぎを聞きつけて駆け付けたのは勝艦長だったが、事態が飲み込めない。

「万次郎とブルックを呼べ」と命じたのである。

操舵室で操舵中だった二人は、何事かと駆け付けた。そこで双方から事情を聞き出し、トラブルの原因がわかった。

出港から十四日目に勝艦長名で「通達」が出されていたのである。

「水タンクの水は飲用のみに使用すること」と記し、真水の節約を促したものだった。

この通達を万次郎は知らず、したがって通訳として、アメリカ軍人へ内容を伝達してはいなかった。

万次郎はこうした顛末をブルック大尉に伝え、自分の不注意に原因があると申し出たのである。

万次郎の通訳で、騒動の原因を理解したブルック大尉は、フランクの手からピストルを取り上げ、勝艦長に向かって告げた。

「よろしい。どうぞ斬ってください。貴重な真水を申し訳ないことをした」

万次郎の勝艦長への通訳で内容を知った日本の乗組員は、驚いたのである。いきなり顔を足蹴にした行為には、一言も文句を付けなかったし、言い訳さえも言わないのである。

この場は勝艦長とブルック大尉が握手を交わすことで、決着することになった。この一件以来、日本人乗組員たちのブルック大尉を見る目が一変したと言われている。

「彼は青い目をしたサムライだぞ」

有能で豪胆なアメリカ海軍士官の毅然とした態度が、国境の壁を突き破り、海の男たちの友情へと昇華していったのだ。

一方、勝艦長の気分は不安定で、木村提督や士官たちの提案には、ことごとく反対し、なんでも反対するので、相談する者がいないような状態になっていた。

そんなある日、勝艦長が万次郎を呼んで聞くのである。

「おい、万次郎やい。そちは十年近くメリケで生活しておったと聞いておる。そこでだが、メリケの国情について、ワシにチョイトばかり教えろや」

「日本と何ら変わったところはございません。道は東西・南北に造られ、木の葉は青く、人間は二本足で歩いております」

これには、さすがの勝艦長も自分の非礼に気づいたのか、

「いや、悪かった。貴殿がメリケに精通しておるので、何か一つでも彼の地で役立つことを、教えて欲しいと思ったのだ。よろしく頼むよ」

「貴殿がそのようにお尋ねですので、一つだけお話しいたします。アメリカでは高い身分やその地位に着いた者は、下の者の意見をよく聞き、いよいよ賢く考えて、その品格・振る舞いは高尚になります。その点だけが、わが国と天と地の違いがございます」

この言葉は勝艦長の心に鋭く突き刺さったことであろう。
勝海舟著『氷川清話』の中に概略次のように記述している。
「「咸臨丸」で帰国後、江戸城に登城した。幕府老中からアメリカの印象を聞かれたので、勝は「木の葉は青いし、人間は二本足で歩いていた。何ら日本と変わりない。ただ一点異なるのは、日本のように能無しが高位・高官の地位を占めるようなことは、彼の国ではまったくありません。その点だけは天と地の差がございますようで」

「この無礼者！」と言われたと……」

波の穏やかな日には、日本人の士官も操舵や測量に加わったが、ブルック大尉の判断基準からみて、合格なのは中濱万次郎と測量方の小野友五郎、運用方の浜口興右衛門の三人しかいないと記している。勝麟太郎艦長も万次郎の航海術の実力を心底から認めていた。

サンフランシスコにかなり近づきながら、時化《しけ》が続き、波頭は高く、予定通りに入港できるか微妙な状況になってきていた。

サンフランシスコで正史を乗せた「ポーハタン号」と合流することになっており、遅延は何としても避けねばメンツが立たない。

勝艦長は万次郎を呼んで、相談を持ち掛けたのである。

「航海のことは君に全て任せたい。何とか予定通りにサンフランシスコに到着させたいのだ。万事よろしく頼みたいのだが……」

「わかりました」

この時点で、万次郎は実質的な「咸臨丸」の艦長になった。

そして、浦賀を出港して三十七日目の一八六〇年三月十七日、「咸臨丸」はサンフランシスコに到着できたのだった。

陸地からは入港する「咸臨丸」へ、歓迎の礼砲が次々に放たれ、最大の栄誉を表す二十一発の轟音が湾内に響き渡る中を進んでいく。

最高の栄誉には、最大の答礼がしたい。

砲術方が勝艦長に、答礼の許可を求めにきた。

「失敗すると日本海軍の恥になる。控えたほうがよいぞ！」

「失敗などはしません。是非ともやらせてください」

「そんなにやりたければ勝手にやれ。もし成功したら俺の首をやるわいな」

二十一発の見事な答礼を行った砲術・運用兼務の佐々倉桐太郎が得意満面で大声で叫んだのである。

「今ここで、艦長の首をもらっても邪魔だし、だいいち艦長も首がなくては不便だろうから、日本に帰るまで預けておこう」

これには、取り巻いていた連中が大笑いと拍手で応えていた。

「艦砲射撃は実弾での命中率が腕の見せどころだ。空砲を鳴らせたくらいであのように喜んでおる。

たわけた野郎どもだ」

勝艦長は何事もなかったように平然としているのだった。

このやり取りを見ていた万次郎は、勝麟太郎という男は案外と「肝っ玉が据わっておる」と感ずるのだった。

午後一時、金門湾に投錨した。空は抜けるようなブルーだった。

万次郎はデッキからサンフランシスコの港や街並みを、懐かしく見続けたのだが、あのころとは段違いな美しい港町へと変貌していた。

あのころはゴールドラッシュに押し寄せた片道切符のオンボロ船が、夜ともなるとギシギシときしみ音を立て、湾内をところ狭しと放置されており、朽ちかけた船が幽霊船のように漂っていた。

それが、現在は大型船が星条旗を翻し、整然と係留されており、坂の多い街並みが整然と並ぶ、美しい港町の風情を醸し出し、アメリカが飛躍的に発展した姿を如実に示していたのだった。

金鉱からホイットフィールド船長宅に戻るか、ハワイに向かい日本へ帰るか、自問自答をした日から十年、万次郎の胸を締め付けるある思いが去来してならない。アメリカ本土を目前にして、万次郎は強烈な郷愁、そう、自分にとっての第二の故郷がこの先にあるのだ。

あの方にお会いして、直接にお礼を述べたいと……。

サンフランシスコに入港

最新鋭の蒸気船「咸臨丸」の三十七日間の航海は、ブルック大尉以下十二名のアメリカ海軍の応援なくしては、到底成し得なかっただろう。二十七枚もの帆を、畳めずに帆走した沈没寸前の嵐に、日本海軍のほとんどが船酔いでダウンした日々があった。彼らには全ての日本人が感謝の気持ちをもっていたのである。

お別れの式典が「咸臨丸」の艦上で開催されることになった。

木村摂津守が、心からのお礼の言葉を述べ、彼が家屋敷・家財などを売り払って用意した「千両箱」が開けられた。そして、感謝の気持ちとして「皆さんお一人、お一人がお好きなだけ、お取りください」と話を結んだのだった。

しかし、誰一人として「千両箱」に手を出す者はいなかった。彼等と万次郎が順次握手をしてタラップを降りて行った。最後にブルック大尉との握手になった。お互いの眼を見つめあい、長い固い握手のあとに一言「Ｇｏｏｄ　Ｌｕｃｋ！」とのみ告げて、颯爽と去って行くのだった。

この後、万次郎には入港後、直ぐに手配をせねばならないことがあったのである。

長崎の火夫、峯吉（三十七歳）が入港直前に亡くなり、香川の水夫、源之助（二十五歳）、同じく香川の水夫、富蔵（二十七歳）が重篤であり、その他数名の入院加療と付き添い合計七名の医療手続きをとることだった。

合計すると十名の水夫が、サンフランシスコ以降は乗艦が期待できそうにない状況だった。名前を記した若者たち、源之助が六日後に、富蔵は十三日後に病院で亡くなっている。

死因は風邪からの肺炎、風邪からの下痢、食事がとれずの衰弱死とカルテには記載されている。万次郎の手配で亡骸はサンフランシスコのサン・マテオ郡コルマの丘の日本人墓地に埋葬され、今もひっそりと眠っている。

「ハンモック」の習慣がないため、高浪で寝床に海水が浸り、乾かす手段もなく、寒さで風邪や船酔い悪化の症状が続出し、医師とその門人、合計四名が昼夜の加療を続けていたのだったが、水夫の居住空間が士官室に比べて劣悪そのものだった。犠牲者は水夫ばかりであり、痛ましい限りである。

ブルック大尉が、「この先の「咸臨丸」の航海のために、アメリカ水兵十名を新たに手配しますか」との提案があったが、提督の木村摂津守と勝麟太郎艦長が協議のうえ、提案には感謝するが、以降は日本人のみで航海を続ける旨を伝えたのだった。

木村提督から、上陸後は日本海軍軍人としての品性ある行動をとるようにとの訓示が出された。

午後三時三十分、万次郎は佐々倉・浜口・吉岡の三名を連れて、入管手続き、宿泊ホテルの確保、「咸臨丸」の補修などの手続きのため上陸した。

「咸臨丸」は補修が必要で、ブルック大尉の紹介で、メーア・アイランドにあるアメリカ海軍造船所のドックに入れることになった。浜口興右衛門と鈴藤勇次郎が毎日出かけ、万次郎は通訳が空いたときに島に向かうことなどを取り決めたのだが、英語で意思疎通を行えるものが一名というたいへんな日々のはじまりだった。

「咸臨丸」は三月二十三日にメーア・アイランドのドックに回航し、直ちに補修工事に入ったが、かなりの日数を要することが判明した。それまでの間、万次郎はメーア・アイランドのドックへ頻繁に通わなければならなかった。どうにか全ての修繕手続きを終了し、インターナショナル・ホテルの自室に入れるのは毎日未明に近い時刻だった。「咸臨丸」のスクリューを甲板まで引き上げる工事を追加したため、全ての補修が完了したのは五月になってしまった。

万次郎はさらに、マスコミ対応と分散宿泊したホテルの巡回、日本人の質問、要望に飛び回らねばならない多忙な日々の連続だった。

日本人はそれぞれグループ分けをして、サンフランシスコの街を見物に出かけ、碁盤のように整理された坂の多い街並みに、白く高い石造りの高層住宅、豊富な商品が展示されている商店に、興味は尽きないようだった。

一方、サンフランシスコの人々は、珍しいオリエンタルな珍客に興味が尽きない。ちょん髷を結った髪、紋付き・袴に日本刀を二本差した「サムライ」は、立ちどころにアメリカ人たちの注目と歓迎の標的になったのである。連日のように、歓迎のパーティーの招待が届くのだった。

新聞も連日、「咸臨丸」のニュースで溢れていた。それらに目通しすると、「Captain Manjiro」の表記が目立つので、Admiral と Captain の紹介をキチッと説明しなくてはと反省しつつ、その下段の記事に着目したのだった。そこには、「シーマンシップ」に溢れた、海の男の談話が掲載されていたのだった。

アメリカ海軍の測量船「フェニモア・クーパー号」の日本近海での事故に触れた記事の後に、「咸臨丸」の日本の素晴らしい方々を、合衆国までご案内できたことに、私はおおいなる満足を覚えております。彼らの活躍は素晴らしいものでした、と語っていたのである。

彼等が不眠不休で頑張ってくれなければ、おそらくは最悪のシナリオになりかねなかった航海だったのである。

慈愛に満ちた、キラキラと輝く友情のメッセージを、万次郎は目頭を熱くして読んだ。そして、ブルック大尉以下十二名に改めてお礼を述べて、新聞の紙面に向かって深々と頭を下げるのだった。

遣米正史たちを乗せ、「咸臨丸」よりも三日早く日本を発った「ポーハタン号」が、メーア・アイランドに到着したのは、十二日遅れの三月二十九日だった。

「ポーハタン号」はハワイ経由の航路をとり、ホノルル港で艦体の修理、石炭・飲料水の補給などを行ってきていた。したがって、船体の状態も良く、十日間の補修を終えると、四月七日にサンフランシスコ港に寄った後にワシントンへ向けて抜錨した。

この日のサンフランシスコ港は濃霧に包まれており、霧笛が鳴り響きあい、物悲しい雰囲気に溢れていた。

「咸臨丸」のワシントン行きは断念せざるを得なくなったのである。万次郎の密かな夢は「かなわぬ夢」になってしまった。霧笛の音がボーボーと腹に重く響くのだった。

ならば、この機会を最大限に活かす機会にしようと考えていた。

日本近代化のために

福沢諭吉と買い物に出た日のことが地元紙に出ている。

「二人の日本人が来店し、その片方が流暢な英語で辞書を注文した。ウエブスターと指定した。彼は最新版かどうか、発刊日まで確認していた。彼はその辞書の価値をよく理解しているようだった。日本人がだぞ。まったくの驚きだった」

万次郎が一冊、福沢が一冊購入し、万次郎はこの辞書を細川順次郎への贈り物としている。

この時、福沢から日本の教育に必要なことは何かと問われた万次郎は、

「日本では教本の素読や教授の講義が重視されているが、課題についてディベートをして、自らの意見形成、発表力を身に付けることでしょうか」

と答え、諭吉はなるほどと頷いていたと伝えられている。

万次郎の買い物リストは次のようなものだ。

- ウエブスター辞書　一八五九年版
- アメリカ海軍史
- 図示　アメリカ史

・アメリカ海軍天文調査書
・代数学原論
・物理学入門
・機械工学原理
・ミシン　一
・カメラ　一
・アコーディオン　一

カメラ・ミシン・アコーディオンは使えなくては意味をなさないので、それぞれの店で万次郎自身が手ほどきを受け、マスターしてきたのである。

近代日本のジャーナリストの重鎮だった大宅壮一は自著『炎は流れる2』の中で、次のように記している。

「万延元年の遺外使節に選ばれて渡米した日本人の総数は、百五十名をこえていたが、アメリカのこういった新しい生活文化を日本にもたらしたものは、万次郎のほかにほとんどいなかった」

なかには万次郎自身の興味・好奇心からの買い物もあろうが、進んだ文化・文明を正しく伝えたいという、万次郎の真摯な真心が感じられる「買い物リスト」ではなかろうか。

「咸臨丸」の修復が完了し、帰路はハワイ経由で浦賀に向かうことになったが、勝艦長がブルック大尉の部下数名を雇うと言い出したのである。

日本人の士官たちは「自分たちの力のみで太平洋を横断するのだ」と主張するのだが、ここは勝艦長がアメリカ人水兵四名と調理師一名を雇用することで決着した。艦長と士官のコミュニケーションには相変わらずの齟齬《そご》がみられるのだった。

木村提督が万次郎に尋ねるのだ。

「お世話になったサンフランシスコの人々にお礼がしたいが、何か良い考えはないか」

「アメリカ人はクリスチャンが多い。教会はさまざまな慈善事業を展開しているので、市民へのお礼として教会に献金するのはどうでしょう」

木村は私財の全てを教会に寄付をし、心からの謝辞を伝えたのである。

ハワイ航路を選択

一八六〇年五月八日、およそ二時間ほど前に点火したボイラーは最高圧に達していた。

午前九時「咸臨丸」は二十一発の礼砲を響かせながらサンフランシスコ港を抜錨した。もちろん、蒸気戦艦としての雄姿を誇示しながら……。

陸地からも各砲台が一斉に答礼砲を行ったので、金門湾は実に勇壮な情景となったのである。

日本人の水夫が病死などで十名近く欠員となったので、勝艦長の要望で往路の経験者で、〝水問題のトラブル兵を除く〟アメリカの水兵四名、調理士一名、合計五名のアメリカ人を雇用し、同乗させていた。コック一名は四名のアメリカ水兵専門の調理師である。

日本人のみの航海を主張する乗組員の声が大多数だったが、勝艦長はメインマストへの登頂が苦手な日本人乗組員に、これ以上の事故などは幕府に面目が立たないとアメリカ水兵を雇ったのである。

夕闇が迫るころに帆走へと切り替えた。カリフォルニア沿岸の快適な天候に恵まれて、心地よい帆走の日々が続いていた。さらには貿易風の海域に入り、快適な航海が続いていく。

そのような日々に、提督室では木村提督と勝艦長への特別講座が万次郎を講師に連日のように開催されているのだった。

「ポーハタン号」よりも先の帰国が明白になったことから、幕府への報告をどのように行うか、アメリカ事情を如何に伝えるかなどがテーマだった。

そんなある日、甲板がなにやら騒々しいので、三人で久しぶりにデッキに出てみた。かなりの人数がデッキに出ていた。

以下は喜八という名の火夫の日記による。

「そろそろハワイ諸島の山並みが見えてもよいころなのに、甲板に出て眺め回しますが、一向に島影が現れません。中濵さまが正午に船の位置を測定し、ヒョイと航路の変更を加えたところ、翌日に左方向に島影が浮かんで見えてきた。皆がバンザイを叫んだ」

五月二十三日、午前九時、サンドウィッチ諸島のオアフ島ホノルル港に投錨した。

ここでも二十一発の最高の礼砲で迎えられ、同じく二十一発の答礼を行ったが、勝艦長が心配するまでもなく、日本人の砲術技能は格段に進歩していたのである。

カメハメハ王朝から赤い制服を着た四人の検疫官が「咸臨丸」に乗艦し、検疫後は、そのまま乗艦して警備に当たってくれるというのだ。

そこで、蒸気方の山本金次郎と万次郎が上陸し、石炭の購入の交渉に当たった。この先の航海を考えて、石炭は積めるだけ積み込む方針なのだ。石炭・飲料水・食糧と手配を済ませ、翌日には積載できるようにしてから、艦に戻り、上陸の手続きに入った。

午後からは、それぞれの班ごとに上陸し、ホノルルの街を散策したのであるが、ここでも「ちょん髷のサムライ」人気は、たいへんなもので、港には見物人があふれるほどだった。

五月二十四日の乗組員は、ホノルルの休日組と、前日に手配した石炭・飲料水・食糧・果物などを積み込む作業組の姿があった。石炭は貯蔵庫以外の甲板にも積み込むほど、念入りに確保に務めたのである。

五月二十五日、正午にカメハメハ国王からの御招待に応じ、木村摂津守、勝艦長、吉岡勇平、斎藤留蔵、福沢諭吉、中濱万次郎の六名で表敬訪問を行い、歓待された。その後、明日五月二十六日の午前七時にホノルルを出港するということが、乗組員に周知された。

万次郎は十年前、帰国時に物心ともにお世話になったデーモン牧師の家に急いだ。真っ先にお礼に伺わなければならない、お世話になった方だった。

デーモン牧師の喜びようは、たいへんなものだった。

「これは驚いた。ジョン・マンじゃないか。とにかく、早く中に入ってくれたまえ。まさか君は墓場からここへ戻ってきたのではあるまいね」

と確かめるほど強く万次郎の手を握り、満面の笑みなのだ。

万次郎は風呂敷包みから、自分が精魂込めて翻訳したボーデウイッチ著の『新アメリカ航海士必携』の翻訳本を取り出した。

そして、腰の脇差「関兼房《せきかねふさ》」と「翻訳本」を絹の風呂敷で包み、

「お世話になりました。お礼を込めてジョン・マンの思い出の品としてお受け取りください」

デーモン牧師はサムライの魂である「日本刀の価値」も「翻訳本」の苦労も、精通する文化人だった。彼は、この地の新聞社「フレンド紙」の編集長でもあったからだ。この贈り物はデーモン家で代々「家宝」として受け継がれ、現代に至っているのである。

翌日の新聞「フレンド」は伝えている。

「皆さんに驚くべき朗報をお届けしましょう。皆さんは覚えておられるでしょうか。「日本への遠征」の記事を。あの「アドベンチャー号」のジョン・マン船長が、まるで墓場から甦ってきたかのように、忽然とわれわれの前にその姿を現したのです」

翌朝早くに、デーモン牧師は「フレンド紙」一八五七〜一八五九年の合本を持って「咸臨丸」を訪れ、万次郎に贈ってくれたのだった。

万次郎は、ホイットフィールド船長宛の手紙をデーモン牧師に託した。この手紙は無事にホイットフィールド船長宅に届いた。

長文であるが、万次郎の「あれから」を本人が書いたものなので、全文を載せることにする。（日付などは原文のママ）

「　　一八六〇年五月二日　サンドウィッチ島にて

船長　ウイリアム・H・ホイットフィールド様

尊敬する友よ。

私はここに手紙をしたためる機会が得られましたことに、このうえない喜びを感じております。

私は健康で暮らしております。

あなた様も同様に、この天のお恵みを受けておられることと存じます。

私は、あなた様に、現世でもう一度お目にかかりたいと、いつも切望しております。

もし、この願いがかなえられましたなら、どんなにか幸せなことでしょう。

奥様とお嬢様のミス・アミリアに、くれぐれもよろしくお伝えください。

お二人にも、お目にかかりたいと思っております。

ところで船長、ご子息たちを捕鯨漁にお出しになってはいけません。それよりも、日本へお寄せになっては如何でしょうか。あなた様のご同意さえあれば、私がお世話をいたします。ただし、ご実行の節は準備の都合もございますので、事前にお知らせください。

さて、ここで、私が故郷に帰りついた顚末をご報告いたします。

私が金鉱へ参りましたことは、すでにご承知のとおりです。

山に四ヵ月滞在いたしました。一日の収入は諸経費を除くと八ドルでした。

私はここから、一度帰国をして母親に再会しようと決心し、アメリカの商船に便乗してサンドウィッチ島に到着しました。

この地で私たちの友人デーモン牧師にお目にかかり、デーモン様のお世話で、捕鯨用のボート一隻を買い求めることができました。そして、中国の上海へ行く商船にこのボートを積み込みました。

このようにして、琉球諸島に近づいたときは、この地方は厳寒の一月で、厳しい吹雪のうえ、海は時化ていました。アメリカ商船の船長は、しきりに、この船に留まって一緒に上海へ行くように勧めてくれましたが、私は母親に会いたい一心でこれを断りました。

すぐにボートの準備をして、伝蔵、五右衛門と私の三人が、勇躍してこれに乗り移り、本船を離れたのが、計画の十マイルポイント、予定の午後四時でした。十時間、力一杯漕ぎ進み、島に着き、翌朝までそこで停泊しました。

翌朝、上陸しましたが琉球の人々とは言葉が少しも通じません。私も日本語をすっかり忘れてしまっていたので、非常に困りました。

私たちは琉球王の庇護を受け、この島に六ヵ月滞在し、日本船の来るのを待ちました。

七月に入り、船の便を得て九州の長崎に行き、ここに十ヵ月滞在し、帰郷の許可が出るのを待ちました。

このように種々の手続きを終えた後に、許可を得て生国に帰ることができました。

このときの母親はじめ親戚一同の喜びは申すまでもございません。

ところが、私は母のもとに、わずか三昼夜滞在しただけで、将軍から江戸へ召し出されました。

只今は、天皇の海軍士官として、この船に勤務いたしております。

この軍艦は、日本の天子様からアメリカ大統領に敬意を表するために派遣されたものです。私どもはカリフォルニア州サンフランシスコに航行し、そこからの帰途の途中、石炭・食糧の補給のために、この島に立ち寄りました。

私は、お手紙をサンフランシスコから、差し上げたいと思いましたが、日本人の監視の目が厳しく書けませんでした。

やむを得ず、サンフランシスコから本島への航海中に、船中にて急ぎしたためましたので、誤字や文章表現に間違いがあると思いますが、どうぞご判断くださいますようお願い申し上げます。

日本の江戸に到着した際は、改めてお手紙を差し上げたいと存じます。

私はあなた様が、日本にお出でになることを切に希望いたしております。

わが国は、今や各国に対して開港いたしましたから、あなた様を私の家にお招きしたく思っております。

私はデーモン牧師、ホノルルのアメリカ領事にも、お目にかかりましたが、そのときの喜びは、双方ともに表しようのないものでした。ご推察いただければ幸いです。

帰国のうえは、さらに詳細をご報告いたすつもりでおります。

私の衣服をお送りいたしました。新しい品ではございませんが、記念の品としてお受け取りください。

私は、いつまでもあなた様の友人であります。


ジョン万次郎」


末尾にアメリカでの愛称の「ジョン・マン」ではなく「ジョン万次郎」と記している。

武士になって名乗った「中濵万次郎」でもない、唯一の署名である。

サンフランシスコやホノルルと、寄港地での万次郎への監視の目は、まことに厳しいもので、監視人の尾行には当人が辟易するほどだった。

ひたすら日本を愛し、日本のために奮闘努力する男に対しての母国の扱いになんともやりきれない思いだが、まだ、やらなければならないことが山積しているのだ。慎重に細心の注意を払っての手紙となっている。

帰国の目的は「母に会うため」とし、固有名詞は伝蔵と五右衛門だけにしている。ペリー提督による「日米和親条約」にも「批准書」の交換にもふれず、「日本は世界に開港した」旨を伝えている。

この内容ならば、例え手紙を没収されようが問題はなく、万事支障なくホイットフィールド船長宅に届けば、船長がほぼ全容が把握できるように考えぬいて単純明快な手紙にしたのだろう。

この手紙は、本人が文中で述べているように、辞書を引く時間もなかったためだろう誤字などがみられる。本人がそのようにことわっているのに、この手紙を引いて、万次郎の英語能力を評する現代の英語学者が存在することには、何とも淋しさを禁じ得ないところである。

二泊三日の短いホノルル滞在だったが、万次郎には充実したひと時があった。

「日本の港を開く」ための帰国を、「直に開国せざる得なくなるから断念するように」と親身になって忠告し、帰国意志が固いと知るや「日本への遠征」と宣伝して応援してくれたデーモン牧師に会えて、直接、お礼の言葉を伝えられたことが、万次郎の心身を爽快にしてくれていた。

五月二十六日、午前八時五十分、「咸臨丸」は大勢の見送りの中、ホノルル港から帰国の途についた。見送ったデーモン牧師は、自身が編集長を務める地元紙「フレンド」に「日本への遠征・・その後」と題する記事を掲載している。

「読者諸氏はご記憶であろうか、九年前、本紙で支援を呼び掛けた一件を……」からはじまる内容は、死罪の危険も覚悟で祖国への帰国を計画した青年たちの一人が、今では日本海軍のキャプテンとなり、あの時の感謝を述べに来てくれたのだ。「キャプテン万次郎のさらなる活躍を期待し祈るものである！」

さらに、六月一日の「フレンド紙」に万次郎の続報を掲載している。

長文なので以下に要約する。

「私はジョン・マンを送りだしてから九年間、ずっとその消息を追ったが何もわからなかった。特に、ペリー提督の日本遠征に参加した士官には、軒並み訪ねたが、まったく消息不明だった。

この度、日本海軍の軍艦「咸臨丸」がホノルルに来航し、艦長の地位にあり、通訳も兼ねている海軍士官が、突然、私を訪ねてきた。

「あなたの昔の友だちで、一八五一年のボートの艇長、ジョン・マンです」と名乗り出たときの私を想像してみてください。彼はいかに私を驚かせたことだろうか！

彼の運命の何たる変化であろうか！　彼は今、二本差しの日本のサムライなのである。

彼は日本に帰りたいと熱望しながらも、帰国すれば必ず「打ち首の刑」に処せられると、怯えていた日本の漂流漁業少年であった……。

彼は私の問いに答えて、日本の国情・政府・宗教・制度・民衆などに関する興味にあふれた話を聞かせてくれた。

私はこの訪問の答礼として「咸臨丸」を訪れ、大歓迎を受けた。

万次郎の紹介によって、木村司令官、勝艦長に面会した。この時、万次郎からボーデウイッチの航海書を日本語に翻訳した一組を贈られた。これは二十組を作成し、一組を将軍家に献上したそうだ。まことに見事な出来で、この翻訳作業は敬服すべきもので、万次郎の非凡な能力を物語っている。

彼は陸地の見えない大海原の真っ只中を、学理に基づいて航海をした最初の日本人である。

もし、我々の友人であるフェアヘーブンのホイットフィールド船長が、この記事を読まれることがあれば、この漁業少年を教育するために要した経費と時間が、見事に報われたことを悟るであろう。

ホイットフィールド船長が外国の少年に対して示した誠実な対応に、キャプテン万次郎は心から感謝をしている。

彼の恩人にして友人であるホイットフィールド船長に宛てた一通の手紙と同船長へ贈る記念品は、私に託されている。

キャプテン万次郎は、たくさんの珍機や美術品を買い求めたが、これらの中で最も感動させられたのはカメラである。これは母親を写そうと買い入れたもので、その目的が終われば、最早、この機械は無用の物となろうと語っていた。

ああ、母に対する子としての最も麗しき愛情ではないか！

九年前、キャプテン万次郎について、私が公にした意見が十分に実現したのを知るのは、私の最も満足するところである。

彼は生まれ故郷に帰って、海外諸国と交際を開くために、重要な役割を成し遂げたのである。

ただし、まだ、その事業は完成したものではない。

私がまだ何年か生きるうちに、さらに記録に載せる重要な仕事を見ることができるに違いない。

私はキャプテン万次郎が、ますます国事に尽くされるのを、目を見開いて待っている。

われわれは九年前に「ボート、アドベンチャー号を操る万次郎艇長の成功を祈る」と本紙に書いたが、今や、これに加えて「ボーデウイッチの航海書の翻訳者であり、咸臨丸の通訳官、日本海軍のキャプテン万次郎の成功を祈る」と書き添えねばならない。

日本文化の発達と繁栄幸福のために、献身するキャプテン万次郎の長く健在であることを祈る。日本に対する彼の愛情は実に広大無辺である。

The Friend　一八六〇年六月一日（要約筆者）」

蒸気船艦能力をフル活用

帰途の「咸臨丸」は、ドアやハッチの取り扱いも、夜間の見張り体制も秩序正しく実行し、日本人の学習能力の高さを証明するものだった。

無風の日は、甲板にビッシリ積み込んだ石炭を使い、蒸気での航行に切り替えて先を急いだ。

陸地はいまだ見えないのに「赤トンボ」が数匹飛んできていた。もうすぐ日本だと皆で喜んだ。やがて、緑なす山々に「鯉のぼり」が小さく泳ぐ姿が見えてきたのだ。

一八六〇年六月二十三日（万延元年五月五日）午前九時十分、「咸臨丸」は浦賀に投錨した。復路は四十六日間であった。

その後、浦賀から横浜へ向かい、アメリカ人五人を下ろし、全ての任務を終えて品川沖に「咸臨丸」が着いたのは午後十時二十九分だった。

木村提督、勝艦長が万次郎に歩み寄り、勝が言った。

「君の卓越した操船技能によって、無事に任務が果たせた」

そして、三人は互いに固い握手を交わし、万次郎が自宅に着いたのは深更《よふけ》に近かった。

後日、幕府から「咸臨丸」での功績を称えられ、銀五十枚、時服二着が与えられた。このような物品よりも大きなものを、万次郎はこの航海で得ている。それは万次郎の航海技能の実力が周知されたことだった。

「咸臨丸」での活躍は、海の男たちの口伝により広く、深く周知されていったのである。

「あの男はホンモノだ。海の男だ！」と。

十一、新時代への序章

ホ船長の手紙

「咸臨丸」で帰国後、万次郎はサンフランシスコで購入してきた写真機で妻や友人を撮影したが、着物の合わせが逆に写るので「死に装束」だと毛嫌いする者が続出した。好奇心に溢れた日本人だ。しかし、慣れ親しむのも早かった。

ミシンを使っての裁縫、アコーディオンの演奏も聞かせた。文明・文化の先進性を目に見える形で知らせる効果は絶大なものがあった。

ところが、万延元年八月二十五日付けで軍艦操練所教授方を突然、免職されている。辞令には次のように記されている。

「安藤対馬守殿仰せ渡され候間その段申し渡され候、松平出雲守殿仰せ渡さる」

この意味不明な辞令には、その後、いろいろな憶測がなされている。

万次郎が横浜に停泊中の外国船からパーティーに招待されると、夜毎に出かけるので戒められた。日本人を見下している外人たちと対等に付き合っていることが、彼の上に立つ役人たちには、お高くとまって扱い難かった。こうした推論には無理があるように思える。

万次郎は、ブルック大尉やデーモン牧師に告げている。自分の立場を考えて外国船や外国大使館には近づかないように注意していると。

恩人であるホイットフィールド船長宛の手紙を出すことにさえ、細心の注意を払っているではないか。辞令にあるように「特命事項の依頼が申し渡された」のではないだろうか。それは「小笠原諸島の開拓に関する諸準備」だと推測している。

教授は免職になった万次郎だが、平然と軍艦操練所には出入りしていたのである。

その日は軍艦操練所で幕府軍隊の閲兵式が執り行われていた。賓客はハリス初代総領事の後任のロバート・H・プルン米国公使を迎えてのものだった。大勢が見物する中に万次郎も含まれていた。

その姿を公使に同行していた「ワイオミング号」のマクドナルド船長が見つけたのである。

プルン公使が日本海軍の提督に伝え、万次郎を呼び出すのだが、なかなか現れようとしなかった。幕府の役人に促され、やっと見物人の中から出てきた万次郎は、聞かれもしないのに次のように話している。

「自分は今、謹慎中の身である。その証拠に刀を差していないだろう」

軍艦操練所の教授を罷免され、謹慎中の者が、わざわざ操練所内で行われる閲兵式を見学に出かけるだろうか。しかも、アメリカの新任公使のために行われた「閲兵式」にである。

しかし、無駄ではなかった。なんと、ホイットフィールド船長からの手紙を受け取ることができたのだった。

プルン公使が預かって来日し、ジョン・マンを探していたところだったという。

「　サンフランシスコ　一八六二年三月九日
長いあいだ会っていない友へ
ずいぶん長いあいだご無沙汰をしました。

この度、新たに任命されたアメリカ公使が、君への手紙を持って行ってくれるというので、この手紙をしたためています。

どうぞ、君も私と同じような方法で、私への返事をください。

私は、これからは、もっと便りを出したいと思っています。

妻も元気に過ごしております。

叔母さんは結婚しました。

息子のマーセラスは、もう十三歳になりました。ちょうど君が私と共に「ジョン・ハウランド号」で航海をしていたころのようです。

また、その後、二人の娘が生まれ十二歳と九歳になります。二人とも、とても可愛く健康です。

隣家の老人は、今でも君がここに住んでいたころを思い出すと、正直で良い子だったと褒めちぎっています。

今、アメリカはたいへん困難な問題を解決しようとしています。戦争になるかもしれません。戦争は多くの人命を奪い、多大な財産を失うものですが、時には避けて通れないこともあります。君は大成したことでしょう。

私たちは、今でも君の国との交易を待ち望んでいます。

そして、日本の人たちも、この国へ来て、私たちと共に事業を興す日がくればよいと思っています。

君は、是非ともアメリカに来なさい。

その時には、こちらで売れそうな日本製品を、たくさん持って来ることを忘れないように……。


ウイリアム・H・ホイットフィールド」


万次郎は一読後、ホッとすると同時に、ホイットフィールド船長の自分への配慮の深さに感嘆するのだった。

デーモン牧師に託した万次郎からの手紙の内容や受け取ったことにさえ、一言も言及していないのである。万次郎が「日本人の目が厳しくて思うように手紙も書けない」状況をきちっと理解し、拝復だの、帰国計画成功などの文言は一切割愛してあるのだ。

万次郎は心を落ち着けてから、この手紙を何度、読み返したことであろうか。どのシーンも、昨日のように鮮明に記憶している。

十四歳で奇跡的に救われた日のこと、船長宅から学校へ通った日々、何処でも、何時もホイットフィールド船長は、自分を褒めてくれた。そして、励ましてくれた。

実の父のように、目を細めて喜んでくれた。「グッドジョブ　ジョン・マン」と……。

その喜びの顔と慈悲の溢れた優しい瞳は魅力的であり、再度の機会をと必死に勉強し、実習に取り組んだのだ。だから、今の自分があるのだった。

懸命に学んだ努力は、揺るぎない自信と信念になっているのである。

最後にお会いしたのは、一八四九年十月の快晴の朝だった。

フォーティナイナーとして、ゴールドラッシュに沸くカリフォルニアに向かう自分の健康を気遣っての注意と、「Ｇｏｏｄ　Ｌｕｃｋ！」の力強い握手だった。

「ジョン・マンよ、ここはアメリカだ。自分の考えで自由にチャレンジできる国なのだ。相当なリスクを伴う挑戦に思えるが、ジョン・マンの英知と天運が試される機会かもしれない。

ただし、健康には気をつけることだ。夜間の山の冷え込みは君の想定以上かもしれない。常に下山する勇気を忘れるなよ」

「ありがとうございます。長期間に及ぶ入山は計画しておりません」

日本への帰国資金を得たら、フェアヘーブンに戻るつもりだった。帰国二ヵ月で家を飛び出していったのだった。

そうか、叔母さんは結婚をされたのか。

捕鯨船「フランクリン号」の一等航海士、副船長として、フェアヘーブンのお宅に着いたのが、一八四九年の九月末だった。二十二歳の自分に結婚を勧められたのが叔母さんだった。

叔母さんは二十八歳だったが、白い肌にブロンドの髪の美しい人だった。結婚後一年半でご主人が海での事故で亡くなられたと聞いていた。

あの時、自分の頭の中はテーマである「日本に港を開く」の具体化の方策で目一杯だった。進路に迷ったほろ苦い想い出だった。

日本にはアメリカ合衆国の総領事が常駐し、公使の往来も多いが、「和親条約」を締結したとはいえ、駐米領事を置いてはいなかった。

サンフランシスコまで行ったのが、初めての遠洋航海だった。日本の物産を積んで、アメリカ西海岸までの貿易航海は実現したい夢として持ち続けているのである。

日本は四方を海に囲まれた島国なので、遠洋航海士の養成、外洋船の建造などを急がねばならない。ジョイント・ベンチャーの提案は嬉しいが、株式会社の設立を含め、日本の近代化への課題は途方もなく厳しい状況だ。地道に努力を積み重ねていこう。

アメリカがたいへんに困難な問題に直面し、戦争もやむを得ないかもしれないとは、「南北戦争」のことを指すことは、サンフランシスコやハワイの新聞記事から万次郎には予測できたのである。

短い手紙ではあったが、万次郎には十分なモチベーションアップと、新たなビジョンへの誓いとして重い内容の手紙だったのである。

何時か日本貨物船の船長として、産物を携えてアメリカに行こうと……。

軍艦操練所の教授方を罷免されてから四ヵ月後、元号は文久と改められた十二月に、罷免の当事者である老中の安藤対馬守から、「小笠原島回収団」(小笠原諸島の開拓調査団)百七名の通弁に任命された。

小笠原諸島の開拓については、勘定奉行の川路聖謨に三度も「建白書」を提出していた万次郎だったので、その重要性については誰よりも強い思い入れがあった。

日本領土としての確認書を英文にしたため、現地でサインをもらうための書類と、アコーディオンなどを携えて、長崎ドックでの整備を終えた「咸臨丸」が待つ品川沖に向かったのは、文久元年十二月四日(一八六二年一月三日)だった。

「咸臨丸」はすっかり補修がなされ、新造船のように美しい姿になっていた。

万次郎が「フランクリン号」で父島に十日間立ち寄ったのが、一八四七年の春だったので、あれから十五年の歳月が過ぎたのかと、歳月の流れの速さを冷たい師走の風の中で感ずるのだった。

団長は外国奉行の水野筑後守忠徳、艦長は小野友五郎である。水夫、火焚き、大工が六十七名、幕府の役人は外国奉行支配調役の由比太左衛門以下四十名という編成で、かなり周到な準備がなされたものだった。

その後、「咸臨丸」は浦賀に寄港し、飲料水・食糧・石炭などを積載し、同じく飲料水・食糧を積んだ運搬船「千秋丸」を従えて、文久元年の十二月七日、小笠原諸島に向け出港した。

北西からの季節風に煽られて、幕府の役人はほとんどが船酔いしたが、太平洋横断を経験した水夫たちは元気溌剌としていた。体験は血となり肉となるのだ、と万次郎は確信するのだった。

万次郎は今回は通弁役に徹し、航海のことは任せていたが、今後の遠洋航海の視点からの観察眼だけは忘れなかった。

「咸臨丸」には八丈島から父島に入植させる十四名の男女を乗せていた。「鳥も通わぬ八丈島」と言われ、政治犯の流刑地だった八丈島が江戸から三百キロメートルだ。その三倍も遠方の島への入植者を説得するのには、それ相応の努力と日時を要したことだろう。

悪天候の影響だろうか「咸臨丸」は十二月十六日に南硫黄島に到着し、奉行・御目付までが目的地に着いたと喜んでいるのである。

万次郎が「この島は小笠原島ではないが、この島から三、四日で小笠原島に着くでしょう」と言ったと、「八丈島の作次郎の日記」にある。

艦長は経験豊富な小野友五郎だった。測量を担当する按針役が八名乗船していたが、経験不足は如何ともし難かったのか、南硫黄島に着けてしまったのである。

上陸はせずに、ぐるりと回って小笠原諸島の父島を目指したのだった。

小笠原諸島とは江戸から約千キロメートル離れた太平洋上に三十余の島々が浮かび、動植物が独自の進化をしていた。最初にこの諸島を発見した人物については、諸説あり年代も異なる。

ここでは、幕末に絞って記していく。

文禄二（一五九三）年に信州松本の城主、小笠原貞頼《さだより》が発見して書いた地図には、四国よりも大きな島が描かれているが、彼の名を冠して「小笠原諸島」と呼称していたのである。

ペリー提督はコフィン諸島、父島をヒルズバラ島、二見港をニューポートと名付けているが、現地では「ムーニンシマ」（無人島）とか、父島を「ピール島」、二見港を「ロイド・ハーバー」と呼んでいたのである。

イギリスも「アヘン戦争」で手にいれた香港に、万が一の時のバックヤードとして、父島が最適と考えていた。しかし、最も早く、一八三〇年代に入植者を送り込んだのは、ハワイのカメハメハ大王だったのである。

日本国の領土に

十二月十九日の夕方に「咸臨丸」は父島に到着した。浦賀から十三日目だった。

同航していた食糧・飲料水を積載した運搬船「千秋丸」はついに姿を見せなかった。

このため、以降の「咸臨丸」の乗組員は食糧不足に悩まされることになるのだが、この時点では単に遅延しているとの認識だった。

七発の祝砲を放ち、二見港に投錨しようとしているところに、「星条旗」をなびかせたボートが近づいてきた。乗っていた男は、ペリー艦隊の「プリマス号」の水兵で、この島に残されたホーツンという男だった。

この男の案内で、外国奉行支配調役の由比太左衛門と万次郎など数名が上陸し、セイヴァリーという顔役の家に挨拶に出向いた。

翌日からの調査によって、この島には五民族三十八人が居住していることが判明したが、それぞれが帰属する国旗を掲げて、自分の国の領土だと主張するのだった。

カメハメハ王朝が入植させたジェノバ人のマテオ・マッアッロとポリネシア人の一団、アメリカのマサチューセッツ州出身のナサニエル・セイヴァリーとアルデイン・B・チエイピン、イギリス人のジョン・ミリチャンプ、デンマーク人のチャールズ・ジョンソンなどだった。

これらの島民を集めて、ここが「日本国の領土」であることを説明し、納得させ、用意した「確認了解書」にサインをさせた。そして、八丈島からの日本人十四名を紹介し、今後は仲良く暮らすようにと告げたのだった。

村長にはナサニエル・セイヴァリーを指名し、万次郎は持参したアコーディオンを演奏し、和やかに署名、確認式を終えたのである。

そして、この島の規則として、二見港に毎日「日の丸」を掲揚することを義務づけたのだった。

小笠原諸島の開発について、万次郎が三度の建白書を出しても微動だにしなかった幕府が、にわかに周到な準備のもとに動いた背景は、「咸臨丸」のハワイ寄港による「情報」の成果ではなかろうか。

カメハメハ大王に謁見したときに話に出たが、ハワイにはペリー艦隊の日本遠征に参加したアメリカ海軍士官が数名、永住していたからである。

アメリカ合衆国は南北戦争（一八六一～一八六五）終結後、ペリー提督の報告書に基づき小笠原諸島を自国領土とすべく海軍を派遣するが、父島に近づくと二見港に「日章旗」がへんぽんと翻っているのを望見し、スゴスゴと踵を返していたのだった。

万次郎の軍艦操練所教授罷免の事由には、教授を務めながらでは準備できず、四ヵ月後の大仕事に集中させたい幕府なりの配慮があったものと考えられるのである。

このように見ていくと不可解な辞令の意味が、ぼんやりながら浮かんでくるのである。

愛妻の死

万次郎は小笠原から帰宅後、幕府に提出する「復命書」の作成に取り組んでいた。主旨は小笠原諸島の資源調査を終えたことを陳述したものとなっている。

良材・薬草・鉱物を産するが、総じて小島ばかりで島民の生活に引き当てる程度の産出量であること。しかし、小笠原諸島の近海は鯨が多く、鯨油資源の宝庫であること。捕鯨事業の展開こそが国益になるであろうこと。

こうした書類を作成していた文久二年は、江戸市中は麻疹《はしか》が大流行していた。

父親として七歳の長女、五歳の長男、二歳の二女の健康に細心の注意を払っていたが、愛妻の鉄（二十四歳）を麻疹で亡くしてしまったのである。幼子三人を抱え、悲嘆にくれる万次郎だった。

これを見た山内容堂が動いてくれた。容堂と万次郎は同年代でもあり、意気に感ずるところがあったのか、終生にわたるお付き合いをしている。

容堂の情報は、肥後熊本の細川家の御殿医である樋口立卓の妹の琴が、細川家の下屋敷（品川区戸越）の祐筆《ゆうひつ》を務める才媛であり独身であること。事前の打診では、了解が得られそうだということだった。

早速、容堂は琴に面会し、確認を取ってきたというのだ。

「万次郎よ、今度は医者の妹だから家族みんなが安心だ」

トントン拍子にことは進み、秋には再婚し、翌年には二男の西次郎が誕生、明治元年には三男の慶三郎が誕生しているように、全てが順風満帆だった。

容堂は結婚に際して琴に次のように伝えたという。

「万次郎という男は、頭の良い使える男で目をかけておる。しかし、何事もアメリカ式だ。これからの日本で活躍するには、日本式の礼儀・作法を身に付けると鬼に金棒となる。そこで、おまえさんには肥後熊本の礼儀・作法と祐筆の経験を活かして、妻と同時に秘書役も務めて欲しいのだ」

維新後は万次郎を土佐藩に再度召し抱えるとともに、土佐藩の下屋敷（江東区北砂）七千坪を万次郎に下賜している。

琴は、この場所で万次郎が開いた「中濱塾」の運営、広大な屋敷や下男・下女の世話に、その実務能力を発揮した。そうした日常生活のなかで、七歳の長女を頭に、幼子五人の養育や家計のやりくりは琴の身体に相当なストレスを与えていたようだ。

三男の慶三郎を出産後、体調を崩し、みずから郷里熊本の「仏厳寺」に身を寄せて回復を待ったが、「白血病」で帰らぬ人となった。

晩年に万次郎は三度目の結婚をしている。名を重（志げ）と言い、二人の男の子をもうけるが、四男は病死し、五男の家系が現代へと繋いでいる。

幕府、捕鯨事業を推奨

小笠原開拓に関しての水野忠則から出された「報告書」、万次郎から出された「復命書」に対する幕府の反応は想定以上に早かった。

横浜における貿易で、生糸・茶についで水油があった。用途はランプ油・機械油などであったが、財政に寄与するところ大と認められ、文久二年末（一八六二年十二月）、幕府は全国に「本島近海捕鯨の奨励」を通知したのである。

万次郎に英語を習いにきていた平野廉蔵《れんぞう》の実家が、越後の豪商だった。そこで、捕鯨事業への出資を相談したところ快諾を得たので、共同経営とすることとし、万次郎自身が捕鯨漁に出漁することになったのである。

外国船を購入し「壱番丸」と命名し、文久二年十二月二十九日（一八六三年二月十七日）、浦賀から父島へ向かって出漁していったのである。

愛妻の死、新たな伴侶、この男には「休息」という文字が頭の片すみにも存在しないようなのだ。

「壱番丸」が洋式帆船であることから、全国の津々浦々に周知し、万一の入港に際しての配慮を幕府に要請してあった。

医者を乗せ、食糧も全て乗せた。取れた鯨油は持ち帰り、給金その他の費用との清算を勘定奉行と行うことで、万次郎の頭の中は「捕らぬ狸の皮算用」をいくらしても、事が前に進まないのである。

「取り扱い規則づくりが大好きな会議の連続」には閉口して、基本的な条項のみを抑えておいたのだった。これに対し幕府は目付と外国奉行を各一名、合計二名を乗り込ませることで許可を出している。監視役としての乗船と思われる。

父島に到着後、捕鯨の経験があるというフランス人とアメリカ人など五名を雇い入れた。

三月十七日、父島の二見港を出漁した「壱番丸」の万次郎船長は、鯨を探す航海の途中で「鳥島」に立ち寄り、「日本国領土」の看板を設置している。

十四歳で漂流し、五ヵ月の苦闘の島だが、今は日本の「壱番丸」の船長として、領有を宣するみずからの「羅針盤」に万次郎は「天命」を感じていたことだろう。

天の一点から差す夕日を、眩しそうに見やる万次郎の姿を乗組員たちは静かに見守るのだった。

その後は母島周辺で漁をして鯨二頭を捕獲、鯨油九十六バレルを得て、五月九日に帰港している。

ホーツン事件

この事件は前日の文久三年四月十九日（一八六三年六月五日）に発生していた。「壱番丸」が給水を行うために、兄島に寄港していたときに事件は起きた。

父島で雇った外国人水夫のウイリアム・スミスが、船の備品を盗みに入ったのである。咎めたところ、翌朝にはペリー提督が父島に残した水兵のジョージ・ホーツンを仲間にし、ピストルを手に再度「壱番丸」に忍び込んできたのである。

カリフォルニアの金山で、二丁拳銃を腰に着けて揉まれてきたキャプテン万次郎が、ヘッピリ腰で構えるピストルなどで怯えるわけがない。ピストルを手渡せと命令し、素早く実弾を抜き取った。

二人を逮捕し、当人たちの自供書、各証人の名簿などの調書を作成し、横浜の米国領事館に連行し、引き渡したのである。

後日、裁判となった。

アメリカ側はウイリアム・スミスについては罪を認めたが、ジョージ・ホーツンについては、高齢であるうえに、誤認逮捕である、賠償金を払うべきだ、アメリカ側はこの件で艦隊を派遣することも考えていると主張した。

驚くべき主張に脅し文句のおまけ付きの態度なのだ。はったりをかけてきたとしか考えられない。「生麦事件」（一八六二年九月十四日）の解決が長引き、日本は特殊な慣行が存在する国としての認識がアメリカ側にはあったのである。

一方では居留地内に治外法権を与えたことで、問題を起こしてた外国人に対する裁判権が日本国にないという馬鹿げた実態も常態化していたのである。

だからこそ、こうした実状を踏まえて、自供書や証人書などの証拠書類を添付して米国領事に引き渡し、フィシャー領事もこれを了承のうえで二人を引き取ったはずではないのか。

横浜の米国領事館に万次郎が出向き、話しあいをしているところにノコノコとホーツンが現れて言うのである。

キャプテン万次郎に心から詫び、許しを乞うたその口で、である。

「百ドルをくれ。そして島まで送り届けて欲しい」

島には多数の子どもたちが待っており、相当の財産が置いたままだというのである。

万次郎は当人が未婚で子どもがいないこと、財産などは一文なしの状態、これらは島の証人がいることなどを鋭く指摘し、断固たる処置を処すように主張したのである。フィシャー領事の困惑した顔が印象的だった。

その後、この事件は何故か万次郎の手を離れ、幕府の役人と米国領事館員レベルで話しあい、千ドルを付けてホーツンを釈放し、解決としたのである。

万次郎はアメリカの正義を疑った。彼が知るアメリカは社会正義に満ち溢れ、悪事に対しては厳しく律する国だった。信義・信頼を貴ぶ国だったはずだ。諸外国と対等にお付きあいする前提条件は、信義・信頼がなければならない。その場限りで、案件をしのいでいくやり方で、揺るぎない信頼関係が醸成していくはずはないのである。

何故に問題を糊塗し、安易な弥縫策《びほうさく》で乗り切ろうとするのか、そんなことでは、折角の貴重な体験が判例にも外交上の知恵にもなりはしないのだ。

ことなかれ主義で、本質的な主権にかかわる問題を安易に片づけていく日本式の解決の仕方に、万次郎はこの国の前途に不安を感ずるのだった。

刺客の標的となる

「日米和親条約」が締結されて以降、各地で「尊王攘夷運動」が活発になっていった。

安政七年三月三日（一八六〇年三月二十四日）、桜田門外で幕府大老の井伊直弼が暗殺され、新見豊前守がアメリカの首都ワシントンで批准してきた「日米和親条約」を巡り、「尊王攘夷」の動きが一段と先鋭化していた。

万次郎は刺客に二度狙われている。

藁人形を門や塀に打ち付けられるなどの嫌がらせは枚挙に暇がないほどだった。

一度目は幕府講武所の剣術師範、団野源之進（妻の父親）が撃退しているが、夏の夜道で刀が触れあう青白い「火花」が「蛍」にしか見えなかったようだ。

「咸臨丸」で帰朝後は、勝海舟と親しく交友するようになっていた。海舟には洋行帰りということもあり、海外事情を知るための来訪者が多く、万次郎から補充知識を得てもいたし、お互いが竹を割ったような真っすぐな性格なので気が合ってもいたのである。

浅草の「やっ古」には、ウナギのかば焼きを食べに出かけた。万次郎のうなぎ好きは有名で、「蒲焼」に加えて次のような食べ方も好んだそうだ。

まずは「うなぎの白焼き」を一センチ幅の短冊状に切る。白飯に乗せてミョウガ、シソ、ワサビを乗せる。これに鰹と昆布の出汁をかける「うなぎ茶漬け」が大好物とあるが、かなり手が込んだレシピだ。

海舟とは墨田川の川船に乗って、時局を語らうのは主に船中だったそうだ。万次郎の身辺には攘夷派の手が及ぶ危険があると、勝海舟が京都にいたときの護衛役だった岡田以蔵《いぞう》を付けてくれた。京都で勝海舟が狙われたときに、岡田以蔵が二人を切り捨て、海舟の身を守った剣術の猛者だった。

海舟が「以蔵よ、そこまで手厳しくやらなくとも……」と言うと、「勝先生、私がやらなければ先生はこの場に、そのように立ってはおらんかったでしょう」と答えたので、グウの音も出なかったそうだ。

岡田以蔵は土佐藩の郷士で、土佐小野一刀流はじめ江戸の剣術道場士学館など四、五の免許皆伝を持ち、後に「人斬り以蔵」と呼ばれた「剣の達人」だった。

物騒な世相となり、万次郎は自らの墓を谷中の墓地に建立した。生前なので赤字でも入れつつ、出来栄えを見に出かけた。その時、突然に護衛の岡田以蔵が、「先生、ご自分の墓を背にして、真っすぐに立っていてください」と叫んだのである。

「天誅！」「国賊！」「攘夷！」と口々に叫び、無頼漢が四名で襲撃してきたのである。

万次郎は懐に忍ばせていた六連発を取り出し、身構えて見守っていると、「先生、その銃は撃たんでください。まだ、後ろには二人ほど隠れていますきに」、そう叫びながら目前の暴漢に深手を負わせると、暴漢は負傷者を引きずるように逃げ出したが、万次郎の背にした墓の後ろからも二名の侍がバタバタと逃げ出したそうだ。

万次郎は「以蔵は背中にも目を持っておる」と感謝と同時に、その「剣術で鍛えた眼力の鋭さ」を家人に語り伝えている。

海舟も万次郎も、岡田以蔵の剣術の力で救われたのである。

その後、岡田以蔵は武市半平太《たけちはんぺいた》の土佐勤王党に加わり、土佐藩藩政吉田東洋暗殺に関与し、刑死している。武市半平太は岡田以蔵を腹から「信頼」していなかった。以蔵の眼をもってしても見抜けなかったのか。

「君がため尽くす心は水の泡　消えにし後は澄み渡る空」

岡田以蔵の「辞世の句」である。誰がために尽くした人生だったのだろうか。

話は変わるが、勝海舟の書が我が家に残されている。

時は下り明治二十五年四月三日（日）晴れ、午後には霰が降ったとある。（『中濱東一郎日記』冨山房から抜粋）

万次郎の長男で医者である東一郎が氷川の勝海舟宅を訪れて揮毫を依頼し、昼食を挟んで快く数葉を揮毫したとある。

勝の家には徳川慶喜公の五男を養育しているという。

「腹を切って死するはいまだ真の勇者にあらず。危に遭うて生活するを得さるにより自殺す。余は如何なる難に臨みても死する様なるものにあらず。

榎本（武揚）は、かつて自ら介錯するがゆえに自殺すべしと言いたることありしが、余は横腹に刀を入れても生存すると言いたりき。今より三十三年前アメリカより浦賀に帰りたる、三月に掃部頭《かもんのかみ》暗殺に遭いしことを知りたり。

上野戦争のこと、余は早朝に上野に入り退散を説諭したるが、凡て狂人なりき。黒門を出たるに三枚橋の先に薩摩勢あり、天神の今の岩崎家の辺りには長州勢ありて、上野に大砲を打掛けり。余は若し逃げれば殺されると思い、今の料理店松源の家へ入りて凡てを避けぬ」

江戸城を開城後の上野戦争の模様を生々しく語るなかで、海舟の死生観を述べている。

この時の書は、明治三十二年十一月三日（月）天長節に長男の東一郎から三男の慶三郎へ結婚祝として贈られたものだ。

「掛軸」の内容は、読み手によって解釈も異なると思われるので、専門家に依頼したのでその主旨のみを紹介する。

「私はもともと一平卒に過ぎないが、幕末の騒乱を契機に指揮権を握ってしまった。朝廷が開いた輝かしい世に汚点を付けてはならない。身を辞して罪を流そうと考えている」

万次郎はこれを読み、漂流という自然現象から幕臣に至る人生航路を想起し、何を考えたことだろう。再三の勝からの明治政府への出府に応じなかった万次郎、その理由については、一言も語ろうとはしなかった。

ロシア軍艦が対馬を占領

文久元年二月三日（一八六一年三月十四日）、ロシア軍艦「ポサドニック号」が対馬に来航し、湾内の測量を始めたのである。

三月四日には上陸を開始し、無断で兵舎を建設し、練兵場や工場の建設をはじめたのだった。ロシアには極東に不凍港を確保しようという積年の野望があった。

対馬藩の抗議に対して、知らぬ存ぜぬの態度で、島内で「略奪」行為に及んでいた。幕府は「咸臨丸」を現地に派遣して抗議するが、ロシア側は対馬の永久租借を要求してくる厚かましさだった。

幕府はイギリス公使にロシア軍艦退去を相談したところ、イギリスの東洋艦隊二隻を対馬に派遣し、示威行動を行いつつ厳重な抗議を行ってくれた。

結果、文久元年八月十五日（九月十九日）、ロシア軍艦「ポサドニック号」は対馬からしぶしぶ退去していったのだった。

薩摩藩開成所の教授となる

元治元（一八六四）年五月九日付で、薩摩藩は幕府へ万次郎の借用を願い出た。

「中濵万次郎を鹿児島へ迎えて向こう三年間、蒸気船の運用、その他の教授を受けたい」

幕府の反応は早く、五月十三日付けで「三ヵ年ほど、この度に限りお貸し渡し相成り」との回答を出している。

生麦事件の翌年、文久三（一八六三）年七月には薩英戦争、同年十一月には長崎丸事件（幕府の長崎製鉄所から薩摩藩が借用していた蒸気船が、関門海峡を通過し田ノ浦沖に停泊中、長州藩の砲撃に遭い沈没。乗組員六十七名のうち二十八名が死亡。長州藩が外国船と見誤った）などを契機に、薩摩藩の海・陸軍力全般（測量・航海術・国際法・数学・英語）を万次郎から学ぼうというのが主旨だった。

万次郎は帰国直後、二十四歳の一介の漂流漁師を人払いまでして自分の意見を聞き、親身になっての示唆を下さり、日本での道を拓いてくださった島津斉彬公への恩義が常に胸中にあったのである。

あれから十二年の歳月を経たが、「チェストーッ！」と気迫に溢れた青年たちの姿が今も目にあり、鹿児島は日本の未来を切り開く人材の宝庫のように思えてならなかった。

薩摩藩では、大久保利通と小松帯刀《たてわき》が島津久光に願い出て、三度目の島流し中（奄美大島へ二回、徳之島に一回）の西郷隆盛を、元治元年二月二十一日に鹿児島に呼び戻し、同年三月十四日には軍賦役（軍司令長官）に任命していた。

西郷は薩摩藩の海陸軍の近代化こそ急務と考えて、諸施策を実施していくが、その改革案が先代の斉彬公の方針に近いと島津久光が邪推すると、ことは前には進まない。

万次郎の招聘も、京都守護職の代官である小松帯刀から幕府に願い出るという「久光対策」を執ったのだった。

斉彬が好んだ万次郎を守り、伸び伸びと働ける環境にしようという、西郷の万次郎に対する「敬愛」の気持ちの表れだろう。

元治元年十一月、万次郎は急ぎ江戸を出立した。

医師であり、英語の弟子でもある立花鼎之進《ていのしん》と従僕の与惣次を従えて、京都へ向かったのである。

薩摩藩京都守護職は二十八歳の若さで薩摩藩の代官と異例の出世を遂げた小松帯刀だった。

小松とは初対面だった。万次郎は「薩摩藩海軍の近代化策」について、熱く語った。小松からは外国事情についての質問がいくつかあったが、全てに満足できるまで丁寧に回答を行った。

小松は十一月十九日付けの手紙で、万次郎との会見の模様を大久保利通に送っている。

「中濱万次郎は航海が得手であるから、そちらに着いたら本人の考えを建言させてください。今日の情勢を見るに航海も上海などと言わないで、アメリカ・イギリスまで直行する遠洋航海が良いでしょう。

しかし、いま急には難しいので、士官から水兵までを人選し、琉球近辺までの遠洋訓練をさせるほかないでしょう。とにかく当人に詳しく質問なさるのが良策です。私もゆっくりと話してみましたが、異国の事情にきわめて明るく、そのうえに航海術に長けており、今日必要な人物です。中濱氏着のうえは、旅館のことは私から頼んであげると話してあるので、よろしくお取り計らいください」

その後、万次郎一行は大坂に行き、土佐藩の藩邸で山内豊範《とよのり》（藩主、容堂の甥）と対談後、鹿児島へと向かった。

噴煙を上げる桜島、紺碧の錦江湾を目にしたとき、万次郎は斉彬公が自分を呼び戻してくれたに違いないと思った。

鹿児島到着した慶応元（一八六五）年正月から、早速、新しく創設された「開成所」において、航海・測量・造船・英語の教鞭をとった。

「開成」とは「易学」繋辞《けいじ》上の「人知を開発し、仕事を成し遂げること」を意味し、開成の二文字は全国に広がっていくことになった。

「兵站思想」（Military Logistics）を次のように説いた。

「舵取りを誤ると船は沈む。全員が同じ運命をたどることになるから、操船においては指揮者の判断力・洞察力の醸成が最重要な課題となる。

次には、指揮官の命に従い乗組員が一糸乱れぬ行動をとることが大切なことは、諸君は十分に理解していることと思う。そこで、指揮官が身に付けるべき操船技術・測量・天体観測・英語に加えて兵站について、諸君と共に考えていこうではないか。

わが国は古来、戦闘において現地調達を基本にしていた。「兵站」とはリスク・ヘッジの極致なのだ。

例えば、「咸臨丸」の太平洋横断に際し、船の計器類の予備品がまったく不足していた。こうした状態では正確な測量が実施できない。医薬品・燃料・食糧などがまことに頼りない積載だった。

得てして、こうした心配事で指揮者の判断に狂いが生じるのだ。これは指揮者の能力や技能以前の問題なのだ。

航海の季節・航路によって積載する品数も大きく異なることだろう。

薩摩藩の名産である焼酎や黒糖を、新鮮な食材や飲料水に物々交換が可能な東南アジアの島国もある。

問題の捉え方、発想のもちかたを共に学んでいこうではないか」

万次郎は三年間（一八六五年一月～一八六七年十一月）、薩摩藩の開成所の教授を務めた。

この間に教えた生徒の全てが「西南の役」でこの世を去るが、東郷平八郎だけが六年間の英国海軍に留学中だった。留学の動機を与えたのは万次郎であり、その推薦をしたのは西郷隆盛だった。

後の「日本海海戦」連合艦隊司令長官を、たしかに残していたのである。

この間に勝海舟の「海軍塾」から発展した幕府の「神戸海軍操練所」が閉鎖させられ、塾頭の坂本龍馬が慶応二（一八六六）年三月十五日薩摩藩にやってきている。

勝・坂本・中濱のトライアングルの響きが共鳴するように感ずるのである。

薩摩藩にはすでに蒸気船を五隻保有していた。平運丸・胡蝶丸・翔鳳丸・乾行丸・豊瑞丸である。これらの蒸気船を使っての操船実習を行ったが、琉球貿易・奄美大島の黒糖搬送に従事した者が多く、操船技能についてのレベルはかなり高いものを有していた。

したがって、荒天時の対応・長期外洋航海・国際航海法などの高級知識の習得に務めた。そうした高度の海洋知識を有した技能者が西南の役（一八七七年二月十五日〜九月二十四日）の陸戦で亡くなってしまったことはすでに述べた。

彼らと共に諸外国との交易を望んでいた万次郎である。誠に惜しまれる若人たちの死だった。

薩摩藩の海軍力増強の意識は高く、万次郎は伊地知《いじち》壮之丞と共に長崎に行き、さらに五隻を購入している。龍田丸・開聞丸・万年丸・三国丸・桜島丸などである。

土佐藩教授となる

慶応二（一八六六）年正月、万次郎は郷里に母親の隠居所を建設中だったが、完成近しとの知らせがあり、正月を母親の汐（当時七十四歳、その後七十九歳・八十二歳のときに母親を見舞い、八十七歳のときに天寿を全うしている）と過ごしたいと薩摩藩に願い出て、快諾されていた。

郷里に着くと、母の隠居所完成には、あと数日を要することが判明した。本家には兄夫婦と妹が住んでおり手狭なため、数日間、池道之助の家にお世話になった。

道之助は万次郎よりも六歳年上の農家の倅だったが、武芸に優れ、中ノ浜浦の民兵として五年間の務めを果たし、一代限りの苗字帯刀を許され、郷士池道之助となっていた。（子孫の石川睦子さん、小田原市松田町在住からの取材を含む）

万次郎は、江戸から母親宛ての手紙は池道之助に送り、字の読めない汐に伝達、そして返信の労をとってもらっていた旧知の間柄だった。道之助は年齢差などにこだわらず、万次郎の才能を認め、以降は従者として万次郎と行動を共にすることになる。

新築となった母の隠居所は小さな家屋だったが、万次郎にとっては十四歳の暮れに「立派な漁師になる」と誓って宇佐浦に向かって以来になる、親子水入らずの正月、ゆったりとした親孝行の時を過ごしていた。

三月に入ったころに、山内容堂の耳に万次郎が郷里に来ている事実が伝わり、土佐藩の藩校「開成館」で教鞭を執るようにとの要請が届いたのである。

薩摩藩の教授としての立場を説明のうえで、短期間の了解のもとに三月二十五日に土佐清水を出て、三十日に高知城に入っている。弟子の立花鼎之進、従僕の与惣次に加えて、池道之助が同行していた。

開成館で万次郎はアメリカの民主・平等・自由を熱く語った。アメリカ建国の父「ジョージ・ワシントン」について、知る限りを話した。

生徒は、後藤象二郎・細川潤次郎・竹内綱（吉田茂の実父）・板垣退助など、維新後は自由党を率いた猛者ぞろいだった。

思い出ぐさ

土佐藩においても、近代化は急務だった。交易による利益が藩政の経済に欠かせなくなっていた。後藤象二郎は万次郎と共に長崎へ蒸気船を購入するために出かけることになった。開成館は弟子の立花鼎之進が英語の授業を行うことで、万次郎は従僕の与惣次に加え池道之助を同行させることにした。そこで、中ノ浜浦の庄屋の田島半三郎に中ノ浜浦民兵の道之助を測量学の修行のために九州表に同行する旨を届け出ている。池道之助は几帳面な性格で、日々のできごとを「思い出ぐさ」に記帳しており、往時を知る貴重な資料となっている。長崎・上海での一行の動きは、この日記に負うところ大である。

ところで、土佐藩参政の後藤象二郎はじめ総勢三十三名の土佐藩一行は、異様な集団に見えたに相違なかろう。陸路で宇和島を経て長崎に向かう彼らのために、容堂公は伊達宗城宛に書をしたためた。

「この度、家臣の長崎行きは船の用事なり、ならびに、万次郎をイモへ返し候事也」

船を購入するために長崎へ行くので、貴藩領地を通ることを願うものです。なお、御用が終わり次第、万次郎はイモ（薩摩藩）に返します。

容堂は薩摩藩の島津斉彬とは仲が良かったが、久光とは全く気が合わなかったようで、イモ呼ばわりをしているのである。薩摩藩が幕府の許可を得て万次郎を教授に迎えている事実を知っており、土佐藩開成館教授は短期間の借用の認識はあったのである。

夕顔と龍馬

慶応二（一八六六）年七月二十五日、万次郎の一行は糀屋町の土佐藩御用達の西川易次郎邸に宿をとった。

翌、二十六日に後藤象二郎の一行は、こちらも土佐藩御用達で万次郎などの宿泊した西川の親戚の桜馬場にある三浦藤蔵邸に入った。

翌日から長崎で精力的に活動をしているが、ここでは池道之助の日記をもとに一部を紹介したい。

八月五日、中濱氏とイギリス人ガラマ（グラバー邸）を訪ねる。

ガラマと中濱氏、手と手をとり「グウリデ・グウリデ」と言った。

中濱万次郎編纂の『英米対話捷径』「安否類」に「Good《グーリ》 day《デイ》 sir《シャアー》」、善き日でござる、とある。万次郎のカナフリは、発音のアクセントが不明なのだが、なるべく早口に読み上げると現代でも通用するものが多い。

グラバーは紅茶の製造を手掛けており、間口が十メートル、奥行き三十六メートルほどの工場六棟を稼働させ、六百人が働いていた。その他の従業員を含めると、約千人の使用人がここで働いているという。

シャンパン・スコッチウイスキー・ブランディで乾杯し、大砲・銃他を見学、帆船の値段などの情報を入手したのである。

この日の夜、万次郎はご機嫌で、丸山の料理屋、小嶋屋へ五人で出かけ、六人の芸子を呼んで、「よさこい節」の大合唱、勘定は全て万次郎が支払った。

後藤象二郎などのメンバーも市中に繰り出し、芸子の三味線にはお構いなしに「よさこい節」を高歌放吟したのである。

長崎奉行所の密偵に「土佐から船を買い付けに来たきに。逃げも隠れもせんぞえ」と知らせるためだ。

そのころに買った洋式帆船に「Shooyling」という船名のものがあり、部下が後藤に「朱林丸」で如何でしょうか、とお伺いを立てた。

「なんかおもろないのう。中濱先生、どげんもんでござろうか」

「後藤さんはこの船を、商船としてお使いになられると聞いております。外国では商船には女性の名前を付けるのが流行っていましたよ」

「フーム、女子の名前か、それでは〝夕顔〟がよか。良い名じゃろうに」

万次郎と後藤象二郎は、何度も連れだってグラバー邸へ赴き、洋式帆船の検分をし、帰りには榎津町の「清風亭」に立ち寄り、購入する船の評価を行った。

後藤が海運業の拠点として設けた西浜町の「土佐商会」は、「清風亭」から至近の場所にあった。

万次郎が後藤に進言した。

「グラバー邸に残されている船は形式が古く、価格もベラボウに高い。ペンキやニスを上塗りしても私の眼はごまかせません。船は十年以上長く使うものだ。上海に行けば質の良い新造船が、ここよりも安く手に入るだろう」

慶応二（一八六六）年の八月と十月の二度、長崎―上海を往復し、合計九隻の帆船を購入した。「海運立国」を土佐藩の命題にしていた後藤は、さらに購入したがったが、万次郎は「残りはオンボロ船」ばかりと購入を諦めさせた。

後藤象二郎が命名した船名は次のように雅なものであった。
①蜻蛉　②横笛　③南海　④夕顔　⑤羽衣　⑥空蝉　⑦乙女　⑧紅葉賀　⑨胡蝶丸
上海で万次郎が「オオルゴル」（オルゴール）を買った。

池道之助は「その音、三味・琴・笛・太鼓・鐘など、およそ十人ばかりの音なり」と興奮気味に記している。

長崎の小嶋屋の芸子に土産として渡したのだろうが、池道之助にあげたほうがよほど喜ばれたことだろう。

道之助は万次郎には長崎に「吉」という女がいたと記しているので、彼女への土産としたのかもしれない。

土佐藩の船舶購入が完了した十月十七日、薩摩藩の御家老　小松帯刀が四百人の部下を従え、長崎経由で京都に向かうところだった。

万次郎は小松と面会し、土佐藩の要件が済み次第、一度、江戸に戻りたいと相談し、許可を得た。十二月十二日、万次郎は江戸に向かい、年末に芝新銭座の江川邸内の自宅に着いている。

従者だった池道之助は土佐商会の吏員となり、後藤象二郎の配下となった。

坂本龍馬が中濱先生に会いたいと後藤象二郎に申し出ていた「清風亭」での会談は慶応三年二月二日なので、万次郎と龍馬が親しく会談した記録はない。

龍馬が脱藩を許され、土佐藩が関与する「海援隊」で大活躍し、潤沢な資金も得ていた。株式会社の仕組みを万次郎から得てもいたのである。龍馬の人生で「土佐藩のために働いた」最も輝いていた時代だった。

慶応三（一八六七）年六月に「夕顔」で土佐藩参政の後藤象二郎に託した山内容堂宛の「船中八策」には、万次郎の思想が色濃く反映されたものとなっていた。（以下に要約）
① 大政奉還
② 上下両院の設置による議会政治
③ 有能な人材の政治への登用
④ 不平等条約の改定。特に治外法権
⑤ 憲法の制定
⑥ 海軍力の増強

⑦ 御親兵の設置
⑧ 金銀交換レートの変更

嗚呼　龍馬よ！

慶応三年四月、万次郎は鹿児島の開成所で再び教鞭を執っていた。

薩摩藩での務めを終えての帰路、十一月二十一日、長崎で龍馬の悲報を知った。

慶応三年十一月十五日（一八六七年十二月十日）、京都河原町の近江屋で、中岡慎太郎と懇談中に暴漢に襲撃されたという。

京都では土佐藩邸か薩摩藩邸に宿泊するようにと、勧められていたではないのか……。

あたら三十一歳の前途洋々たる若き志士を、何故に……。

これからの日本のエンジンたる人材だった。

万次郎は憮然として口を利かなくなってしまった。そして万次郎は、京都の小松帯刀への退任挨拶を取りやめて汽船で一路江戸に戻ってしまったのである。

河田小龍・勝海舟・後藤象二郎、そして船の御用では岩崎弥太郎から、何度も聞いた坂本龍馬の思想と行動力、その死を憮然たる思いで聞いたに違いない。

後藤象二郎が『源氏物語』から船名を名付けた華やかな帆船は、「九十九《つくも》商会」から、維新後は京都における土佐藩の莫大な借財を岩崎弥太郎が肩代わりする代償として岩崎の「三菱商会」へと引き継がれ、「三菱商事」の基盤づくりに貢献した。

幕藩体制下では、最も身分制度が厳しいと言われた土佐藩から、自由・平等・民主の精神が跋扈《ばっこ》し、自由党を結成して板垣退助を初代総裁とし、後藤象二郎、竹内綱は自由党の中核となり、維新後の日本社会に貢献していった事実は注目に値すべきところではなかろうか。

加えて坂本龍馬が生存しておれば、維新後の民主化の大きな推進力となっていたことだろう。

十二、日本の夜明け

幕臣としての苦悩

薩摩藩・土佐藩の江戸屋敷に幕臣として、自由に出入りしていた万次郎だったが、幕府は江戸市中を混乱に陥れている元凶は薩摩屋敷にあると判断して、慶応三年の暮れ、同屋敷を焼き払ってしまった。万次郎が教授を務めた薩摩藩・土佐藩とは、この事件以降、幕臣として命がけで対峙しなければならない立場となってしまったのである。

西郷隆盛とは「島流し」の理由も年代も異なるが、絶海の孤島から遥か日本を思う気持ちには変わりないところだろう。

二人が会ったら、どのような会話をしたのか、興味をもって資料をあたったが、残念ながら直接対面の記録には出会えなかった。

幕臣としての万次郎の苦悶する日々が続くのだった。

薩摩藩・土佐藩の教授時代には長崎から上海まで出向き、万次郎の確かな眼で厳選し、購入した洋式帆船が、両藩ともに三十隻は超えただろう。それらが船団を組んで江戸湾深く侵入してくれば、ペリー艦隊の比ではあるまい。

討幕軍の総大将である西郷隆盛へ、山岡鉄舟《てっしゅう》・大久保一翁《いちおう》・天璋院篤姫《てんしょういんあつひめ》などが、百万都市の江戸庶民を、戦禍から守ろうと必死の働きかけを行っていた。

そうした水面下の努力もあり、慶応四（一八六八）年三月から四月にかけて、西郷隆盛と勝海舟による首脳会談が開かれ、江戸城明け渡しが決まった。

江戸の無血開城は、日本人の文化レベルの高さを世界に示す事象でもあったのである。

イギリス・フランスは武器弾薬の商機を失い、ロシアの領土的野心も潰《つい》えたが、討幕軍は会津―函館へと無意味な戦《いくさ》を続け、無垢の庶民の多大な犠牲のうえで、江戸は東京へと名を改めたのである。

「明治とはオサマルメイと下からは読み」の落首が示すとおり、東京の下町は失業者があふれ、庶民の生活は一変したのである。大奥の女たちは　郷里へと帰り、武家に雇われていた者たちは失業し、あらたに生きる道を探すことになってしまった。

万次郎も失業したのだが、彼の「運強」は桁外れなものだった。

山内容堂から土佐藩士に迎えられ、馬廻役・百石に加えて、北砂にあった土佐藩の下屋敷（江東区北砂）を賜ったのである。明治元年十月のことだった。

敷地は七千坪、庭園には大きな池があり鴨猟ができた。万次郎はこの地に、その後十一年間を過ごすことになる。

庶民派、東大教授の誕生

翌年、明治政府から開成学校の二等教授に任命された。明治二年三月、万次郎四十二歳のときである。同年十一月には東京大学と校名を改め二等教授に就任している。

東京大学の英語教授陣は次のようなメンバーだった。

頭取　内田正雄
一等教授　なし
二等教授　入江文朗　田中周太朗　中濱万次郎　鈴木惟一　箕作秋坪
三等教授　佐藤純吉　荒川貞次郎　緒方　正　鳥井八十五郎
江原征次郎　岩崎龍太朗　伊藤昌之助　田中録之介
教授試補　立花鼎之進　矢田部良吉　他十名

（東京大学百年史から）

明治初期の諸組織の役職名称には、一等が空席になっている例がしばしば見られる。二等教授だから助教授と記す研究者がいるが、どのような研究をして記しているのだろうか。

英語の教授陣を質量ともに充実させているのは、東大の授業で使う教科書が原書のままであり、翻訳しなければ意味がわからない学生が多かったからだった。教授陣が翻訳できない語彙は、原語で履修させた。

「ざんぎり頭を叩いてみれば文明開化の音がする」

江戸が東京となり、元号が明治となって「薩長土肥」の人間が大手を振って下町を闊歩はするものの、所詮は「田舎者」、江戸を知り、西洋を知る万次郎には彼等からの講演依頼が殺到した。

上役の屋敷や料亭で行われたが、講演後は酒席での懇親会となるのが常だった。

料亭でのこぼれ話である。

会が閉会となると、質問やら挨拶などで万次郎の配膳には手つかずの料理が残されているのだった。それを、万次郎は「折詰」にさせて、持ち帰るのが常だった。

「今は立派な大先生だが、昔は漁師で、しかも漂流少年だったそうな。そうした体験があましたことをなさるのだ」

料亭の仲居たちは陰で噂しあったそうだ。

ある日のこと、料亭の女将が両国橋を歩いていると、万次郎が橋の下に向かって呼んでいるのを目にした。

「オーイ、長兵衛、聞こえんのか。今日は貴殿の番だ。早う取りに来んさい」

そして、料亭での包みを渡していたのである。

主人も仕事も失くした者たちが、墨田川の橋の下で雨風を避けて、必死に仕事を探していたのである。

これを見た女将が仲居たちに伝え、その料亭では万次郎の指示がなくとも、以降は残り物を「折詰」にして持たせたという。

勝海舟などとの内密な話は、墨田川に浮かぶ川船の中が定《きまり》だった。

ある日、船頭が万次郎に訴えるのだ。自分の知っている旗本の側用人が失業して「川船」をはじめたそうだ。ところが、新規の「川船」稼業は「薩長土肥」の出身者に限ると言われ、営業ができないと言うのである。

万次郎の義侠心が燃えた。

「川船」の親方のもとに出かけ、談判をしたのである。鹿児島出身という親方に、薩摩言葉で「人の道」を説き、「川船」への新規参入を認めさせたのである。

土佐藩の下屋敷は広大な敷地に、藩の威厳を示すような凝った庭園が造られていた。こうした庭園の管理、広大な屋敷の使用人・仲居のお手当ては多大な費用を要した。

中濱塾には大山巌・榎本武揚・大鳥啓介・西周などの新政府の高官が通い、盆・暮れには船頭や名もなき人々が中濱邸を訪れた。貧しき者には、いくばくかの金子を包んで渡すのが常だった。

七千坪の庭園には常時、庭師・植木職人・家事手伝いの女性を必要とした。土佐藩の下屋敷の威厳を保つ維持管理費は莫大なものだった。これには妻の琴の相当なやりくりの苦心と、自身が嫁入りの際に持参した蓄財からの捻出を伴ったのである。

幼い五人の子ども（壽々・東一郎・鏡・西次郎・慶三郎）の面倒と、琴の心労は並大抵なものではなかった。

「今度の殿様は不思議な方だぞ。馬車に乗った伯爵・男爵さまから、「ものもらい」のおっさんまでもが、平気で出入りしておるぞ。驚いたことにまったく差別がないそうだ。みんな同等な会話なんだそうだ」

近在の町民が噂しあっていた。

万次郎は「ノブレス・オブリージ」（地位ある者の責務。身分に応じた道徳的な奉仕活動）を実践しているつもりだったが、大学教授や塾の給金では、大豪邸の維持や慈善活動の維持には負担が大きかったのである。

十三、夢の再会

懐かしきフェアヘーブン

一八七〇年七月十九日、ヨーロッパにおいて普仏戦争（ドイツとフランスの戦争）が勃発した。

明治政府はこの戦争を視察するために視察団を派遣することとなった。

団長の大山巖、品川弥二郎、池田弥一、中濱万次郎、林有造《ゆうぞう》、松村文亮《ふみすけ》、有地品之允《ありちしなのじょう》の七名が視察委員に選ばれたのである。

万次郎にとっては久々の海外視察であり、委員として選ばれたわけで、気分は自ずと高揚するものがあった。ましてや、フランス・ドイツははじめての訪問だったことから、事前準備に熱を入れる日々を過ごしていた。

そんなある日、役人が二人訪ねてきた。

「先生は今や日本政府を代表して海外視察委員に選出されるご身分、聞くところによると、橋の下で雨露をしのぐ乞食同然の者とのお付き合いが頻繁なご様子。以降はかような者どもとのお付き合いは無用になされたい」

「諸君にこの要件を指示した者にお伝え願いたい。あの者たちはつい最近までは、江戸の大名屋敷や旗本の使用人として働いておった、善良な男たちなのだ。

こたびの江戸城の無血開城によって職を失ったが、彼らには何の落ち度はないのだ。各自が懸命に立ち上がろうと努力しておる。

明治となり東京に改まった街で、必死で生きる術を探す彼等なのだ。それを手助けをせずにただ傍観せよと仰せなのか。

あの者たちと貴殿の上司たる者との差異は、時の流れのなせる単なる綾ではなかろうか。私から見れば、それは人生航路での「各自の羅針盤」の一寸のズレとしか写らんのだ。手助けする何処に誤りがあるというのか。

帰って諸君の上司にしかと伝えてくださらんか」

二人は万次郎の熱のこもった説明に、少なからず心を打たれた様子でスゴスゴと引きあげて行った。

憮然たる思いで、二人が置いて行った「普仏戦争視察団行程表」を何気なく繰っていくと、往路はサンフランシスコを経由し、ニューヨーク港からロンドン、そしてパリ着と記載されていた。

ニューヨークからならフェアヘーブンも近い。もしかしたら、あの方にお会いできるチャンスが訪れるかもしれない。

期待していた「咸臨丸」の苦い記憶が脳裏をかすめるが、時代も進み、外国航路の日程の正確性さは顕著な実績を示しており、天候の急変がないかぎり、ほぼ予定通りの運航がなされていた。

万次郎は高揚する気持ちを抑えて、旅の準備に取り掛かるのだった。

外国人に好まれ、しかも丈夫で荷がかさばらない「扇子」「こけし人形」などを土産品として梱包し、明治三年八月二十八日（一八七〇年九月二十三日）、アメリカの客船「グレート・リパブリック号」に乗船した。

出港のドラの音、汽笛がボウーと吠えると、万次郎の胸は少年のように高鳴るのだった。あの方、慈愛に満ちたホイットフィールド船長の顔が瞼に浮かぶのである。一目お会いして、お礼の言葉を伝えたい。

片時も忘れたことがない万次郎の思いをのせて、外輪蒸気船は大きな航跡を残して横浜港を後にしたのである。

一八七〇年十月十七日、サンフランシスコ港に到着した。

ゴールドラッシュ、咸臨丸、そして今回と、十年ぶりのサンフランシスコはさらに高層ビルが立ち並ぶ、賑やかな港町に変貌していた。

ここで三泊し、十月二十日に同地を出発、シカゴに一泊し「ナイヤガラの滝」を見学、一行がニューヨークに着いたのは十月二十八日であった。

イギリス行きの船便までの五日間は、ここニューヨークに滞在することになった。

万次郎は二日間の休暇の許可を得ると、ニューヨークからボストン経由でニューベッドフォードへと列車を乗り継ぎ、到着したのは午後五時を過ぎていた。

日本の函館と同じ緯度にあるニューベッドフォードは、すでに晩秋であり、街灯が点々と等間隔に輝いていた。

馬車でフェアヘーブンのホイットフィールド船長宅へと急いだ。あの日から二十一年ぶりとなる。

万次郎は万感の思いを込めて、船長宅のドアをノックした。

「こんばんは、ジョン・マンです」

「どなたですか」

懐かしい声だった。奥様のアルバティーナがドアを開けてくれた。

「奥様、ただいま帰りました。ジョン・マンです」

「エッ、ジョン・マンですって、暗いのでこちらへどうぞ。なんてこと、ジョン・マンじゃないの。なんてことでしょう、神様が……。あなた、ジョン・マンが帰ってきましたよ。オオ、神様、これは奇跡でしょうか」

「なにを騒いでおるのじゃ、アルバティーナ。ジョン・マンがどうかしたのか……。オーオゥ、なんとジョン・マンじゃないか。

驚いたね、これは夢じゃあるまいね。寒いから早く家に入りたまえ。君の家だ、遠慮はいらぬぞ」

そして、二人は力いっぱい抱きあった。長いうれし涙の抱擁だった。

「幼い私を愛情を込めて育てていただきましたお礼を述べるのは、私の積年の願いでした。今宵、やっと二十一年ぶりに、その願いが叶いました。船長・奥様、私はお二人に何のお礼も申さずに、お二人の何のお役にも立たずに、今日に至っております。ただし、地球上のどこにいるときでも、お二人のご恩を忘れたことは一時もありませんでした。誠にありがとうございました」

笑顔を涙で濡らしたアルバティーナと抱擁した後に、ホイットフィールド船長が二男のマーセラス君（十五歳）、長女のアルバティーナ嬢（十七歳）、二女のシビル嬢（十三歳）を、順番に紹介してくれた。万次郎も自分の家族について話し、現在は大学の英語教授をしており、今回は日本政府のヨーロッパ視察委員のメンバーとしてアメリカに来ており、明日にはニューヨークに戻らなければならないことを伝えた。

「君は見事に日本のために尽くしている。私にはそのことが誇りであり、贈り物でもあるのだ」

ホイットフィールド船長が、にこやかに話す、顔も声も仕草も、あの時、捕鯨船「ジョン・ハウランド号」の船上のままなのだ。

「船長に『ジョン・マンよ、グットジョブ』と言われることが、私の喜びであり、努力する原点でした。学校で学ばせてくださり、暖かな家庭で育ててくださいました。私は船長に育てられたのに、何のご恩返しもせずに日本へ帰国しました。ご無礼をどうかお許しください」

四十三歳になったジョン・マンが六十五歳の船長に熱を込めて語る。二人の会話には時の流れが止まったかのように、一年前のできごとを話題としているように聞こえるのだった。

アルバティーナと子どもたちも、ジョン・マンの物語は物心がついたころから幾度となく聞かされていたので、本人の登場に興奮気味だった。

「ジョン・マンよ、君はこの町の全ての者に愛されておるのじゃ。それは私たち家族の誇りでもあるのだ。時間も少ないことだ。楽しい話にしようじゃないか」

船長の提案を機に、万次郎は船長と長男に扇子を、夫人と令嬢たちには「こけし」をお土産として手渡した。

東洋のエキゾチックな国、日本への興味は尽きないようなのだ。

「マーセラス君、日本に留学する気持ちがあれば、私の家から通学したまえ。日本にも大学が設立されて、学ぶ環境が整いつつある。船長、ご子息の希望があれば、是非とも私にお任せください」

話の種は尽きることがない。

万次郎とホイットフィールド船長一家が、ベッドに入ったのは、東の空が明るんでくるころだった。

じっと背負ってきた重い荷を下ろせた安堵感か、万次郎が深い眠りについたのは、思い出の部屋のベッドだった。

翌日はたいへんな騒ぎになった。

「ジョン・マンが帰って来たらしいぞ」

「ホイットフィールド船長へお礼を述べに来たようだ」

オールド・オクスフォード・スクール、スコンチカットネック・スクール、バートレット・アカデミィー、共に学んだクラスメートをはじめ、教会での友人、捕鯨船での仲間たちが、どっと押し寄せてきたのである。

新聞記者も取材に訪れた。

昼食はガーデン・パーティーとなり、懐かしい友人たちとの会話が弾んだ。

午後一時三十分、ホイットフィールド船長が馬車を庭先に回し、万次郎は婦人と子どもたちと別れの握手を交わし、友人たちに別れの言葉を述べた。

「グッド・ラック、ジョン・マン、また会おうぜ」

友人たちが次々に握手を求めてくる。ニューヨークに戻るには、最終電車に乗らねばならない。

北の街の晩秋である。

「燃えるような楓の葉がヒラヒラと舞う並木道を、恩人ホイットフィールド船長の馬車に乗ったジョン・マンは名残惜しそうに何度も、何度も振り返り、手を振りながら彼の青春の思い出がギッシリと詰まったフェアヘーブンの街を去っていった」

万次郎の日本での活躍を伝え、「日本人は恩義を忘れない国民だ」と地元紙「モーニング・マーキュリー」がこの訪問を報じている。

やがて馬車はニューベッドフォード港についた。

ペンシルベニア州で石油が発掘されて以降の、この港町の衰退は顕著だった。捕鯨猟そのものが、厳しく危険な職業だったこともその一因だろう。

昔日の繁栄を示す赤レンガの倉庫群を、見事に立ち並ぶ街灯が鈍く照らしているのだった。

「ジョン・マンよ、別れの時がきたな」

ホイットフィールド船長が大きな手を差し出してきた。

万次郎は力の限り抱きついていた。力の限りの抱擁だった。

「ジョン・マン、実に楽しかった。今度はいつ会えるかな」

「明日にでもお会いしたいです」

ホイットフィールド船長は大きく頷き、目に涙を溜めながら万次郎と別れの握手を交わすのだった。

「ジョン・マンよ、今度会うときは、お互いの子どもたちと一緒にしようじゃないか」

「それはグッド・アイデアです。是非、そのようにいたしましょう」

ホイットフィールド船長の大きな手が万次郎の肩を包む。その暖かさを万次郎は生涯忘れはしなかった。


予定通り十月二日、「ミネソタ号」でニューヨークを出た視察団一行は、大西洋を横断し、イギリスのリバプール港に着き、そこから汽車でロンドンに着いたのは十月十七日だった。

普仏戦争はプロイセンの勝利で終戦していることが判明したが、視察団一行は、パリに向かうことになった。

ところが、簡単に治るものと誰もが思っていた万次郎の左足に出来たマメ状のデキモノがいっこうに治らず、ロンドンで診察した外科医は約一ヵ月の治療と静養が必要との診断書を出したのである。

万次郎は治療を続けながらの同行を願ったが、団長の大山巌が「戦争も終わったことでもあるし、先生はこの地に留まり治療に専念されたい」との配慮を示し、視察団一行はヨーロッパに向かって出立していった。

独りロンドンに残った万次郎は、外科医の診断通り一ヵ月の加療で完治したので、セイロン島行きの客船「ダグラス号」で日本へ帰国することにした。

船客は観光目的が大部分で、セイロン島での紅茶製造業関係者が少々という富める国、イギリスの富豪ぶりを目の当たりにする船旅となった。

ジブラルタル海峡から、波穏やかな地中海を航行し、英領のマルタ島に寄港した後、スエズ運河を通過する順番を、ポートサイド港で待った。

二日後、スエズ運河に入り、ピラミッド、スフィンクスを見学し、インド洋に浮かぶセイロン島のコロンボに立ち寄り、明治四年一月八日（一八七一年二月二十六日）、神戸港へ帰国を果たした。

灼熱の太陽を浴びながら、寒い祖国についた。万次郎の頑強な身体でも「けだるさ」のみが残る一人旅だった。

自宅（深川砂村八右衛門新田―江東区北砂）に戻ると、妻の琴は病気で留守にしており、三男の慶三郎（二歳）を長女の壽々（十五歳）が母親の如く面倒をみている状態だった。

万次郎は休む間もなく「中濱塾」を再開し、若者の育成に情熱を注ぎ込んだのだった。

ジョン万次郎（明治８年　48歳）

この年は、かつて経験したことがないほど夏の暑さが厳しかった。

ようやく朝夕に秋を感ずる九月に入ったある日、万次郎は授業を終えて自室に戻る途中、左足を痙攣させるとドッと居間に倒れ込んだ。直ちに医者が呼ばれたが「脳溢血」との診断だった。

言語障害と左下肢に麻痺が残ったが、四十五歳の鍛え上げた肉体と精神は、半年後に見事な復活を果たしたのだった。

地球を七周航海した強靭な肉体だが、病後は歩くことを心掛け、勝海舟や山内容堂のもとをしばしば訪ねては、新しい時代への構想を話しあうのを楽しみにしていた。

このころ、万次郎は三度目の妻を娶っている。安房勝浦の娘「重」との風評もあるが、周囲の勧めで仙台藩家老の沼田家の養女「志げ」とした。（慶三郎の海軍履歴書には「重」と記載あり）

二人の男児を授かっているが、万次郎の生命力の強さなのかもしれない。

理解者の早世と長引く動乱

そうした折に、容堂公が急死したのである。まったく突然の知らせだった。自分よりも一歳若い四十四歳、エネルギッシュな言動は魅力的で、新しい国づくりへの構想も高い次元からの提言だった。大局観に立って物事を論ずるスケールの大きな問題提起は、小役人には理解できるものではなかった。

思えば、島津斉彬が四十九歳、共に近代文明への歯車を懸命に回した江川太郎左衛門英龍が五十三歳、国家の危機に際して、江戸表に呼び出してくれた老中首座の阿部正弘が三十七歳で没している。なんという若さでの死ではなかろうか。祖国のために寝食を忘れて奔走した人物たちである。皆さんが自分を信じてくれた理解者ばかりだった。

万次郎は人の世の儚《はかな》さを感じ、冥福を祈るのだった。

一致団結し、新しき日本国建設に注力すべき時期に、江藤新平の佐賀の乱が明治七（一八七四）年、西郷隆盛の西南の役が明治十（一八七七）年と続き、国造りのビジョンを巡る衝突が絶えない。

徹底した討論で事を決して行くには、民主主義の浸透が必要だったが、迫りくる外圧に対峙すべく「富国強兵」を急がせ、民主・平等や自由・平等などの精神文化を育てる環境づくりには、ほど遠い状態だった。しかし、選挙の実施、小学校の開校など、日本の近代化に向けた確かな一歩を力強く踏み出してもいったのである。

十四、万次郎が伝えたかったこと

恩人の死

差出人はホイットフィールド船長の長男、マーセラスであつた。

二月に父が八十二歳で大往生したとあった。五十九歳だった万次郎は、恩人の死に涙し、冥福を祈るのだった。

ホイットフィールド船長への住民の信頼は厚く、マサチューセッツ州の上院議員に二期連続で選出されていた。議員となったホイットフィールド氏は、支給される「鉄道の無料券」を任期中に一度も使用することなく、合衆国政府に返納するほど清廉潔白な政治姿勢で住民の福祉向上に尽くしていた。

万次郎が「育ての親の死」をどんなに悲しんだか、成人後の万次郎の子どもたちの手記のどれにもその様子を記してはいないのである。

父親の悲痛は言葉として、表せなかったに相違ない。

教え子の活躍と子どもたちの成長

大山巌・榎本武揚・後藤象二郎・板垣退助と新政府の中枢に、教育界には西周・大鳥圭介・細川潤次郎・平野廉蔵などの自分の教え子たちが確かな地歩を築いていた。

しかし、自分が一番伝えたかった「自由・平等の精神」は「公・候・伯・子・男」という貴族階級が誕生することによって、幻想と化していた。

教え子がそうした地位につくことに反対はしなかった。

彼らの指導力こそが新生「日本国」に欠かせぬ存在だと思っていたからだった。

勝海舟から明治新政府への再三の出府を断り続けたのには、彼等若い力に期待していたからだった。

万次郎は自分の子ども（五男二女）の教育に力を入れた。英語・数学を徹底的に教え、自由・平等、そして博愛の精神を教えた。

長女の壽々は明朗快活な性格で、母親役を務め、生涯を独身で通している。

二女の鏡は野島家に嫁いでいたが、女性の社会的な進出には、今しばらくの時を必要としていた。

長男東一郎は東大医学部第一回生で森林太郎（森鴎外）とは同期だった。（同期生八名中、東一郎は第三位。林太郎は第七位で明治十四年に卒業とある）

森林太郎は陸軍省に入り、明治十七（一八八四）年にドイツ留学を命じられている。

東一郎は卒業後、福島・岡山・金沢医学校の教授を歴任中、明治十八年に内務省からドイツ留学を命じられた。森林太郎と共にライプツィヒ大学のホフマン教授に師事し、博士号の取得は同時だった。東一郎は内務省に戻り、東京衛生局長として防疫の陣頭指揮にあたっている。コレラ・天然痘などの流行が頻発し、細菌学に精通した東一郎は東奔西走の日常だった。

明治十二（一八七九）年に長崎に寄港したドイツ艦船のコレラ禍は、たちまち長崎・東京・大坂に蔓延し、患者四万六千人、死者三万五千人、致死率は七六・五パーセントという猛威を振るっていた。

そうした折に、明治二十三（一八九〇）年、トルコ海軍の「エルトゥールル号」が横浜に寄港したのである。

帝国として出発した明治新政府は、欧州各国に皇室外交を積極的に展開していたのだが、トルコ皇帝サルタン・マハメッド五世は、その答礼に明治天皇に勲章を授与するために来日させていた。その任務を終えていよいよ帰国という六月七日に、横浜港でトルコ軍艦でコレラが発生したのだった。

直ちに東京から東一郎が呼び寄せられ、「真性コレラ」と判定し、ドイツ語で意思の疎通を図った。水兵の一人が横浜上陸中に飲んだ一本のラムネが原因のようだった。

難色を示す「エルトゥールル号」を長浦消毒所（横須賀市）に移動させて、徹底的な消毒と治療が開始された。

東一郎が訪艦して巡検すると、健康な水兵と嘔吐する水兵が混在した船室に一緒に就寝している状態だった。患者を隔離し、不眠不休の治療を行ったが、六月七日から九月十五日まで三ヵ月余の期間を要したのである。

イスタンブールを六百五十名で出港した「エルトゥールル号」は、すでに六百四十二名となっており、今回のコレラ禍で十二名が帰らぬ人となってしまった。

その死者の扱いが大問題となった。衛生上の観点から火葬を勧める日本に対して、宗教上の視点から土葬は譲れないと主張するトルコ側、結論は遺体を包帯でぐるぐる巻きにし、それぞれに巨大な重りを付けて久里浜沖の三千メートルの深海に水葬にしたのだが、言葉の壁や文化、宗教上の問題の難しさを、身をもって体験した東一郎だった。

乗組員が六百三十人となった、「エルトゥールル号」だが、直ちに帰途に就くという。東一郎や日本海軍は、「日本近海が台風シーズンに入ったこと、海路には岩礁が多い海の難所である」と説明、今暫くの日本滞在を勧めた。「エルトゥールル号」が木造船であり、その老朽度も加味した忠告だった。オスマン・パシャ（提督）とアリ・ベイ艦長は本国と打ち合わせたが、予定を大幅に超過しており、諸経費も嵩んでいたこともあり、早期の帰国を促されたようだった。

「貴男には言葉に尽くせぬお世話になった。いつの日か東京に戻れる日があれば、お礼の食事を催したい」

オスマン・パシャは東一郎の手を固く握り、艦上に上って行った。

東一郎は後に「オスマン帝国美治慈恵勲章」を贈られているが、彼のヒューマニズム精神に「国境の壁」はなかったのである。

東一郎は、鎌倉病院長（明治三十二年～大正十年）・東京医師会会長を歴任、東京医師会館設立にあたっては、鎌倉病院の経営権を共同経営者の岡本武次医師に譲り、その資金を「東京医師会館」の設立資金に全額拠出するなど、父の教え「ノブレス・オブリージ」の精神を遺憾なく発揮している。（現在は社団法人鎌倉病院となっており、大仏寄りの門に御影石に刻まれた鎌倉病院名の石柱のみが、往時の繁栄をひっそりと伝えている。）

平成十二年十月二十六日、現上皇・上皇后は皇居の御所に第十二回高松宮殿下記念世界文化賞の受賞者を招かれ懇談された。

演劇・映像、音楽、建築、彫刻、絵画部門の受賞者の中に、新国立劇場でジョン万次郎を描いた「太平洋序曲」の上演を終えたばかりのアメリカ人、スティーヴン・ソンドハイム氏（七十歳）に、天皇は「万次郎の子どもは八丈島で寄生虫の研究をしたそうですね」と声をかけられた。ソンドハイム氏は「それは知りませんでした」と驚いた様子で舞台の様子を説明した。中曽根元首相、元ドイツ大統領などの来賓も〝秘話〟に驚いた様子だった。（平成十二年十月二十七日—夕刊フジ）

東一郎は八丈島小島などの風土病「バク」（マレー糸状虫症・フィラリア症で、沖縄・奄美大島でも十歳から十五歳ころまでに発症し、完治しても醜い跡が残った。当時、八丈島小島は住民が逃げ出し、無人島になっていた）の原因究明に取り組むなど、全身全霊で細菌学の研究に取り組んでいる。

日本医師国家試験策定委員長の時代は試験合格率が低く、問題をやさしくしてはとの関係者の意見に「人の命を預かる医師だぞ！」と一喝したという逸話が残されている。父親譲りの「信念の強い男」だった。

二男の西次郎は東大建築学科を卒業後、東京帝国ホテル・日本赤十字病院の共同設計者として参加、細川家の別邸、鎌倉病院の設計などに腕を振るった。

関東大震災（一九二三年九月一日）のとき、鎌倉病院の被害は、市中の病院と比べ軽微なものであり、殺到する市民の治療に即応できた。「着の身着のまま」で診療に訪れる負傷者が多く、この災害時の「鎌倉病院」の対応に、鎌倉市民の感謝の声を現代でも耳にするのである。

三男の慶三郎は幼いころから北砂（江東区）の海に親しみ、父には海を渡って外国に行く夢を語っていた。

万次郎は慶三郎を、かつて自分にホイットフィールド船長がしてくれたように、航海士養成の名門校、近藤真琴の創設した「攻玉社」へ入学させ、航海術・測量術、数学・英語・外国語を学ばせた。その後は一学年が十名前後という難関の海軍主計学校へと進学させている。

海軍主計学校は語学（英・仏・露・蘭・中の五ヵ国語）、数学に力を入れていた背景には、欧州中心に展開していた皇室外交があった。

「皇族」は軍艦での訪問となるのだが、海軍には訪問先の港湾での事務作業や会計事務に精通し、現地語で会話のできる人材が不足していた。これに対応するための海軍主計学校は、全寮制でのスパルタ教育だった。語学は外国人講師が教え、成績の悪いものは即時除籍されていく厳しいものだった。

一般教養　数学・理化学・精神科学・歴史・地理・国語漢文・外国語（五ヵ国語）

基本学　　法律・経済・財政・統計学
軍事学　　軍制・庶務・会計・軍需品学・工業通論・厨業管理・兵学・軍隊教育学・衛生学
と多岐にわたっていたのである。
水泳は築地の海軍操練所で実務訓練があったが、操練所の入り口に、坂本龍馬の遺志を継いで、龍馬の雅号である「自然堂」の額が掲げられていた。
明治の海軍主計学校には兵站〈Logistics〉の思想があり、父親は慶三郎の学業への関心が強く、休日の来訪（長男の住む京町に同居）を心待ちしているのだった。
卒業後は横須賀に配属され、「磐城」の主計長として、日清戦争に参戦している。
明治三十四年、対ロシア戦の拠点として舞鶴に鎮守府が設置され、初代司令長官として東郷平八郎が任命された。海軍省経理局にいた慶三郎は大尉だったが、舞鶴鎮守府の経理課長を拝命し、東郷長官から連合艦隊の「兵站」を任せると言われている。東郷平八郎は、万次郎から兵站の重要性を習ったと言う。以降、慶三郎は舞鶴・旅順の鎮守府で「連合艦隊」のサポート役として奮闘している。食糧・被服・軍備品などであり、特に艦隊の命運を握る燃料「瀝青炭」の確保には早くから余念がなかった。
日露戦争後は政府委員として旅順に渡り、戦後処理に当ったが、ロシア兵捕虜の早期送還に努力している。海軍主計大監で予備役に編入されているが、博愛精神に溢れた父親の理論の実践者だった。（慶三郎は筆者の祖父に当たる）
四男の信好は外国航路の航海士を目指した。かつて、ホイットフィールド船長が自分を育ててくれたように、万次郎は知人の「長明丸」の船長に信好の育成を依頼している。

信好は「長明丸」に乗船し、初の遠洋航海へと出港していったが、マニラで「赤痢」に罹り、病死してしまった。

「長明丸」の船長は、米国人の医者では意思の疎通がうまくいかないのではと、マニラで日本人の医者を捜し、館山守司ドクターを付けて看病に当たらせていた。

「大事なご子息をお預かりしたにも関わらず、まことに申し訳ない」。「長明丸」船長の万次郎宛の手紙には、明治二十八年七月三十一日に逝去と記されている。

五男の秀俊は長兄の東一郎が建設した医療施設で、防疫医療に熱心に取り組んでいる。

十五、鎌倉を愛した万次郎

アジサイが咲く長谷の別荘

三男の慶三郎は横須賀を母港とした「磐城」の主計長として、訓練中の明治二十七（一八九四）年七月二十六日、戦闘準備のうえ、佐世保に向かえとの命令を受け、佐世保では伊東連合艦隊司令長官の傘下に編入され、日清戦争を戦った。

その後、軍港「佐世保」の基地拡張のため、基地周辺の用地の買収に奔走していた。日清戦争の勝利は、日本人の自尊心の高揚と好景気の到来という相乗効果をもたらしていた。

その任務を終えた慶三郎は海軍省主計局に勤務していた。

明治二十六年の暮れに、長男から親父さんと自分の家族が「夏を過ごす借家」と「結核療養所」の新設用地をさがして欲しいとの依頼に応えた。鎌倉・逗子・葉山周辺に海軍将官の別荘が多くあったので、この地方の不動産売買に詳しい人物を探した。鶴見辰三郎氏（鎌倉市長谷、ご子息宮下陽子さん）を紹介され、共に鎌倉を歩き、長谷観音の借家が良いと判断した。

東一郎一家と万次郎一家がひと夏を「長谷観音の借家」で避暑を楽しんでいたのだった。

新病院の候補地は材木座・長谷東町・長谷大仏前に良い土地があったが、東一郎は大仏前の土地を選び、その東側の土地に万次郎の隠居所を建てたのである。

鎌倉の別荘というと広大な敷地に瀟洒な洋館をイメージするだろうが、五十坪ほどの敷地に万次郎がイメージ図を描き、二男の西次郎が設計・建設した純和風のどこにでもある平凡な平屋家屋で、隠居所の風情を如実に表していた。

病院は大仏前に決まったので、長谷東町の土地は慶三郎が自宅を建てるために購入し、後に子どもたちとここに居住した。現在は四屋信子記念館となっている。

万次郎は子どもたちが鎌倉に来るときには、必ず電話で知らせるように伝えてあった。鎌倉到着時刻に合わせて、大仏前の家を出て、長谷東町を通り、六地蔵を左折し、鎌倉の裏駅（北口）へと歩くのが常だった。

若宮大路の東側や小町通の裏道に、小料理店を見つけてあって、子どもたちとの会話を楽しむのだ。大仏前からは、長谷観音に向かう道の向かいにある「えびす」屋の大福もちがお気に入りのようだった。そこから、極楽寺をくだった坂の下海岸まで、人がすれ違うのに身体を斜めにし、蟹歩きにならなければ通れない細い道を好んだ。漁師町独特の風情に、故郷の中ノ浜を偲んでいたのだろうか。

帰りには大衆浴場「玉の湯」でさっぱりし、「粂豆腐店」で豆腐やがんもどきなどを買って帰ってくるのだった。好物は「蒲焼」「すき焼き」だったが、純麦飯を炊かせ、それに砂糖を盛り、牛乳をかけて食べるのを好んだ。今風のメニューで呼べば「オートミール」だろうが、はじめて見る人は驚いたし、気持ち悪いと言った。

鎌倉の小料理屋は万次郎とは知らず、着衣や品格から名のある人物とは認識していたようで、「ご隠居さん」と呼んでおり、それで全てが通じていたが、隠居所のある長谷界隈では万次郎を知らぬ者はいなかった。

新聞は毎日最低二紙を読んでおり、関心事はスクラップブックにしていた。

陶磁気メーカーのノリタケの創業者である森村市左衛門・大倉孫兵衛と親交を結び、欧米人が好むデザインの相談などに応じたり、明治生命保険のアドバイザーなどが仕事のようなものだった。

温泉が大好きで熱海・草津の温泉に独りで出かけ、十日前後逗留した。まさに「ご隠居さん」の生活だったのでる。

明治三十一（一八九八）年六月九日、慶三郎は海軍省経理局の主計大尉だったが、回航委員としてアメリカ・イギリスへの出張を命じられた。父に知らせるべく鎌倉に向かうことにした。

親父殿とは鎌倉駅で待ち合わせ、食事後、人力車で長谷に向かった。長谷の家は紫陽花が見事に咲いていた。万次郎の好みは、白色と淡いピンク色が縁取りのように咲くものと、全てが濃いブルーの「額アジサイ」だった。

十四歳で漂着した絶海の孤島で目にした植物は、小さく咲く「額アジサイ」と「茨」しかなかったのだ。その「額アジサイ」が、一滴の雨も降らぬ厳しい自然条件の中で小さく咲いていた。可憐な花に、どれだけ勇気づけられたことだろう。「きっといつの日か、お前のように咲きたい」と思ったことだろう。

救われたのは、雨がまったく降らない絶海の孤島で生きながらえていた六月二十七日のことだった。自分の原点を忘れぬために長谷の家にも植えたに違いない。鎌倉は紫陽花が実に美しく咲き、似合う街でもある。

六月の鎌倉は、しっとりと雨に濡れていた。小さな庭の「額アジサイ」は南海の海に似た深いブルーだった。額アジサイは涼やかに咲いていた。額アジサイの花言葉は「謙虚」という。万次郎の人生哲学に、なんともふさわしい花ではなかろうか。

アメリカ行きの話は、坂の下の海岸で聞くという父。鎌倉の海岸は西端が坂の下、稲瀬川からの中央を由比ガ浜、滑川から東を材木座海岸と呼ぶ。親父殿は、滑川まで歩きながら慶三郎の話を聞くというのだ。

高知の桂浜は砂が深いが、鎌倉は遠浅で砂が浅く、散歩には最適な海岸線なのだった。

慶三郎の報告

日清戦争に勝利し、日本国の東洋における立場は向上し、景気も良かった。しかし、新たな問題が浮上していたのである。

ロシアの南下政策によって、一触即発の状態が続いていたのだ。日本は戦争回避の交渉を続けていたが、ロシアは日本を極東の弱小国と見くびった対応を示していた。

慶三郎と万次郎は歩きながら話した。

「七月十六日、横浜港からアメリカ客船「ドーリエ号」で、発注してありました巡洋艦「笠置《かさぎ》」の回航委員としてサンフランシスコに向かいます。ペンシルベニア州フィラデルフィアにある「クラムプ社」へは鉄道で移動の予定です」

「来月に横浜か。帰国はいつごろを予定しているのかい。

慶三郎は明治元年生まれだから今年で三十一歳だ。早く結婚してお前の孫を見たいところだが、お国の仕事が優先となるのう」

「アメリカに四ヵ月、ニューヨーク経由でイギリスに六ヵ月、日本への帰港は来年（明治三十二〔一八九九〕年）の五月中旬を予定しております」

「イギリスは何処だね」

「ニューキャスルのアームストロング社です」

「海軍は何と言ってもイギリスだ。しっかりと勉強してこい。お国のためだが、慣れない食事・水には気をつけるんだぞ。

ところで、ペンシルベニア州ならマサチューセッツ州のホイットフィールド船長宅にも近いなぁ」

万次郎は三男の口から、懐かしい地名が出るたびに、若かりし自分が訪れた往時を偲ぶかの如く、遠く太平洋に注ぐ目が眩しそうに光っていた。

夕闇が迫るニューベッドフォード港での別れに、ホイットフィールド船長が口にした言葉が胸に去来していたのだ。

「ジョン・マンよ、今度会うときは子どもたちも一緒に……」

そして、意を決したのだろう一気に話を進めた。

「慶三郎、お前に頼みたいことがある。ホイットフィールド船長宅のマーセラス君に手紙を届けてくれないかね。私がヨーロッパ視察のおりに船長宅を訪ねたとき、マーセラス君が十五歳、長女のアルバティーナさんが十七歳、二女のシビルさんが十三歳と紹介された。皆さんが四十代だ。どのようにお過ごしだろうか……」

「お安い御用です」

「ドン・パチがはじまらんことだけを祈っておるぞ、慶三郎。身体に気をつけてな。七月十六日には私も横浜港まで行くことにしたぞ。久しぶりの横浜になるので、楽しみだ」

日露戦争前の情勢

日露関係は日毎に緊張感を増していた。

ロシアのバルト海・地中海からの南下政策は、トルコ・フランス・イギリス・フランス・オーストリア諸国およびその同盟軍によって、ことごとく失敗し、その狙いをアジアへと移し、ウラジオストックに常駐させた太平洋艦隊の動きを活発化させていたのである。

日清戦争後は遼東半島の領有をめぐって、ロシア・フランス・ドイツによる「三国干渉」に対して、日本は大幅な譲歩を余儀なくされていた。

こうした事態に、アメリカの第二十四代大統領グロバー・クリーブランドは、「日本の最大の戦利品（遼東半島の領有）の還付要求は、日本に対する内政干渉の恐れがある」と警告を発してくれていた。

明治二十二（一八八九）年二月に大日本帝国憲法が発布され、翌二十三年十一月に施行され、日本の進むべき道標を構築し、世界に歩み出したばかりの新生日本である。

朝鮮半島に租借地を次々と設け、軍事基地化するロシアは、幕末の「黒船来航」よりも性質《タチ》の悪い相手で、交渉の余地がないのである。

世界の軍事専門家の戦力比較では、「国家予算が一対十、戦費・兵力・戦意などを含めた総合力比較でも二対八」という厳しい評価だった。遠路来日されたロシア皇太子を、警備すべき警官が襲った事件が、暗い影として付きまとってもいたのだった。

もし、戦争という事態になれば、人的、物的損失は計りしれないものがある。戦争回避の外交努力を知恵のかぎりに続けたが、ロシアは東洋の弱小国と見くびり、まったく耳を傾けないのである。日本は自国防衛のために「軍備増強」に踏み切らざるを得なかった。陸戦よりも海戦が想定され、軍艦の増強が急務となったのである。

日本の工業力では軍艦を建造することができず、イギリス・ドイツ・フランスに建造を発注してきた。

イギリスには「吉野」「朝日」「三笠」「出雲」「磐手《いわて》」を、フランスには「吾妻」、ドイツには「八雲」と、国家の存亡をかけた発注だったのである。ロシアも自国で軍艦を建造する能力はなく、日本と同じような国々に建造を依頼していたのである。

ところが、ウラジオストックにあるロシア太平洋艦隊の構成は、主力艦が全て新興工業国アメリカ製で編成されており、現在も急ピッチでアメリカへ発注している状況だった。

アメリカ製の軍艦が皆無だった日本は、急ぎ二隻の巡洋艦をアメリカに発注したのである。ペンシルベニア州のクランプ社に巡洋艦「笠置」を、カリフォルニア州サンフランシスコのユニオン社に巡洋艦「千歳」である。

その狙いは二点あると言われていた。

① 米国製の軍艦を保有し、能力・特性を把握し、ロシア艦隊の弱点を把握すること。
② 新興工業国としてメキメキと力をつけて、世界のニューリーダーになっているアメリカと、友好関係を構築すること。

「太平洋を挟んだ隣国」アメリカの理解・協力は日本の命運に繋がるものだったのである。

「千歳」はサンフランシスコ港からハワイ経由で、軍港「呉」に回航して、日本で大砲などの艤装を施す。

「笠置」は日本が保有する軍艦との汎用性を考慮し、イギリスのニューキャッスルにあるアームストロング社に艤装を発注してあった。

「笠置」「千歳」の回航委員は合わせると二百名を超す。日米・日英の親善に寄与するため、「笠置」の乗組員の人選は技能・品位・人格を含めた厳しい基準で選考されており、慶三郎も兵士の選考にかかわっていた。

明治三十一（一八九八）年六月九日、内閣府に呼ばれ、中濱慶三郎主計大尉は「笠置」の回航委員を命じられたのだった。あわせてアメリカのサンフランシスコまでは「笠置」「千歳」両艦回航委員の統括任務を申し渡された。

総員二百名近くがサンフランシスコに向かうが、その責任者として選ばれたことは喜びと同時に、強烈な緊張感も感じていたのである。

自分が幼いころから父が教えてくれた「自分で決めた道を力強く歩め、そして、如何なる困難も決して諦めず堂々と進め」を思い起こすと、この使命が天命とも思えるのだった。

父は「開国と独立」、自分は「自主独立」を守るために、力強く進んでいこうと誓うのだった。

十六、万次郎の夢

三男に託した手紙

七月十六日、午前七時三十分の新橋駅は、溢れんばかりの人でごった返していた。出来上がれば世界最大級の巡洋艦となる「笠置」と巡洋艦「千歳」の回航委員、合計百八十九名の見送りに向かう人々の群れだつた。

アメリカの客船「ドーリエ号」で横浜港からアメリカのサンフランシスコに向かうのは約四時間後であり、この列車・時刻が最適だったのである。

その一隅に万次郎と長男の東一郎、二男の西次郎が来ていた。万次郎は孫娘の綾子の手を引きながら、にこやかに立っていた。

東一郎が切符を購入すべく場を離れたが、横浜までの切符が二枚しか購入できないという。

「お前たちで行け」と、父が言うのである。西次郎が父上こそ横浜へと勧めたが、もう決めたことだと。

「私は鎌倉で慶三郎と十分に話すことができた」

土佐の「いごっそう」の特徴的な美意識なのだろう、執着心は決して見せない。土佐の「いごっそう」の本質は「他人に迷惑をかけない」「他者への思いやり」の精神のようだ。父の傍らで暮らして気づいた。二男を独り残すわけにはいかないとの「思いやり」は変えようがないと兄弟は悟ったのである。

慶三郎に分厚い封書を手渡して、父は言った。

「慶三郎、何としてもマーセラス君を捜し出して、この手紙を渡して欲しい。私たちの写真も入れたので梱包は頼んだぞ」

「お預かりしました。責任をもってお届けします」

手紙を受け取る慶三郎の手を、万次郎は両手で包み込んで言うのである。

「日本海軍の代表として行くのではなく、日本国の代表として行くと思え」

幾多の波乱を生き抜いてきた父の手は大きく、そして熱かった。

「アメリカのみやげ話を楽しみにしているぞ、慶三郎。身体だけは気をつけてな。飲み水には注意しろ。海をなめるでないぞ」

これでは小学生の遠足前の忠告のようだったが、慶三郎には父の親身の愛情に溢れた平凡な言辞が嬉しかった。

「父上もお達者で！」

慶三郎は父の手を再度握った。あれほど横浜港へ行くのを楽しみしていた父だったのに……。

兄弟三人が新橋駅のホームへ歩く姿を、父は微動だにせず、微笑みをもってズッと見送っているのだった。

横浜駅には鎌倉から継母の重が先着しており、一同そろって海軍が予約してくれた港に近い料亭「都久井屋」に入った。

回航委員に同行する軍医、原田朴哉《ぼくさい》軍医少佐、鈴木奇家軍医大尉が先着しており、東一郎とトルコ軍艦「エルトゥールル号」の話題を防疫対策の専門用語で熱心に語りあっていた。

十時三十分、横浜税関の好意で差し向けられた蒸気船で、停泊中のアメリカ客船「ドーリエ号」四千三百トンに乗船した。東一郎が船内の寝室・厨房・給排水・便所などを見て回り、「たいへん清潔で手入れが行き届いている」と合格点を出した。

そのころ、横須賀から駆逐艦が音楽隊を乗せて到着し、「ドーリエ号」の周りを勇壮なマーチを奏でて巡航し、華やかさが一段と増していった。

東一郎と西次郎が慶三郎を物陰に呼ぶ。

「親父殿が主計官は銭勘定でたいへんなんだと餞別を託された。我々もそれに少々乗っかった。遠慮せずに使ってこい」

「お気遣い感謝します。それでは遠慮せずに……」

十一時三十分、出発のドラの音が鳴り渡り、長駆の旅の無事を祈る握手を交わし、見送りの者たちは横浜大桟橋に戻って行った。

慶三郎はデッキから挙手の礼で、遠ざかる蒸気船を見送っていたが、新橋駅頭で別れた父が去っていく船上で手を振る何とも不思議な体験をしたのだった。

「ドーリエ号」は父万次郎と日本の未来を結ぶ使命を乗せて、大きな航跡を残して横浜港を後にしたのである。

「ドーリエ号」は順調な航海を続けていたが、慶三郎は二百名近い回航委員の名前・出身地・特技などを頭に叩き込んでいた。

ある朝、甲板での朝礼を終えた直後のことだった。船尾の片すみで、白い布に包まれた棺が横たわり、牧師と老紳士と二名がひそやかな葬儀を行う様子だった。慶三郎が船員らしき人物に確認すると、船室で病を得ていた老婦人の葬儀を執り行うところだという。その周辺を賑やかに談笑し、通り過ぎていく大勢の外国人たちがいる。

慶三郎は甲板に残っていた水兵三十名程を呼び止め、二列に並ばせ「挙手の礼」で水葬を見送った。

老紳士が感激し名前を聞かれたが、

「日本人の誰もがもつ死生観のもとで行いました。死者への敬意です。奥様のご冥福を祈っております」

とのみ伝えた。

七月二十六日にホノルル港着、同日に出港し、八月二日、予定通りサンフランシスコ港に入った。

港には日本人の一団が「日章旗」を掲げて歓迎している。外国で見る「日章旗」のなんと美しいことか……。

父、万次郎の「思い出のサンフランシスコ」に万感を込めて上陸した。出迎えの瀬川代理領事と挨拶を交わした後「千歳」先発隊の桜井大佐に引率してきた回航委員の引き渡しを行った。

翌朝が早いため「笠置」関係者の歓迎会は辞退した。

アメリカ大陸を横断

翌三日の早朝、「笠置」回航委員は列車でサンフランシスコを出発、ロッキー山脈を越えて、大河・大草原を突っ走り、七日にシカゴに到着。翌日にはシカゴを発ち、九日に目的地のフィラデルフィアに着いた。

八月、カリフォルニアの果てしない大地の炎天下、列車内は猛烈な暑さとの格闘だった。日本海軍の代表としてアメリカに来ている自覚は、全員に共通しており、誰もが軍服をキチッと着ており、吹き出す汗を拭うのに忙しかった。

慶三郎が列車の車掌と交渉し、湖の畔で三十分間の休憩を取ることが許可された。

「水を飲むな。水泳後は身体をキチッと拭いてから軍服をつけろ」

慶三郎の指示で全員が湖で涼をとった。

アメリカに着いて以来、デカイ身体の彼等に気後れしていた兵隊たちには、車掌を呼び止めて交渉し、三十分間も列車を止めた中濱主計長（Paymaster）は、カリフォルニアの太陽のように眩しく写った。アメリカの列車を止めた剛毅な主計長は一躍人気者となった。

彼らは何かあると「ペイマスター殿」と相談にくるようになり、以降「我らがペイマスター」は慶三郎に敬愛を込めた愛称として続くことになった。

「小さな兵隊さん」が規律正しく行進する様子を見ようと、早朝のシカゴ駅の周辺は市民が溢れ返っており、はるばる東洋から来た珍客を「おもちゃの兵隊さん」の行進と称し、陽気な歓声で見守るのだった。その後も大歓迎が続く。「日本海軍の軍人」の規律の正しい姿勢、一糸乱れぬ行進の美しさが、好感をもって迎えられたのだった。

慶三郎はここまで細かな注意・命令を一言も発してはいない。全てが彼らの自覚からの自発的な行動だった。無事の到着に際して、彼らに感謝するのみだった。

フィラデルフィアに到着した夜、慶三郎が日本から運んだ樽酒の「日本酒」と「スルメとカラスミ」による祝宴を開催した。慶三郎の感謝の気持ちだった。

先発していた「笠置」回航委員長の柏原大佐、倉橋機関中佐、奥宮・土屋・井上少佐が合流した。柏原大佐が宴の途中で立ち上がり、「日本酒の何と旨いことか。肴が何と気の利いていることか」と叫び、一同大満足の祝宴は深更に及んだのだった。

翌日から慶三郎はとんでもない忙しさの只中に叩き込まれた。「笠置」を建造中のクラムプ社幹部とのミーティング、ワシントンへ向かい、小村寿太郎駐日大使を表敬訪問。大使は文部省の留学生としてハーバード大学に学んだころに、「ジョン万次郎という偉大な日本人の先輩」がいたことを誇らしく思ったそうだ。

秋山真之に会った。秋山はアメリカ海軍大学に留学の予定だったが、アメリカの大学条例が急遽変更となったため、アメリカ海軍屈指の戦略家と言われていたアルフレッド・セイヤー・マハン大佐に師事、戦術面はグードリッチ大佐に就いて学んでいるそうだ。

慶三郎と秋山は同い年だったが、秋山は正岡子規と帝大の予備校に一年間通ってから、海軍兵学校に入っている十七期生だった。入学時の席次は五十三名中の十四番だったが、二年生で「学術優等章」を独りだけ受けて、明治二十三年の卒業時には首席となっていた。慶三郎とは海軍兵学校が築地にあったときに、水泳の授業で知り合った。

主計学校の生徒は水泳などはじめて体験する者ばかりで、バタバタと子どもの水遊びのようで兵学校の生徒の笑いの種だった。しかし、幼いころから海水浴に親しんだ慶三郎は、兵学校の生徒よりも見栄えが良かった。愛媛と高知、お互いを理解するのも早かった。

その後、兵学校は江田島に移転したが、慶三郎が海軍主計少尉として横須賀基地に任官された一年後、秋山が横須賀に配属されてきた。秋山の少尉任官実地航海は「比叡」だった。

「金剛」とともに、トルコのイスタンブールまで、トルコ軍艦「エルトゥールル号」の生存者を送り届ける大遠洋航海だった。秋山は兄の東一郎と「エルトゥールル号」の経緯もよく知っていた。

「今さら、アメリカの大学で学ぶことも多くはあるまい。マハン大佐に就けたのはラッキーではないか」

「私もそう思っている。アメリカ艦隊の旗艦「ニューヨーク」にてご指導を受けているが、アメリカの皆さんの親切に頭が下がる思いの毎日だ」

「笠置」の竣工式で会う約束をして別れた。

慶三郎は日本大使館の首席事務官に、「父から預かった大切な手紙」を託し、フィラデルフィアに戻った。

八月六日付けで、慶三郎に海軍省から正式に巡洋艦「笠置」主計長の辞令が交付された。

いまだ建造中の「笠置」だったが、クラムブ社との打ち合わせ、ニューヨーク、ボストンへと諸会議のために飛び回る日々を送っていた。

クラムブ社の幹部や各種婦人会、フィラデルフィアの教会、政府関連からの「父、ジョン万次郎物語」というような講演は、アメリカ捕鯨時代の美談であり、依頼が殺到するのだった。

クラムブ社から、十月二十四日に「笠置」を日本帝国海軍に引き渡すとの通告を受けた。ドックに行くと「笠置」を建造中の近くで、ロシアから発注された戦艦が建造中だった。

「笠置」の艦体は実に見事な仕上がりで、関係者一同でクラムブ社に対して謝辞を述べた。

総重量五千トン、二十二・五ノット、八インチ砲を前後に二門、百二十ミリ速射砲十門、小口径砲十七門、水雷発射管六をイギリスで搭載すれば、世界最新鋭の巡洋艦となるのである。

十月二十八日に「笠置」艦上で祝賀パーティーを催すこととなり、招待客・式次第は全て主計長に一任ということになった。慶三郎はズッと気になっていたホイットフィールド船長の長男、マーセラス氏を加えることを忘れはしなかった。

日本側のホスト役を決め、重要な招待客には予め担当をお願いした。殺風景な軍艦を、折り紙の鶴などで装飾、来賓の胸につける「バラの花」も紙で造った手製のものだった。

祝賀パーティー当日、オスタイマー名誉領事と令嬢、ヘイグ提督ご夫妻、クラムブ社幹部とその夫人を迎えていた慶三郎は、受付の三沼大尉に確認に行った。

「マーセラス・P・ホイットフィールド氏が未着ですが、その他のご招待客は全てご到着です」

慶三郎はパーティーをスタートさせた。

賑やかなパーティー「日米親善」のスピーチ、「笠置」艦上にて士官以上の者と招待客が揃っての記念写真の撮影と進んだ。来賓の胸に着けた「大輪の造花」や「折鶴」「一輪挿しの造花」が、ご婦人方に人気でたちまちのうちに品切れとなってしまった。秋山真之も来てくれたが、挨拶程度しかできなかった。

「笠置」竣工祝賀パーティーの招待客と共に。前列右から３人目が慶三郎

数日後、慶三郎は一通の手紙を受け取った。果たして、マーセラス・Ｐ・ホイットフィールド氏からのもので、記された日付けは十月三十日、パーティーの二日後に書かれたものだった。

「　親愛なる中濱慶三郎殿

まずは、パーティーへの貴殿からのご親切な招待に心から感謝致します。残念ながら出席できませんでした理由を記したいと存じます。

日本軍艦「笠置」のパーティーに招かれましたが、私を含め家族の誰にも日本海軍に知人はおらず、どうして自分に招待状が届いたのかわかりませんでした。

やがて、貴殿からの万次郎さんの手紙を同封した郵便を受け取り、あの招待の意味がやっとわかりました。

しかし、それを受け取ったのは、パーティーの翌日だったのです。

貴殿からの手紙を受け取り、非常に驚くと同時に、たいへんに嬉しく思いました。私の母は、お父上が役人としてヨーロッパに赴く途中に立ち寄ってくださって以来、音信がなかったので、万次郎さんはすでに亡くなられたのではないかと心配しておりました。

その母も、父と同様にもうこの世には居りませんが、父も母も生前はいつも、お父上のことを、たいへん誇りをもって誰にも語っておりました。

三十年前、お父上が訪ねてくださったころには、我が家は父も母も姉、妹も揃って健在でしたが、その後、私を除いて皆が亡くなりました。

もし、貴殿・貴殿のご家族がアメリカに来られることがあれば、いつでも喜んで歓迎いたします。

町の者は今も、いつもジョン・マンのことを話しています。

とても勤勉で、クラスでもずば抜けた成績であったことを覚えています。

貴殿のご家族の写真をいただければたいへんに嬉しく思います。

この手紙と一緒に、お送りすべき私ども家族の写真が今はございませんが、次にお父上の手紙をいただけるまでには、用意しておきたいと思っております。

この手紙が契機となり、再び両家の友好が深まることを確信してやみません。

貴殿が出航なさる前に、この手紙が届くことを信じております。

マーセラス・P・ホイットフィールド」

この手紙に目を通した慶三郎は、直ちにアクションを起こした。

スケジュールは「ドン詰まり」だが、夜間になら何とかなる。アメリカ海軍の知人に相談したところ、車を手配し、マーセラス氏をフィラデルフィアに呼び寄せてくれたのである。

こうして、父の恩人の長男と親しく「懇親の夕宴」を過ごすことができたのだった。

慶三郎はこの事実をしたため、マーセラス氏の手紙を同封し、日本で首を長くして待っているであろう父親に郵送したのである。

十七、「STORY OF NAKAHAMA」

慶三郎の活躍

その後も、慶三郎はメディアからの取材に丁寧に応じていたが、特別なものはなかった。マーセラス氏には丁寧な取材がなされた様子だった。

そして、地元紙「モーニング・マーキュリー」「フェアヘーブン・スター」両紙が一面トップで大きく「STORY OF NAKAHAMA」と報じたのである。

両紙ともに内容に大差がないので、概略を記すことにする。

ホイットフィールド船長と現在の万次郎の写真が並ぶ。中段に東一郎と慶三郎の写真が掲載されていた。

「皆さん、ご存じのジョン・マンは医師である長男宅で元気に過ごしている。

ジョン・マンはホイットフィールド船長が亡くなった今日になっても、その恩義を忘れず、今回、三男の日本海軍士官「笠置」の主計長に手紙を託し、両家の絆をさらに強めようとしているのである。

そして、三男の慶三郎は船長の子孫と会合し、丁寧な饗応を催した。

無人島で救出された経緯、ジョン・マンと呼ばれ、よく学び優等生だったバートレット・アカデミー時代、一等航海士、そしてフォーティナイナーとしてカリフォルニアの金山へ、後年にホイットフィールド船長にお礼に訪れた。

現在、ホイットフィールド家はマーセラス氏のみとなっているが、慶三郎氏とマーセラス氏は永年の友人の如く一夕を過ごし、末永き友情を誓いあった。

ジョン・マンは献身的に尽くしている。祖国日本の利益・繁栄・文明化、そして進歩のためにだ。

この記事は「パンを海に投げよ。何日も経ってから見つけられる」と結んでいた。

米軍属の牧師に聞くと、旧約聖書の伝道師の言葉に「パンは池に投じられた」という言葉がある。

対価を意図せぬホイットフィールド船長の善意が、ジョン・マンの報恩として繋がったことを称えたもので、意図せぬ行為が神の意志で繋がるとの意味だ。

池を海に読み替えての示唆だ」

以上のような内容だった。

この記事が掲載された後「日本人は義に厚き国民である」「恩義を忘れぬ日本人」として、日本人贔屓が一気に高まった感があった。

そうした折に「笠置」が試運転中に橋脚に接触する事故を起こしたのである。原因は日米双方に油断があったためだったが、損傷部分の補修費を、クラムプ社側は一切受け取ろうとしないのである。

柏原艦長は「日本海軍の操艦技術の未熟と捉えられないような配慮が必要だが、後は主計長に任せる」との指示だった。

そこで、見積もらせた修繕費に「笠置」乗組員の自主的なカンパを加え、街の教会へ持参し、「子どもの教育や慈善事業に使って欲しい」と寄付をしたのである。

「咸臨丸」で木村摂津守から問われた父万次郎が、教会へ寄付したことが好評だったことに習ったのだった。今回も教会関係者の口コミで、街中に知れ渡り、日本海軍に対する好感度が一層増したように感ずるのだった。

この「みやげ話」は、きっと父上が喜ぶに違いないと慶三郎は思うのだった。

太平洋に連鎖して

十月二十五〜二十七日の三日間、フィラデルフィアの街はとんでもない人々で溢れ返っていた。第四回フィラデルフィア平和記念祭に、対スペイン戦の戦勝記念祭が合わせて開催されたからだ。鉄道は臨時列車を増発し、しかも料金は半額というキャンペーンを行ったこともあり、全米各地から数万人の見物客が訪れており、夜ともなると街中にイルミネーションが輝き、祝賀ムードを一層に盛り上げていた。

二十五日には観艦式が挙行された。

スペイン戦に勝利したアメリカ海軍の主力艦が、意気揚々とデラウェア河畔に集結してきた。その中の唯一の外国戦艦として、日章旗を高く掲げた「笠置」は観衆の注目を集めていた。

停泊中の「笠置」に向かって、戦艦「コロラド」を先頭に一列縦隊で「ニューオリオーズ」「テキサス」「ドルフィン」と八隻が続いた。各艦は「笠置」の前に達すると礼砲を発射した。

ズシンズシンと腹の底に主砲が響く。この迫力に大観衆が歓呼で応えているが、「笠置」には答礼に使う艤装がないのである。そこで「笠置」艦上に整列し「登舷礼式」でこれに応えた。直列して敬礼姿勢を維持するのである。アメリカの全艦隊が通過するまで、長時間にわたっての規律ある行動は観衆に好印象を与えたのだった。花束を「笠置」に向けて投げてくる観客が多くいたが、届くはずもなく、水面に美しく浮かんでいた。

慶三郎は鎌倉の海岸で父から聞いた話を思い出していた。

「アメリカのニューベッドフォードという捕鯨基地の街では、毎年一回、海に花束を投じて祈る風習があった。当時の捕鯨船は、出港時のメンバーがそろって帰港するのは五割程度、半数は誰かしらが欠けていた。それほど捕鯨の航海は厳しいものだったが、病気やケガで太平洋の島々に置いてくるケースもあった。そうした還らぬ人々の息災を願って、海に花束を投じるのだ」

「笠置」回航委員のアメリカ生活も四ヵ月となるが、全員が息災で今日を迎えていることが、何よりも嬉しく感ずるのだった。

二十六日には義勇兵団の「観兵式」、最終日には常備軍兵の「観兵式」と続き、グリーンホールでは第二十五代大統領W・マッキンリーを迎え、レセプションが盛大に開催された。

日本からも小村駐米公使はじめ領事館員、秋山真之駐米武官が顔を揃え、「笠置」の士官も招待された。五階建てのグリーンホールには、イブニングドレスで着飾った各界の著名人が千名ほど集まっていた。

マッキンリー大統領の祝勝演説ではじまった祝宴は、各国代表の演説へと進んでいった。「笠置」の奥宮砲術長がやおら立ち上がり、日本海軍を代表して中濱主計長が挨拶するとの〝ムチャフリ〟をしたのである。

この時、慶三郎の頭には新橋駅頭で「慶三郎、日本国の代表として行くと思え」との父の声が鋭く響いた。日頃の考えを、自分の言葉で、素直に伝えることにした。

「私はまず皆さん方の勝利とご健勝を心からお祝いもうしあげます。私は常日頃からアメリカ合衆国の偉大なる成功を拝見しつつ、多くの教訓を受けております。貴国と日本帝国の交流はいまだ三十有余年しか経過しておりませんが、日に年にその親睦の度を深め、あたかも乳子と慈母の如き情感を覚えざるを得ません。

この度「笠置」「千歳」の両艦を貴国の造船所にて建造していただきましたが、この二艦は両国親善の絆として、永く太平洋に連鎖して、東洋の平和と安定に寄与していくものと確信しております。

私はここに大杯を挙げて、貴国のご繁栄とご臨席の皆様のご健勝を祈念いたします」

英語でのスピーチを終え、シャンパン・グラスを乾すと、会場内の拍手は鳴りやまなかった。

しばし、来賓客と懇談していると、小村公使がゆっくりと歩み寄り、「お疲れさまでした」と声をかけてくれた。

当時の海軍士官には、外交官としての資質が求められていた。近代海洋戦略の専門家の曽村保信氏（元東京理科大教授）は著書の中で次のように述べている。

「海軍の士官は制服を着た外交官だと言われていた。ことに航空機のなかった時代には、外交使節の赴任や国家元首その他の重要人物の外国訪問に際して、軍艦が最も安全確実な交通機関として利用されることが多かった。（中略）したがって、当然のこととして外交儀礼や国際慣習に精通していなければならない。少なくとも第二次大戦の前まで、文明国家相互の間では一種の常識化していたといえる」（「ペリーは、なぜ日本に来たか」新潮選書）

秋山真之との会話は弾んだ。秋山は明治二十九年十一月に軍令部諜報員として中国大陸に渡っており、口数の少ない男だったが、この夜は饒舌だった。

秋山はマハン大佐とアメリカ海軍の旗艦「ニューヨーク」で対スペイン戦を観戦し、戦略・戦術について大いに勉強になったとのことだった。

慶三郎が「クラムブ社ではロシアの戦艦も建造しているぞ。ロシア太平洋艦隊の旗艦「レトウィザン」、一等巡洋艦「ヴァリャーグ」も米国製だ。戦略・戦術が決め手となる」と言うと、秋山も「補給や食糧などの兵站、特に瀝青炭の確保をよろしくお願いしたい」と、異国の地にあっても、ロシアとの戦いが頭から離れられない二人だった。

翌日の新聞各紙は「太平洋に連鎖して」「日米親善の連鎖」などの見出しで、慶三郎の祝辞を大きく伝えていた。

四ヵ月に及んだ任務を終えて、十一月二日、「笠置」はフィラデルフィア港を抜錨し、ニューヨークに向かった。

二十一発の祝砲で迎えてくれたニューヨーク、自由の女神が右手に掲げる「黄金の炎」が美しく輝いていた。

ニューヨーク港で「歓迎のレセプション」が開かれ、各種団体からの「花束」贈呈が行われた。

全ての歓迎式典を終えた「笠置」は石炭を満載にした。

数々の親善・友好の任務を終え、イギリスのプリマス港に向けてニューヨーク港を抜錨した。

日本への帰国は半年先になるが、慶三郎にとっては父への「みやげ話」がズシリと重いアメリカ滞在の四ヵ月だった。

イギリスではニューキャッスルにあるアームストロング社で武装を施して、日本へと回航する。日本の「三笠」をはじめとした主力艦は全てが同社で建造されており、それらの艦艇との汎用性を考慮しての処置だった。

〝悲報〟届く

旭日旗《きょくじつき》を高々と掲げ「笠置」は日本海軍初の大西洋横断に挑むことになった。

父は太平洋、倅は大西洋単騎横断となるのだ。

「大西洋」は体験したことがないほど荒れており「笠置」はローリングとピッチングをくり返す。父の「咸臨丸」での太平洋横断時の苦労を、身をもって知る三日間だった。

ニューヨーク出航から十日目、波浪もおさまり「笠置」は順調にポルトガル領のアゾレス諸島を航行中である。

このまま順調に進めば、あと五日でイギリスのプリマス港に入れるだろう。

慶三郎にとって、イギリスへの期待は大きなものがあった。イギリスでは海軍の Military Logistics（兵站）について、学んでこいと父に勧められていたからである。

「兵站《へいたん》」とは前線の戦闘能力を支援する体制で、物資の配給や整備、衛生・娯楽設備なども含めた総合能力のことだ。

父は次のように話した。

「アメリカでも捕鯨が基幹産業の時代は、ハワイやグアム・マニラの基地にこうした施設を設けていた。しかし、イギリスは地球規模の植民地を持ち、今日の繁栄を築いてきた国だ。太陽が沈まぬ国と言われておる。

したがって、前線をサポートする体制は半端なものではない。

例えば「戦艦」の乗組員を、半年毎に総入れ替えをする国なのだ。艦長を含めた全員を休養させるのだ。発想のスケールが大きいだろうが。

日本は歴史的に戦闘における補給を「現地調達」に比重をかけ過ぎてきたように思われる。近代戦は補給戦となるだろう。兵員・石炭・弾薬・食糧・医薬・娯楽などの総合力だ。慶三郎がイギリス海軍から学ぶことは山積しているぞ」

熱のこもった言葉を想い出しつつ、甲板に出て双眼鏡で、これも父が捕鯨航海で立ち寄ったポルトガル領の島々を眺めていたとき、通信兵が一通の電信を持って慌ただしく駆け上がってきた。

「チチ、シス」

父が身を寄せていた東京京橋に住む、長男の東一郎からの訃報だった。

乗組員全員が驚き、甲板に集合して弔意を示してくれた。日本海軍主計大尉中濱慶三郎は毅然としてこれを受けた。

そして、独り甲板に残り、大西洋の大海原をジット見つめていた。

父への祈り

父が懸命に学んだアメリカ社会、西欧先進国から日本を守るために身の危険を顧みずに帰国を果たした父の青年時代があった。

今、自分はロシアをはじめとする西欧列強から日本を守るためにこの大西洋を渡っている。

その洋上で父の死を知った。父から子に、海との縁《えにし》を思わずにはいられなかった。

父が守ろうとしたものを、これからは自分が守るのだ。

父は曲がったことが大嫌いな〝土佐のいごっそう〟だった。弱者への思いやりに溢れた〝土佐のいごっそう〟だった。

父は正直に生きよと自分たち兄弟を躾けた。

父は決して諦めてはいけないと教え続けた。

そして、何よりも広き海を愛した。

自由と民主主義の大切さを説き、自主独立を尊《たっと》んだ。

その羅針盤の指針の方向は、如何なる困難に出会おうとも一寸も狂うことはなかったのだ。独り悠然として人生を航海する勇気の持主だった。

父が愛したアメリカを発つ際に贈られた花束が、食堂に飾られていた。その一つを持ってきた慶三郎は、一輪、一輪を海へと投じた。

「慶三郎、ニューベッドフォードという街では年に一回、海に出たまま還らぬ者たちの息災を願って、海に花束を投じて祈る風習があるのだ」

耳元に響く、紛れもなく父の低く太く響く声だ。

これは「鎮魂」ではありません「復活」への祈りです。慶三郎は語りかけていた。

バラの棘で傷ついた指先から滲む「赤い血」は、紛れもなく父から引き継いだ全てが込められた血液なのだ。

「父上ーっ」

そして、耐えられず激しく嗚咽《おえつ》するのだった。

長男、東一郎の東京京橋の家で万次郎が亡くなったのは、慶三郎が電信を受けた前日、明治三十一年十一月十二日だった。

「脳溢血による」と死亡診断書に書かれている。波瀾万丈な享年七十一歳の生涯だった。

その朝、万次郎はいつも通りに起床し、軽い朝食をとって新聞を丹念に読んだ。

しばらく、孫娘と他愛ない遊びをした後、二階の自室に入った。その後、急に吐き気をもよおして便所に行ったが、「別に変わりはない」と普通に歩いて自室に戻り、ブランデーを一口飲んで床に入った。

ところが、昼過ぎに急変したのである。

家人からの急報を受けた東一郎が、外出先から飛んで帰ったときには、すでに意識も呼吸も絶えていた。

知り合いの医師の「ご絶脈です」の言を聞きながらも、東一郎は人工呼吸を施し、カンフル注射を重ねていた。

そうした東一郎が、ガックリと肩を落とした。二人の医者が揃って時計に目を走らせた。

明治三十一年十一月十二日、十三時四十分、万次郎は永眠したのだった。

東一郎の日記には、なくなる前日の万次郎の不可解な行動が記されている。

「親父は慶三郎の写真を持って深川宅に持参し、帰路例の如く入浴、髭を剃り点灯頃帰宅、一同卓を共にして夕食を為す」

慶三郎が海軍主計学校に入学したとき以来、「海軍は神道だから」と「冨岡八幡宮」を二人して詣でていたが……。

海の厳しさをよく知る父だ。おそらくは倅の航海の無事を祈願しに出向いたのではなかろうか。アメリカを離れ大西洋を入った日程も頭に入っていたことだろう。

航海の無事、日米友好の責務の達成、ホイットフィールド船長のご子息であるマーセラス・P・ホイットフィールド氏に会えたのか、慶三郎からの朗報を一日千秋の思いで待ち続けていたのだろう。

しかし、その願いは叶わなかった。


葬儀は十一月十六日に仏式で執り行われた。葬儀場となった谷中の天王寺には二五九人が参列。その他、東一郎宅に九十余名が弔問に訪れた。多くの皆さんに愛された男だったことを如実に物語っている。

初七日の法事は十一月二十五日に行うことが決まった。

その前日、準備に集まっていた親戚一同のもとに、分厚い封書が届けられた。それには、父に宛てた慶三郎の手紙と、恩人ホイットフィールド船長の一人息子マーセラスの手紙の二通が入っていた。

その場にいた親族一同が、順次、手渡ししてそれを読んだ。

皆が泣いた。

「二週間早く届けば……」

涙がとどめもなく流れるのだった。

「英良院日義居士」

自らを「ジョン万次郎」と名乗った男の数奇な人生が凝縮された戒名ではなかろうか。

墓石にはオリオン座を示す家紋の「丸に三星」が深く刻まれている。

万次郎は現在、都立雑司ヶ谷霊園に静かに眠っている。

万次郎の墓（都立雑司ヶ谷霊園）

ジョン万スピリッツ

四国、高知県の最南端、足摺岬の丘陵にジョン万次郎（中濱万次郎）の銅像が建っている。

眼下の逆巻く厳冬の海を漂流し、アメリカで学び、そして命懸けの帰国を果たし、「日米親善の架け橋」となった万次郎の没後七十周年を記念して建立されたものである。

その眼差しは紺碧の太平洋の遥か彼方、アメリ

ジョン万次郎像（足摺岬）

カ大陸を凛々しく見つめ続けている。

羽織・袴のいでたちは東京大学の教授時代を模したものだ。左手にはコンパスと三角定規が握られている。それらは、大航海時代に星座や羅針盤を読み進めて航路を定め、その軌跡を海図に記していく大切な道具だった。

令和の時代となり世界は今、脱「新コロナ」後の進むべき方向を模索している。先進国と後進国、人種間差別や正規・非正規雇用間の格差など、平等の精神が著しく後退していく感すら覚えるのである。

万次郎がもたらした最大の功績は、祖国日本の進路を定める良質なインテリジェンス（情報）だった。列強の植民地主義に危機感を抱き、アメリカ合衆国の生きた情報を的確に伝えたのである。彼の夢と勇気で伝えた情報により、「黒船来航」の真意が読めずに混迷していた幕府首脳は、日本の無血開国へと舵をきり、世界の国々と交流する道へと歩み出した。

相互理解・相互信頼への「扉」を開けたのである。

しかし、明治・大正・昭和と続いた時代は富国強兵や経済大国への道を邁進し、万次郎がもたらした精神文化については、いまだに未消化のままである。

真の民主主義、自由・平等の精神、ヒューマニズム、フレンドシップといった精神文化である。

その万次郎の行動を、彼を育てたアメリカは高く評価してくれた。

昭和五十一（一九七六）年五月、アメリカ合衆国建国二百年を記念して、首都ワシントンのスミソニアン博物館で開催した「海外からの訪問者展」に、二十八人と一団体を紹介した。「新世界より」の作曲で知られるドボルザーク（チェコ）、ディケンズ（イギリス）、プッチーニ（イタリア）などに並んで、日本からは万次郎が選ばれたのである。

マサチューセッツ州フェアヘーブンのミリセント図書館には、万次郎の足跡を辿る展示室が設けられている。

世界は今「with コロナ時代」を迎えて、インテリジェンス（情報）の重要性を再認識させられている。

自国中心主義が目立ち、相互理解と相互信頼が今日的な課題ともなっているのである。

自由・平等・ヒューマニズムなどの精神文化が経年劣化しているのではなかろうか。

あとがき

万次郎の生まれ故郷に「生家」が復元されている。

地元中浜区長である西川英治氏に案内いただき、その家に足を踏み入れた私は震えがしばし止まらなかった。

高知県土佐清水市中浜には、「ジョン万次郎資料館」があり、豊富な資料がわかりやすく展示されている。足摺岬にお出かけならば、是非とも足を延ばして欲しいと思っている。

地元の中浜小学校と東京都江東区立北砂小学校（山内容堂が万次郎に与えた土佐藩下屋敷跡地に建つ）は、ながらく姉妹校だった。

過疎化の波は土佐清水市中浜も例外ではなく、百四十年の歴史をもつ市立中浜小学校が市立清水小学校と統合されて休校となったのは、明治百五十周年にあたる平成三十（二〇一八）年春のことだった。

その休校記念誌「希望」に坂本恭美子校長先生は「〝ジョン万 SPIRIT〟「決してあきらめない」「自分で決め、人のせいにしない」「挑戦する」、そのなかでも、決してあきらめない不撓不屈の精神の根底には「人の役に立つ」があるように思います」と記している。（一部を抜粋）

昭和十七年の在校生が三百名余、昭和五十三年が百四十九名、昭和六十三年が百十五名、平成六年が六十一名とあるが、皆さんが「ジョン万スピリッツ」で学び、巣立っていったことを重く受け止めている。

なかでも旺盛なチャレンジ精神や大事な局面での判断力・決断力・実行力、そして結果を人の責任に転嫁しない姿勢や生き方が、その後の人生に役立ったとある。

在校生当時の思い出として、ジョン万次郎像の建設資金の募金活動を書いている卒業生もおられ、嬉しく感謝している。

明治百五十周年には真新しい銅像がもう一つ誕生している。平成三十年二月十八日に、沖縄県糸満市大渡浜海岸に「ジョン万次郎上陸之碑」が建立され、盛大な除幕式が催されたのである。

実は七、八年前から同市在住の和田達雄氏より、銅像建設についての心熱き便りをいただいており、この間の経緯はよく知るところである。沖縄の皆さんは、どなたも実に熱き情熱の持主だと思っている。贈られた「ジョン万次郎記念碑建立記念誌」に期成会の上原昭会長は「あいさつ」の中で次のように述べている。

「逆境に立ち向かい、不撓不屈の精神で切り開いてきたジョン万次郎魂「ジョン万スピリッツ」を、未来の青少年が継承し、国際性豊かな人材を育てる環境を整備する必要があります」（一部を抜粋）

まさに我が意を得たりの御挨拶である。

記念像は上陸時の姿を模した立派な銅像で、テンガロンハットをかぶり、ジーンズにベスト・上着を身に付けている。

左手には『ジョージ・ワシントン一代記』とボーデウイッチ著の『新アメリカ航海士必携』が握られ、右手は母が待つ土佐清水の中浜を指している。

私が沖縄をはじめて訪ねたのは、本土に復帰する三年前、昭和四十四（一九六九）年十月六日のことだった。この時は日本政府総理府発行の「身分証明書」を携えてのものだった。

保管していた「身分証明書」を見ると、十月一日に東京の日の出桟橋を「東京丸」（五百トン）で出港し、十月六日に那覇港に ENTERED（入った）と刻印されており、所持金は二百ドルと日本円一万三千円と記されている。

十月八日には NAHA PORT を DEPARTED（出発した）と刻印されてあるので、わずか二泊三日の短い滞在だった。

往路の船旅は台風が三連続して襲来したので、急遽航路を変更し、瀬戸内海を通り、九州西岸に沿って南下し、外洋に出ると、「東京丸」は木の葉のようにピッチングとローリングをくり返し、いたるところに洗面器がぶっ飛んでくる「咸臨丸の太平洋横断」を彷彿とさせる船旅だった。

沖縄タイムス社・琉球新報社の編集部を訪ね、いろいろと伺った。

「高安家の方をお呼びしましょうか」と親切に提案されたが、スケジュール調整ができず、お礼の機会を果たせなかった。

摩文仁《まぶに》の海岸を歩いていると、猛烈なスコールが襲ってきた。ずぶ濡れで摩文仁の丘に登ると、眼下のオーシャンブルーの海に「真っ赤な水」が陸から沖へゆっくりと大きく広がっていく。

赤土の大地が豪雨と混ざり、海へと注いでいくのだが、それは太平洋戦争時に沖縄戦で犠牲になられた方々の尊い血の色のように見えるのだった。

鎌倉で終戦を迎えた小生は「スパイの子」と揶揄される辛い少年時代を過ごしたが、沖縄戦の直前から酷《ひど》くなった。そうした思い出が重なり「鎮魂の涙」が止まらず、改めて「平和な世界」を守り、育てねばと誓ったのである。

明治百五十周年には各団体・委員会から小生に「記念講演」の依頼があった。沖縄の除幕式には伺えなかったが、式が盛況だったとのお知らせを謹んで拝読し、喜びに耐えない。

曾祖父　万次郎の事績が明治・大正・昭和・平成そして令和の時代へと、正しく伝承されていくことを、心から願っている。

この書には叔父の中濱清（万次郎の長男東一郎の二男、長男の幸は学習院初等科時に病死している）と私の父親の中濱正男（万次郎の三男慶三郎の長男）が親交が深く、清叔父は鎌倉の家に七日程度の滞在を、春・秋の年に二回、三年間続けていたときの親族のみが知る事柄も含まれている。

夜毎に「万次郎談義」に花が咲いた。

小生は学校から飛んで帰って、米国ブラウン大学留学中に三度、フェアヘーブンを訪れていた叔父に話をせがんだものだ。

皆、鬼籍に入ったが、私が書くように言われたように記憶している。

日米の「ジョン万の会」をはじめとするジョン万次郎をこよなく愛する多くの方々の活躍と献身的な

努力には、日頃から敬意を表し、有難く思っている。

冨山房インターナショナルからは、明治・昭和・平成と親族が中濵万次郎関連の書籍を出版してきているが、それぞれが自由な視点・角度で物語を書き残している。人間にはいろいろな側面がある。本書も、坂本嘉廣会長、坂本喜杏社長、新井正光編集長にたいへんお世話になった。

波瀾万丈な生涯を過ごした曾祖父の万次郎である。

いろいろと賑やかで「泉下で苦笑い」をしているかもしれない。

参考にさせていただいた書籍などは巻末に掲載することで、心からの謝意を表したい。

令和二年八月二日

主な参考文献

『漂巽紀畧』全現代語訳　ジョン万次郎述・河田小龍記　谷村鯛夢訳　講談社学術文庫　二〇一八年
『中浜万次郎集成』（増補改訂版）　川澄哲夫編著　小学館　二〇〇一年
『中濱萬次郎傳』中濱東一郎著　冨山房　一九三六年
『中濱東一郎日記』一～五巻　中浜明編　冨山房　一九九二～九五年
『ジョン万次郎の生涯』中浜明著　冨山房　一九七〇年
『中濱万次郎―「アメリカ」を初めて伝えた日本人』中浜博著　冨山房インターナショナル　二〇〇五年
『私のジョン万次郎―子孫が明かす漂流の真実』中浜博著　小学館　一九九一年
『ジョン万次郎の一生』成田和雄著　中日新聞本社　一九七六年
『新・ジョン万次郎伝』エミリィ・V・ワリナー著　田中至訳　出版協同社　一九九六年
『日米友好のかけ橋　ジョン万次郎』博物館明治村編　名古屋鉄道　一九九二年
『土佐史談』二五七号「中浜万次郎」特集号　土佐史談会　二〇一四年
『思い出ぐさ―近世土佐の群像』渋谷雅之著　私費出版　二〇一一年
『幕末咸臨丸航海長　小野友五郎の生涯』藤井哲博著　中公新書　一九八五年
『咸臨丸、大海をゆく―サンフランシスコ航海の真相』橋本進著　海文堂出版　二〇一〇年

『アメリカにおける秋元真之』上・下　島田謹二著　朝日文庫　二〇〇九年
『日米交渉史　さむらいとヤンキー』フォスター・R・ダレス著　辰巳光世訳　読売新聞社　一九六九年
『飛雄の海』永国淳哉著　高知新聞社　一九九一年
『黒船前夜の出会い―捕鯨船長クーパーの来航』平尾信子著　NHKブックス　一九九四年
『ペリーは、なぜ日本に来たか』曽村保信著　新潮新書　一九八七年
『幕末の小笠原―欧米の捕鯨船で栄えた緑の島』田中弘之著　中公新書　一九九七年
『東の太陽　西の新月―日本・トルコ友好秘話「エルトゥールル号」事件』山田邦紀・塚本俊夫共著　現代書館　二〇〇七年
『炎は流れる　2―明治と昭和の谷間』大宅壮一著　文春文庫　一九七五年
『アメリカ素描』司馬遼太郎著　読売新聞社　一九八六年
『井伏鱒二聞き書き』萩原得司著　青弓社　一九九四年
『長元記』立石正賀著　東京大学資料編纂所所蔵　一六五九年
『日本　二百年の変貌』マリウス・B・ジャンセン著　加藤幹雄訳　岩波書店　一九八二年
『日本の一世紀―世相と事件史』全日本新聞連盟編纂　全日本新聞連盟新聞時代社　一九六八年
『日本陸海軍総合辞典』（第二版）秦都彦編　東京大学出版会　二〇〇五年
『海軍兵学校・海軍機関学校・海軍経理学校』水交会協力　秋元書房　一九九〇年
『東郷平八郎』上・下　真木洋三著　文春文庫　一九八八年
『横須賀軍人市長奥宮衛とその時代』田川五郎著　中央公論事業出版（制作）二〇一二年
『祖父　奥宮衛』大久保朝子編　飛鳥出版室（制作）二〇〇五年

『茂さん—鎌倉長谷のむかしむかし』加藤茂雄著　茂さん鎌倉長谷のむかしむかし出版会　二〇一七年
『中浜小学校休校記念誌』土佐清水市立中浜小学校　二〇一八年
『ジョン万次郎記念碑建立記念誌』ＮＰＯ法人ジョン万次郎上陸之地記念碑建立期成会　二〇一九年
『ファースト・ジャパニーズ　ジョン万次郎』中濱武彦著　講談社　二〇〇七年
『ネバーギブアップ　ジョン万次郎』中濱武彦著　ロング新書　二〇一八年

万次郎年譜

旧暦	西暦	年齢	事項
文政十年一・一	一八二七年一・二十七		土佐国幡多郡（高知県土佐清水市）中ノ浜に生まれる
天保十二年一・五	一八四一年一・二十七	十四	土佐国高岡郡宇佐浦から出漁
一・七	一・二十九		漂流はじまる
一・十四	二・五		鳥島に漂着。無人島での生活がはじまる
五・九	六・二十七		米捕鯨船ジョン・ハウランド号に救出
	十一・二十		ホノルル上陸
	十二・一		アメリカ行きを決意
	一八四二年一	十五	捕鯨船員となって太平洋で捕鯨
	一八四三年五・六	十六	ジョン・ハウランド号、マサチューセッツ州ニューベッドフォード帰港
	五・七		上陸。アメリカ生活がフェアヘーブンではじまる
			オールド・オックスフォード・スクール入学。スコンチカットネックに移り、スコンチカットネック・スクールで学ぶ

	一八四四年二	十七	バートレット・アカデミーに進学
弘化三年	一八四六年五・十六	十九	フランクリン号に乗り込み捕鯨航海に出る
			万次郎、一等航海士になる
弘化四年	一八四七年三・三	二十	グアム寄港。三・十二付ホイットフィールド船長に手紙
			日本近海で捕鯨
	十一・二十八		フランクリン号マニラ入港。デービス船長病気のため下船
弘化五年	一八四八年一・十九	二十一	フランクリン号マニラ出港
			万次郎、副船長になる
嘉永一年	十・一七		フランクリン号ホノルル寄港（十一・三出港）
			十・三十付ホイットフィールド船長に手紙
			十一・二付アレンに手紙の返事を出す
嘉永二年	一八四九年九・二十三	二十二	フランクリン号ニューベッドフォード帰港
	十		カリフォルニアに向かって出発
嘉永三年	一八五〇年五	二十三	カリフォルニア金山に入る
	十・十		帰国準備のためホノルル着
	十二・十七		サラ・ボイド号でホノルル出港
嘉永四年一・三	一八五一年二・三	二十四	琉球の摩文仁海岸に上陸（七・十八那覇出港）

八・一	八・二十七		鹿児島着（九・十八鹿児島出発）
九・二十九	十・二十三		長崎着（翌年六・二十五長崎出発）
嘉永五年七・十一	一八五二年八・二十五	二十五	高知着（十・一高知出発）
十・五	十一・十六		中ノ浜着、母と再会、三日後高知城下の教授館に出仕
			土佐藩に登用され、武士となる
嘉永六年六・三	一八五三年七・八	二十六	ペリー第一回目の来航
六・二十	七・二十五		主席老中阿部伊勢守により江戸に召される
十一・十五	十二・五		幕府直参となる。中濱の姓を名乗る
嘉永七年一・十六	一八五四年二・十三	二十七	ペリー第二回目の来航
二・十二	三・十		団野鉄と結婚
			幕府の命により西洋型帆船の建造にかかる
三・三	三・三十一		日米和親条約（神奈川条約）締結
安政二年一・十六	一八五五年	二十八	江川太郎左衛門病死、五十三歳
安政四年	一八五七年	三十	中ノ浜に母を見舞う
四			軍艦操練所の教授に任命される
春			江川家と共に芝新銭座に転居
六			ボーデウイッチの航海書翻訳完成
六・十七			阿部伊勢守病死、三十七歳

七・七	八・二十六		長男東一郎生まれる
十・十三	十一・二十九		捕鯨術伝授のため函館へ行く（十一・十七着、十二・二十一帰着）
安政五年三・十二	一八五八年	三十一	再び函館へ行く（三・二十三着）
七・十六	八・二十四		島津斉彬病死、四十九歳
安政六年三	一八五九年	三十二	幕府の命により小笠原近海の捕鯨に出帆
九			『英米対話捷径』を編む
安政七年一・十九	一八六〇年二・十	三十三	咸臨丸にて浦賀出港
	三・十七		咸臨丸サンフランシスコ着
万延一年	五・八		咸臨丸サンフランシスコ出港
	五・二十三		ホノルル寄港。デーモン牧師に再会
			五・二付ホイットフィールド船長に手紙
	五・二十六		ホノルル出港
五・五	六・二十三		咸臨丸浦賀に帰港
八・二十五			軍艦操練所教授方を免職される
文久一年十二・七	一八六二年一・六	三十五	小笠原の開拓調査に咸臨丸で行く（十二・十九父島着）
文久二年七・二十一	八・十六		妻鉄、病死、二十四歳
十二・二十九	一八六三年二・十七	三十六	壱番丸の船長となって捕鯨のため浦賀出帆（五・九寄港）

元治一年十一	一八六四年	三十七	鹿児島の開成所教授に就任
慶応二年一	一八六六年	三十九	中ノ浜に母を見舞う
三			高知の開成館に赴任
七・七			後藤象二郎と長崎へ行く
八・二十五			後藤象二郎と上海へ行き、土佐藩の船を買う
十・二十四			再び上海へ行く（十一・十八長崎に戻る）
十二・十二			英国の船で長崎から江戸へ出港（十二末江戸帰着）
慶応三年三・十八	一八六七年	四十	長崎に戻る
四			鹿児島へ行き、開成所で教授を続ける
十一			開成所の任期が終わり、江戸に帰着
明治一年十・二十三	一八六八年	四十一	土佐藩に戻る
明治二年	一八六九年	四十二	芝新銭座から江戸砂村の下屋敷に移る
三			明治新政府より開成学校（東京帝国大学の前身）二等教授に任命される
明治三年八・二十八	一八七〇年九・二十三	四十三	ヨーロッパ出張のため横浜出帆
	十・三十		ホイットフィールド船長宅を訪問
明治四年一・八	一八七一年二・二十六	四十四	ヨーロッパより帰国（神戸着）
明治五年十二・三	一八七二年	四十五	［太陽暦採用。この日を新暦で明治六年一月一日とする］

明治六年	一八七三年	四十六	中ノ浜に母を見舞う
明治八年	一八七五年	四十八	長男を伴って中ノ浜に母を見舞う
明治十二年	一八七九年	五十二	母、汐病死、八十七歳
明治十七年	一八八四年	五十七	ホノルルのデーモン牧師来日
明治十八年	一八八五年	五十八	デーモン牧師、ホノルルで死去、七十一歳
明治十九年	一八八六年	五十九	ホイットフィールド船長死去、八十二歳
明治三十一年	一八九八年十一・十二	七十一	万次郎、脳溢血にて死去

中濱武彦（なかはま　たけひこ）
1940年、兵庫県西宮市生まれ。中濱万次郎（ジョン万次郎）直系曾孫（四代目）［万次郎の三男・慶三郎の長男・正男の次男］。
神奈川県立鎌倉高校卒。東京ガス勤務後、執筆活動に入る。日本ペンクラブ・鎌倉ペンクラブ会員、日本海事史学会会員。
著書━『ファースト・ジャパニーズ　ジョン万次郎』（講談社）、『ジョン万次郎に学ぶ 日本人の強さ』『ネバーギブアップ　ジョン万次郎』（以上 KK ロングセラーズ）、『開拓鉄道に乗せたメッセージ━鉄道院副総裁 長谷川謹介の生涯』（冨山房インターナショナル）ほか。

ジョン万次郎の羅針盤

二〇二〇年十月二日　第一刷発行

中濱武彦 著

発行者━坂本喜杏
発行所━㈱冨山房インターナショナル
東京都千代田区神田神保町一-三 〒一〇一-〇〇五一
電話〇三（三二九一）二五七八
製　作━㈱冨山房企畫
製　本━加藤製本株式会社

ISBN 978-4-86600-080-0　C0023

冨山房インターナショナルの本

中濱万次郎
―「アメリカ」を初めて伝えた日本人

中濱博著

日本の夜明けに活躍したジョン万次郎。直系の著者しか知りえない手紙や日記、資料などをもとに、その波乱と冒険に満ちた生涯を描いた渾身の遺作。（二八〇〇円＋税）

ジョン万次郎
―日米両国の友好の原点

中濱京著

一七〇年前、海の孤島でのアメリカ人船長との奇跡的な出会い。その時の友好関係は今も生きている。直系の著者によるわかり易い万次郎伝。英訳付（一三〇〇円＋税）

ジョン万次郎物語

ウェルカムジョン万の会文
アーサー・モニーズ絵

土佐清水市の市民グループの手による文章と、アメリカ人画家による絵。わかりやすい英文も併記し、日米交流の新しい芽が顔をのぞかせている一冊。（一五〇〇円＋税）

小野梓
―未完のプロジェクト

大日方純夫著

大隈重信と政党を結成、現在の早稲田大学を設立、『国憲汎論』など多くのを執筆、出版社・書店を開業…。明治の大変動期に全力で生きた小野梓の姿。（二八〇〇円＋税）

開拓鉄道に乗せたメッセージ
―鉄道院副総裁 長谷川謹介の生涯

中濱武彦著

日本の黎明期の困難な現状に、創意工夫をこらし、普遍的な人間愛をもって日本各地に、台湾に、中国に鉄路を延ばしていった鉄道技師の生涯を描く。（三五〇〇円＋税）